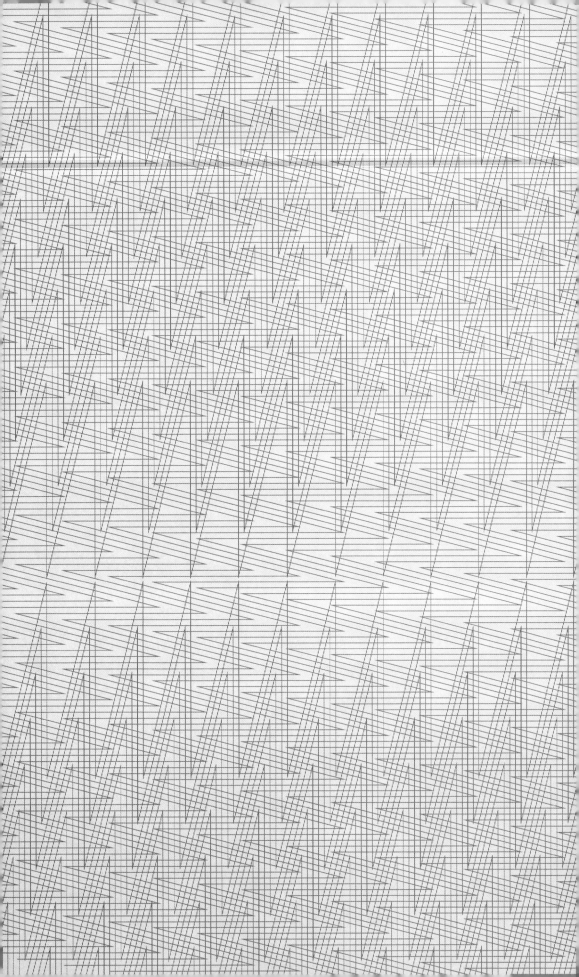

英华学者文库

功能取向

——黄国文学术论文自选集

黄国文 著

Functional Orientation:

Selected Essays of Huang Guowen

高等教育出版社·北京

内容简介

本书由黄国文教授自选的15篇论文构成，围绕韩礼德（M. A. K. Halliday）系统功能语言学的发展状况、理论基础、理论建构、理论本质、特点以及功能句法问题展开讨论。作者指出，系统功能语言学既是普通语言学，又是适用语言学，它是一个以问题为导向的理论。作者对这个理论的研究和发展作了深入浅出的评述，并勾画了该理论模式的特色，通过实例分析，展示了功能句法的特点和分析方法。作者认为，句法分析是为功能分析服务的，语篇分析离不开句法分析。作者提出了功能句法分析的三条原则：（1）以功能为导向的原则；（2）多功能性原则；（3）以意义为导向的原则。

总　序

27年前，在吕叔湘、柳无忌等前贤的关心和支持下，中国英汉语比较研究会获得民政部和教育部批准成立。经过几代人的不懈努力，如今，研究会规模不断扩大，旗下二级机构已达29家，其发展有生机勃勃之态势。研究会始终保持初心，秉持优良传统，不断创造和发展优良的研究会文化。这个研究会文化的基本内涵是：

> 崇尚与鼓励科学创新、刻苦钻研、严谨治学、实事求是、谦虚谨慎、相互切磋、取长补短，杜绝与反对急功近利、浮躁草率、粗制滥造、弄虚作假、骄傲自大、沽名钓誉、拉帮结派。

放眼当今外语界，学术生态受到严重污染。唯数量、唯"名刊"、唯项目，这些犹如一座座大山，压得中青年学者透不过气来。学术有山头，却缺少学派，这是一个不争的事实。在学术研究方面，理论创新不够，研究方法阙如，写作风气不正，作品细读不够，急功近利靡然成风，这一切导致草率之文、学术垃圾比比皆是，触目惊心，严重影响和危害了中国的学术生态环境，成为阻挡中国学术走向世界的障碍。如何在中国外语界、对外汉语教学界树立一面旗帜，倡导一种优良的风气，从而引导中青年学者认真探索、严谨治学，这些想法促成了我们出版"英华学者文库"。

"英华学者文库"的作者是一群虔诚的"麦田里的守望者"。他们在自己的领域里，几十年默默耕耘，淡泊处世，不计名利，为的是追求真知，寻得内心的澄明。文库的每本文集都收入作者以往发表过的10余篇文章，凝聚了学者一生之学术精华。为了便于阅读，每本文集都会分为几个相对独立的部分，每个部分都附有导言，以方便读者追寻作者的学术足迹，了解作者的心路历程。

　　我们希望所有收入的文章既有理论建构，又有透彻的分析；史料与语料并重，让文本充满思想的光芒，让读者感受语言文化的厚重。

　　我们整理出版"英华学者文库"的宗旨是：提升学术，铸造精品，以学彰德，以德惠学。我们希望文库能在时下一阵阵喧嚣与躁动中，注入学术的淡定和自信。"随风潜入夜，润物细无声"，我们的欣慰莫过于此。

　　我们衷心感谢高等教育出版社为本文库所做的努力。前10本即将付梓，后20本也将陆续推出。谨以此文库献礼中国共产党建党100周年！

中国英汉语比较研究会会长　罗选民

2021年1月5日

自 序

1974年9月，18岁的我离开广东饶平县，到位于广州市北郊黄婆洞的广东外国语学院（后改名为"广州外国语学院"，再后来与广州外贸学院合并，成了今天的"广东外语外贸大学"）英语系学习。我入学前没有学过英语，连26个英语字母也不认识，所以第一年的学习成绩很差。到了第二年，同年级的一个叫赵豪雄的潮汕老乡建议并帮助我学习薄冰、赵德鑫的《英语语法手册》。三年级的语法课由关冲老师讲授，关老师把枯燥的语法课讲得非常有趣，给我留下了非常深刻的印象。在毕业的时候，我变成了全年级100多位同学中数一数二的"语法家"。然而，当时喜欢语法并不被大家看好，别人说你是"grammarian"或"grammar-minded"，多少都带有一些嘲笑的味道。但不可否认的是，那个阶段的英语语法学习为我后来提高英语水平，进而从事学术研究奠定了坚实的基础。

1977年7月，我毕业后留校工作，接着参加了教育部在广州外国语学院举办的为期一年的教师进修班。教师主要有来自澳大利亚的外教Nick Bricknell，以及他的太太Shirley Bricknell和几位中国老师。可能是因为我喜欢英语语法，给我留下深刻印象的是语法课教师黄锡祥先生。虽然他讲语法没有关冲老师那么生动有趣，但他对英语语法的研究是有一定深度的。进修班结束后，我更加坚定了学习和研究英语语法的决心。

大概是1978年，我国有关部门影印了一些外国的学术著作，当时这些著作是内部供应，其中一本就是 R. Quirk, S. Greenbaum, G. Leech & J. Svartvik 合著的 *A Grammar of Contemporary English*（Longman, 1972）。我买了一本，爱不释手。很快，这本书就在中国小范围内流传开来。那时刚创办或复刊的学术期刊上陆续出现了有关英语语法研究的文章，其中多篇参考或引用了这本语法书。因为我对英语语法现象比较关注，所以在看英语书籍和报纸时就特别留意与语法书所说的不一致的语法现象。例如：一般的语法书都这样说，在 as if 引导的从句中，动词要用虚拟形式，因为这个从句所讲的内容与事实是不一致的。根据这些语法书，"He speaks as if he were my brother." 是正确的，而 "He speaks as if he was my brother." 或 "He speaks as if he is my brother." 是错误的，因为从句的动词没有用表述虚拟意义的 "were"。但是，我在阅读的过程中，发现语法书中认为错误的用法，在实际生活中有很多。因此，我就写了一篇题为《As if 从句的时态形式》的短文，投给了上海师范大学主办的《上海外语教学》，后来发表在该刊 1979 年第 4 期上（很可惜，不知是什么原因，后来该刊停刊了）。虽然这篇文章很短，但能够被期刊接受并发表，这给了我莫大的鼓励，进一步坚定和增强了我学习并研究英语语法的决心和信心。

我的学术研究就是从研究英语语法开始的。长期关注我的读者会发现，几十年来，我一直在英语语法研究领域耕耘。我曾在《人生处处皆选择》[《当代外语研究》，2016（1）：1-8,13] 一文中这样写道，"这些年我终于悟出了一个结论：很多著名的语言研究者都是从语法研究开始的，也是以语法研究作为支撑的，国外的 Avram Noam Chomsky 和 M. A. K. Halliday 是这样，广东的王宗炎、何自然、徐盛桓等知名教授也是这样。这些年我多次看到和听到 Halliday 写（说）到他是 'grammarian'：原来 'grammar-minded' 并不是坏事，难怪 Halliday 总是建议语言研究者要 'think grammatically'"。

在英语语法研究方面，我除了在国内外学术刊物发表论文外，还撰写了一些书稿：《英语语法常识自学教程》（与何自然合著，广州外国语学院英语刊授中心，非正式出版刊授教材，1985）、《英语复合句——从句子到语篇》（与肖俊洪合著，厦门大学出版社，1996）、《大中学生简明英语语法词典》（与肖俊洪等合著，广东教育出版社，1999）和《英语语言问题研究》（中山大学出版社，1999）。

　　1983—1986年，我在广州外国语学院的语言学与应用语言学研究生班学习时，研究兴趣开始转向语篇分析（话语分析），后来选择了文体学作为硕士学位论文研究方向，论文的指导老师是美国文学研究专家王多恩教授，硕士学位论文做的是美国作家海明威小说《杀人者》的文体分析（"A Stylistic Analysis of Hemingway's *The Killers*"，广州外国语学院，1986）。语篇分析方面我出版的专著有三本。第一本是《语篇分析概要》（湖南教育出版社，1988），该书是"语言学系列教材"丛书之一，应该是中国第一本这方面的书，它的出版对我后来这些年的学术发展起了非常大的推动作用。如果说我有"成名作"的话，那应该就是这本书。第二本是《语篇分析的理论与实践》（上海外语教育出版社，2001），该书曾获第四届"中国高校人文社会科学研究优秀成果奖"语言学三等奖。第三本是与葛达西合著的《功能语篇分析》（上海外语教育出版社，2006）。

　　1988年9月，我被公派到英国爱丁堡大学攻读博士学位，1992年获得学位，然后到英国的纽卡斯尔大学跟随著名社会语言学家Lesley Milroy教授做博士后研究。1994年，我离开纽卡斯尔到英国威尔士（加的夫）大学跟随Robin Fawcett从事系统功能语言学研究。此后我一直致力于这方面的研究，陆续撰写并出版了多部专著：*Enhanced Theme in English: Its Structures and Functions*（山西教育出版社，2003）、《翻译研究的语言学探索——古诗词英译本的语言学分析》（上海外语教育出版社，2006，该书曾获首届"中国大学出版社图书奖"优秀学术著作奖一等奖）、《系统功能语法入门：加的夫模式》（与何伟、廖楚燕等人合著，北京大学出版社，2008）和《什么是功能语法》（与辛志英合著，上海外语教育出版社，2014）。我翻译了《系统功能语法：理论之初探》（原著：Matthiessen & Halliday，与王红阳合译，高等教育出版社，2008）。我还主编或合作主编了多部论文集：献给Halliday的论文集*Meaning and Form: Systemic Functional Interpretations : Meaning and Choice in Language: Studies for Michael Halliday*（Margaret Berry, Christopher Butler, Robin Fawcett & Guowen Huang，Norwood，1996）、献给王宗炎的论文集《语文研究群言集》（与张文浩合编，中山大学出版社，1997）、《语篇·语言功能·语言教学》（中山大学出版社，2002）、*Discourse* *and Language Functions*（与王宗炎合编，外语教学与研究出版社，2002）、《功能语言学的理论与应用》（与常晨光、丁建新合编，高等教育出版社，2005）、*Functional Linguistics as Appliable Linguistics*（与常晨光、戴凡合编，中山大学出版社，2006）、《功能语言学通论》（与辛志英合编，外语教学与研究出版社，2011）、《系统功能语言学研究现状和发展趋势》（与辛志英合编，外语教学与研究出版社，2012）。此外，我从2009年起主编了《功能语言学与语篇分析研究》（已出版了7辑，高等教育出版社）；2010年起与常晨光主编了《功能语言学年度评论》（已出版了6卷，高等教育出版社）；2011年起与常晨光和廖海青主编了《系统功能语言学研究群言集》（已出版了3辑，高等教育出版社）；2010—2012年间，与张敬源、常晨光和何伟主编了"功能语言学丛书"（10卷，外语教学与研究出版社）；2020年，还与英国的Gordon Tucker等人合编了献给Fawcett的论文集*Approaches to Systemic Functional Grammar: Convergence and Divergence*（Equinox Press）。

在我的生命中，"选择"有着非常重要的意义。小的时候因家庭条件和生长环境所限，常常没有自己选择的机会，只能"被选择"。在我的学术生涯中，有几个大的转折点，其中一个就是1994年去威尔士（加的夫）大学攻读第二个博士学位。从那个时候开始，我的研究就一直与系统功能语言学有关。我过去20多年的研究集中在三个方面：（1）系统功能语言学理论探索和学派发展梳理；（2）功能句法研究；（3）系统功能语言学应用于翻译研究。我的一些研究也得到了同行的关注。例如：我与导师Fawcett教授所提出的"enhanced theme"概念被写进了Geoff Thompson编写的功能语言学教科书*Introducing Functional Grammar*（Arnold，2004/2014）。2008—2011年，我被推选为国际系统功能语言学学会执行委员会（Executive Committee of the International Systemic Functional Linguistics Association）的副主席，2011—2014年，我接任该学会主席，成为这个学会成立40多年来唯一一个担任主席职务的亚洲人。

我学术生涯中的第二个大的转折点是在2016年，我从中山大学调到华南农业大学工作。从那时起，我的研究重点成了生态语言学，到目前为止，发表了30多篇这方面的文章。2019年，我的《什么是生态语言学》出版（与赵蕊华合著，上海外语教育出版社），这是中国学者撰写的第一本生态语言学著作。同年，我参与了《生态语言学：语言、生态与我们信奉和践行的故事》（原著者为 Arran Stibbe，英国格罗斯特大学生态语言学教授，国际生态语言学学会主席）一书的翻译工作（陈旸、黄国文、吴学进译，外语教学与研究出版社）。我还申请到2019年国家社科基金后期资助项目"生态语言学的理论与实践"，目前正在与项目合作者撰写同名专著，预计2021年由高等教育出版社出版。

由于这几年我总是谈论生态语言学问题，所以有些不了解我的人误以为我已经不做系统功能语言学研究了。其实，从1994年起，系统功能语言学一刻也没有离开过我，她始终是我生活中一个不可或缺的部分。另外，Halliday的语言学理论在生态语言学研究领域是有影响的，其中就有一个"Halliday模式"。我这些年的生态语言学研究主要集中在"话语的生态分析"（ecological analysis of discourse）方面，我所提出的"和谐话语分析"（harmonious discourse analysis）的语言学理论支撑就是系统功能语言学。我曾说过，生态语言学采用"问题导向"路径，属于广义的应用语言学。因此，在我看来，把系统功能语言学应用于话语的生态分析，就是呈现系统功能语言学作为适用语言学的可适用性和可应用性。

过去这几年，我在推动中国的生态语言学研究方面做了很多工作，也做出了一些成绩，受到国际国内学界的关注。2016年，我所在的学校成立了国内第一个生态语言学研究所，我带头成功申请了二级学科"语言生态学"博士点。我还发起、组织了首届生态语言学国际会议，该研讨会于2016年11月25—27日在华南农业大学成功举办，应邀参加会议的有多名国际知名学者，参会人员来自中国、丹麦、美国、俄罗斯、印度、新加坡等十几个国家和地区，近300人参加了会议。这个以"生态语言学"命名的会议很快走出广州，短短三年就走出国门：第二届会议于2017年8月在北京外国语大学召开，第三届会议于2018年10月在贵州大学召开，第四届会议于2019年8月在丹麦的南丹麦大学召开，第五届和第六届会议将分别于2020年8月和2021年8月在英国的利物浦大学和奥地利的格拉茨大学召开。国际生态语言学学科奠基人、奥地利格拉茨大学教授 Alwin Fill 很早就注意到了我们的学术活动，他曾说："很高兴看到中国成立了一个这样的专门研究中心。据我所知，该研究中心即将在中国召开首届国际生态语言学研究大会。"［见《阿尔温·菲尔教授访谈录》，周文娟，《鄱阳湖学刊》，2016（4）：29］。Fill & Hermine Penz 主编的 *The Routledge Handbook of Ecolinguistics*（Routledge，2018）一书两次提到我们在华南农业大学所做的生态语言学工作。《中国社会科学报》从 2016 年起连续五年都刊登了我关于生态语言学的学术观点或发表了我的文章，我 2016 年发表的《生态语言学的兴起与发展》［《中国外语》，2016（1）：1, 9-12］不到四年时间（截至 2019 年 12 月 6 日）在 CNKI 的下载量就达 6 317 次，引用量达 174 次。国际学术刊物《语言科学》有文章（"Ecolinguistics: Towards a New Harmony"）对我的生态语言学研究进行概述和评论［*Language Sciences*，2017（62）：124-138］。

我从 18 岁那年开始接触英语，从此，英语就变成了我生活的一个重要部分。我在国内外多所高校学习和工作过，也先后到过 20 多个国家和地区进行学术交流，在英国寒窗苦读八年，也在美国斯坦福大学做了一年的富布赖特学者。1979 年我开始发表学术论文，对于英语学习和语言研究，有一些体会。我在《人生处处皆选择》（《当代外语研究》，2016（1）：1-8, 13）一文中谈了自己这些年做学术研究的几点体会：（1）要从事语言现象研究，语言体系的知识非常重要。无论是做外语教师还是既做教师又做研究，对所讲授学科的基础知识都要掌握好，这样才有把书教好和把研究做好的可能。（2）研究者要有自己的立足点，认清自己的"生态位"，在研究中充分用好自己的"两把刷子"。我自己这些年的研究遵循的都是 Halliday 所说的"think grammatically"。（3）采用合适的研究方法非常重要。我在多个场合所讲的功能语篇分析方法，就可以应用于各种类型的语篇分析和话语分析，包括话语的生态分析。（4）做研究要有本土意识，要注重研究的本土性。要以问题为导向，要致力于解决中国自己的问题，不要总是谈别人（别的国家）的事情。这四点体会都很实际，是我的肺腑之言。这里补充两点更宏观的：（1）做研究要"胸怀祖国，放眼世界"，要有家国情怀，要关心国家大事和世界大事，时刻把"构建人类命运共同体""一带一路""文化自信""人与自然和谐共生"等宏大命题与自己的研究结合起来。这些年，我自己一直试图在"生态文明建设"的框架中进行生态语言学探索。（2）要做学问，首先要学会做人。孔子说："吾十有五而志于学，三十而立，四十而不惑，五十而知天命，六十而耳顺，七十而从心所欲，不逾矩。"（《论语·为政》）这是孔子所描述的人生坐标，从"学"，到"立"，到"不惑"，再到"知天命""耳顺"，最后"从心所欲，不逾矩"，这些都是每个人一生的不同阶段需要思考的问题，我们可以借鉴经典所传递的精神，思考人该如何诠释自己的一生。

1986年，我在广州外国语学院获得语言学与应用语言学硕士学位，同年在广州外国语学院评上英语讲师，1992年获得爱丁堡大学应用语言学博士学位，1995年回国前在中山大学被破格晋升为教授，1996年获得威尔士大学功能语言学博士学位，1996年初到中山大学工作，同年被增选为英语语言文学博士生导师，到目前为止已经指导了50多名博士生和很多硕士生。2008年，我被评定为中山大学二级教授，2009年获国务院政府特殊津贴专家称号。2010年起，我担任《中国外语》（CSSCI来源期刊）主编。2014年起，我担任国际期刊 *Journal of World Languages*（Routledge）联合主编、国际期刊 *Functional Linguistics*（Springer）联合主编、系列丛书 *The M.A.K. Halliday Library Functional Linguistics Series*（Springer）联合主编。2014年起，我担任中国英汉语比较研究会副会长。2015年起，我担任广东外国语言学会会长。2019年我被北京外国语大学聘为"外研"讲席（冠名）教授。在过去的20多年里，我先后应邀担任国际国内22家学术期刊的编委或顾问。在过去的40年里，我在国内外撰写并发表了200多篇学术文章。关注我学术研究的人会发现，我40多年来所写的东西涉及英语语法、语篇分析、语码转换、系统功能语言学、翻译研究、生态语言学等。

这本自选集选择的是涉及系统功能语言学研究的部分论文，发表在不同的期刊和论文集上，最早的发表于2000年，最晚的发表于2019年，前后跨度约20年。由于这些论文是不同时期撰写的，也由于本人对一些问题的认识在不同阶段有不同的深度，在这些论文中我对某些问题的看法可能会存在不一致的情况。为了尊重事实，这次收入文集时没有做修改，这点要请大家理解。各篇文章的时间参照点也以发表时间为准。此外，各篇文章的排列是按内容而不是时间先后。

我1956年2月出生于广东潮汕平原的一个小乡村，也没有受过正规的教育。15岁那年离开家乡到县城去工作，18岁来广州读书。回想起来，我这几十年走过的每一段路，都很不容易，伴随着辛勤的汗水和锲而不舍的努力，酸甜苦辣咸都有。我能有今天的样子，靠的是党和国家的培育，还有很多人的关心、支持、爱护、指导、培养和无私的奉献。我每天都带着感恩的心去工作、去生活，也希望能够把自己所得到的大爱传递给其他人，回馈国家和社会，回报一路提携我、扶持我、帮助我、陪伴我的每一个人。在这里，我要特别感谢给予我巨大帮助和影响我后半生的几位已故的师长：许国璋、米切尔（Keith Mitchell）、吴增生、Halliday、王宗炎、桂诗春。我过去30多年的进步离不开他们的提携和关爱。

圣人孔子说，"知之者不如好之者，好之者不如乐之者"（《论语·雍也》）。这是说，会学习的人，不如喜爱学习的人；喜爱学习的人，又不如以学习为乐的人。在过去的很多年里，为了弥补自己早年教育的不足，我一直在读"有用"的书。最近这些年，我尽量抽时间读一些"无用"的书，希望提高自己的整体修养和素质，这应该也算是信奉和践行"乐之"的一个表现。

这些年我在努力进行生态语言学探索，请允许我在这里重复我多次说过的一句话，与各位共勉：Think and act ecolinguistically。（思，以生态语言学为本；行，以生态语言学为道。）

黄国文

2020年10月

目　录

第一部分

系统功能语言学发展状况

导　言

与其他学科一样，语言学科的研究和发展是一代又一代学者通过不断的探索和努力，一点一滴地积累起来的。研究语言的路径很多，但就其本质而言，主要有两条：一条是革命性的（revolutionary）、颠覆性的，如Chomsky的形式语言学（也叫形式主义语言学）理论，它被认为是对他之前一千多年的语言研究传统的颠覆；另一条是进化性的（evolutionary）、渐进的，像Halliday的系统功能语言学理论，它是近半个世纪以来对传统语言学研究的改良和发展。我曾经在不同场合说过这样的话：当代语言学有两大主流，一是形式主义（formalism），二是功能主义（functionalism）。形式主义认为，语言学的中心任务是研究语法成分之间的形式关系，这种研究并不需要涉及这些成分的语义性质和语用性质。功能主义则认为，语言研究不但要研究语言的本体（音系、字系、词汇、语法、语义等），而且要研究语言的使用环境（情景、社会、话语、语篇等），形式与意义无法截然分开。有些学者认为，就语言学研究的路径而言，只有两条，要么是形式主义路径，要么是功能语言学路径，"这样来表述两者的区别基本上排除了存在与它们完全不同的第三条道路的可能性"（徐烈炯 2002）[1]。当然，功能主义所囊括的语言学流派很多，只要是把形式与意义（语义、使用）、语言与语境联系起来或把语言置于意义的范围内进行研究的都可以称为功能语言学派。Halliday的系统功能语言学理论就属于功能主义，但必须特别注意，系统功能语法（语言学）只是很多种功能语法（语言学）中的一种。但不可否认，在过去这些年，系统功能语言学在中国通常被看作"显学"。

本书第一部分共有三篇文章，围绕着"系统功能语言学发展状况"问题进行介绍和讨论。《Halliday系统功能语言学40年发展述评》探讨的是这个理论发展40年的情况，这是从国际语境视角看待问题。该文指出，Halliday继承和发展了伦敦学派奠基人Firth的学术传统和学术思想，于1961年正式提出阶和范畴语法理论框架，后将这个理论模式发展成系统语法。1968年他在系统语法中明确增加了功能部分，所以系统语法也被称为系统功能语法或功能语法。通过Halliday和其他系统功能学者多年的努力，系统功能语法已发展成广为接受的语言学理论。但是，和Chomsky的语言学理论及其他语言学理论一样，Halliday的一些观点也受到学

1　引自徐烈炯的《功能主义与形式主义》，载《外国语》2002年第2期，8—14页。

派内和学派外部分学者的质疑或批评。这篇述评从上述几方面对系统功能语言学40年的发展做了简要回顾和讨论。

从目前的情况看，世界各地都有学者在研究系统功能语言学或把该理论应用于解决与语言有关的问题。就研究队伍的人数和发表学术论文的数量而言，中国在全世界都是属于比较突出的国家。关于系统功能语言学在中国的研究和发展情况，国内一些学者先后发表了一些综述性文章，其中我写的《中国的系统功能语言学研究：发展与展望》就是对1978—2008年间的情况进行综述。该文试图对中国系统功能语言学30年来的研究状况做一个比较全面的梳理，目的是通过回顾研究的发展历程来梳理我国的研究所取得的成绩和存在的问题，以及与国际同行所做的研究之间的差距，进而提出系统功能语言学在我国未来研究的几点设想，展望其发展前景。这篇文章是我对中国的系统功能语言学30年的研究所做出的判断，之所以写这么一篇综述，是因为我接替胡壮麟先生，于2003—2015年担任中国功能语言学研究会会长。

本部分的第三篇文章《中国系统功能语言学研究40年》是继《中国的系统功能语言学研究：发展与展望》之后的另一篇综述。撰写该文时恰逢我国改革开放40年，而国内的系统功能语言学又是在改革开放之初引进来的，因此在庆祝我国改革开放40年的时刻很有必要对40年来中国的系统功能语言学研究作进一步回顾。在改革开放的40年里，中国的系统功能语言学和其他研究语言的流派一样，经历了介绍、引进、消化、理论本土化探索、实践应用、创新发展这些不同阶段。中国这些年培养了一批又一批的系统功能语言学传授者和研究者，多位中国学者在国际系统功能语言学学术界有了一定的知名度，也出版和发表了一些学术论著和学术论文。该文对中国这40年的研究进行回顾，内容主要集中在这几个方面：研究队伍情况、全国性的学术会议、学术组织和研究机构、学术出版物与论文的学术影响、中国学者的国际影响、该研究在中国得到迅速发展的原因。

回顾过去，就是为了展望未来。我们只有知道"我是谁？我从哪里来？我要到哪里去？"，才能知道要怎样继续往前走，进而更好地走向未来。这就是我选择这三篇文章的初衷。

一 Halliday系统功能语言学40年发展述评[2]

1. 引言

Halliday 的系统功能语言学理论是20世纪后半叶国际上最有影响力的语言学理论之一，有着旺盛的生命力，它加深了人们对语言的认识，并将在21世纪语言学研究中发挥更大作用。本文从伦敦学派及其奠基人 Firth 的理论研究对 Halliday 系统功能语言学的启迪和二者关系谈起，对 Halliday 理论的几个发展阶段和主要观点、重要成员作一综合性述评，以阐明它的发展脉络和理论贡献。

2. Firth 对 Halliday 的影响

伦敦学派奠基人 Firth 曾在伦敦大学学院的语音系同著名语音学家 Daniel Jones 一起做研究。1938年，他受聘于伦敦大学东方与非洲学院，并于1944年成为英国历史上第一个普通语言学教授。Firth 的语言学理论是他在伦敦大学工作期间形成的，他和他的同事又长期在伦敦大学工作，因此以他为首的语言学派被称为"伦敦学派"。这个学派与美国结构主义语言学、乔姆斯基生成语法学派、布拉格学派、丹麦的哥本哈根学派等同为20世纪语言学界最重要的语

---

2 原载《外语教学与研究》2000年第1期，15—21，78页。

一 Halliday系统功能语言学40年发展述评

7

言学派（王宗炎1985）。

Firth的学生Halliday继承和发展了Firth的语言学理论，并建立了"新弗斯学派"。Halliday在伦敦大学获得汉语语言文学学士学位后，于1947年到北京大学跟随罗常培教授学习汉语音系学、词典学和比较历史语言学。后来师从王力教授研究现代汉语方言。1949年回伦敦，被剑桥大学录取为博士研究生，导师便是伦敦大学东方与非洲学院的Firth教授。

Firth的语言学思想对Halliday的影响特别大。Firth（1957）认为，语言中的意义（即使用中的语言项目的功能）非常重要，语言中言语产生的社会语境也非常重要。Firth受伦敦政治经济学院人类学教授Malinowski语言研究的影响，强调言语使用的社会语境，其目标是根据Malinowski的"情景语境"（context of situation）建立一种语言学理论。遗憾的是，Firth自己没有实现这个目标。他的观点后来在弟子Halliday手上获得了发展。

尽管Firth的学术思想在很多方面有深刻见解并给人启迪，但他并未形成一个连贯的理论框架。对Halliday这一代人来说，任务之一是把Firth的学术观点建立成一个能解释"什么是语言？""语言是怎样工作的？"等问题的完整的理论体系。对于当年的Halliday来说，他面临的任务是：怎样用关于情景语境的观点建立一种语言学理论，把语言中的范畴和它们之间的关系都解释清楚。

3. 阶和范畴语法

在"Grammatical Categories in Modern Chinese"（Halliday 1956）一文中，Halliday建立了一个能比较好地处理语言单位之间关系的分析模式。这篇论文代表Halliday语言理论研究的开始。他在文中提出，语言中有三个语法范畴：单位（unit）、成分（element）和类别（class）。在这个分析模式中，"系统"从属于"类别"。Halliday用汉语例子解释了单位、成分和类别之间的关系。他还讨论到汉语小句中"旧"（given）信息与"新"（new）信息的区别，并谈到"系统"选择中的"盖然"（probabilistic）问题。可以说，这篇论文的初步理论框架为以后的系统功能理论奠定了坚实基础。

上面说到，Halliday 已提出一个能很好处理语言单位之间关系的分析模式，但它并不是一个完整的理论框架，还存在一些问题（见 Butler 1985：14-15；王宗炎 1985：136-148）。

这篇文章主要是对现代汉语进行研究，从那之后，Halliday 的研究开始真正进入普通语言学理论领域。1961 年他发表了 "Categories of the Theory of Grammar"（Halliday 1961），一般认为，这是一篇能代表 Halliday 早期理论的论文。在这篇论文中，Halliday 认为：语言学理论应该包含一个由相关范畴组成的体系，体系中的范畴应该能解释语言材料；同时，这个理论还应该有一套把范畴和语言材料联系在一起的抽象"阶"（scales）。他指出，语言材料可以在不同的"层次"（level）上进行解释，最基本的层次是"形式"（form）、"实体"（substance）和"语境"（context）。实体指声音上或书写上的语言表现形式，形式指把实体排列成有意义的格局，而语境则是把语言形式与它们的使用场合联系起来的中间层次。在这篇文章中，Halliday 还区分了"形式意义"（formal meaning）和"语境意义"（contextual meaning）：前者指有关项目与其他项目在形式关系网络中的关系，相当于信息理论中的"信息"；后者指一个语言项目与非语篇特征之间的关系。

Halliday 在这篇论文中对自己 1956 年（Halliday 1956）的论点作了一些修正，并提出了四个语法范畴——单位（unit）、结构（structure）、类别（class）、系统（system），以及三个阶——级（rank）、说明（exponence）、精密度（delicacy）。在这个修正模式中，"系统"是一个基本的范畴，而不再（像在 1956 年的分析模式中那样）从属于"类别"，原先的"成分"也变成了"结构"。为了清楚地说明这一修正的意义，我们来看看 Firth 的一个重要观点。

Firth 受 Saussure 的影响，认为语言是由横组合（syntagmatic）关系和纵聚合（paradigmatic）关系两条轴组织起来的。他指出，在横组合关系中，"成分"在有关层次上构成了"结构"。而在一个结构中的特定位置上可替换的"事件"（event）便形成了一个系统。以 "Henry kissed Helen." 这句话为例，它有三个位置（即 SPC），占据这三个位置的 Henry、kissed 和 Helen 称为"成分"，这三个成分构成了横组合关系中的语法"结构"。如果把 kissed 换成 loved 或 hit，这三个词便成为可替换的"事件"，在这一结构特定位置上的 kissed、loved 和 hit 构成了纵聚合关系中可供选择的"系统"。Halliday 系统功能语言学中的"系统"（systemic）一词就是从 system 这个词演变来的。

一般认为，Halliday 这篇论文（Halliday 1961）奠定了阶和范畴语法的理论基础，也是 Halliday 把 Firth 关于"结构"和"系统"的观点融入自己理论框架的一个表现。Halliday 把"系统"当作一个基本的语法范畴，这对后来系统语法的形成起了重要作用。

尽管阶和范畴语法作为一种理论还存在很多无法解决的问题，但它问世不久便被广泛地应用于文体分析、语篇分析和其他分析之中（见 Butler 1985：193-197）。Fawcett（1976/1981，1980）所倡导的系统功能句法，也是在修改阶和范畴语法的某些做法后建立起来的。

对于一种理论的推广，教科书所起的作用是不可估量的。从文献上看，在 Halliday 理论发展的早期，有两本书根据阶和范畴语法模式来讨论英语语法：一本是 Scott 等人（1968）的 *English Grammar: A Linguistic Study of Its Classes and Structures*，另一本是 Sinclair（1972）的 *A Course in Spoken English: Grammar*。

4. 系统语法

阶和范畴语法所描述的是语言结构的表层形式。这对于一种语言学理论来说显然有欠缺。Halliday 在 20 世纪 60 年代中期已清楚地看到问题所在，因此也重新寻找改进理论的方法，其中一个想法是通过代表深层纵聚合关系的"系统"这种较为抽象的机制来达到描述语言的目的。

如前所述，Halliday 在 1956 年的文章中已引进"系统"这个概念，但其重要性是在 1961 年的文章中才表现出来的。在这个被称为阶和范畴语法的模式中，"系统"是一个主要的语法范畴，在这个阶段中"系统"被看作结构中特定位置上的可供选择的"单一集"（single sets），这种意义上的"系统"与 Firth（1957）的"多系统"（polysystemic）原则一致。1961 年以后，"系统"

这个概念得到了进一步发展，其中一点是，"系统"与"系统"的结合便构成了系统网络。有了"精密度"的概念，把单一的系统组成系统网络（system network）就没有问题了。精密度这个阶表示范畴的区别或详细程度，它不仅能使语义区别越来越精确，而且可以表示一种依赖关系（dependency）。在一个系统网络中，两个系统可以是没有依赖关系而并存的（即simultaneity），也可以是有依赖关系的，所以就有"合取"（both...and...choice）和"析取"（either...or...choice）这两种关系。若一个系统网络含有三个或更多的系统，情况有时会复杂一些，但关系总是只有两种：并存关系和依赖关系。

1966年Halliday发表的"Some Notes on 'Deep' Grammar"（Halliday 1966）通常被认为是系统语法的宣言书。这篇有重大影响的论文表明，阶和范畴语法已被系统语法（systemic grammar）所代替。在这篇文章中，Halliday对语言结构的"表层面"（surface aspect）和"深层面"（deep aspect）之间的区别重新做了解释。他指出，特定单位结构的成分之间的"顺序"（order）关系与横组合关系中表层说明之间的"序列"（sequence）关系是不一样的，前者比后者更为抽象。这是因为，序列只是结构关系被说明的一种表现形式，而抽象成分（如主语、谓语、补语、状语）之间的结构顺序关系代表着横组合形式中更为抽象的方面。例如：在"Henry kisses the girl every day."中，四个成分的"顺序"关系是SPCA。无论我们说（1）"Henry kisses the girl every day.",（2）"Every day Henry kisses the girl.", 还是（3）"The girl Henry kisses every day.", 四个成分之间的关系是一样的。Henry是主语（subject），kisses是谓语（predicator），the girl是补语（complement），every day是状语（adjunct）。但是，从表层的"序列"关系看，句（1）（SPCA）、句（2）（ASPC）和句（3）（CSPA）是不一样的。

在这篇文章中，Halliday还认为，正如"结构"表示深层的横组合关系一样，"系统"代表着深层的纵聚合关系。系统中包含着特定功能环境中可供选择的选项（option），对系统的描述实际上暗示着对深层横组合关系的表述。因此，系统本身处于比较深的层次上。Halliday还认为纵聚合关系是首要的，因为这种关系构成了语言中基本的深层关系。

1964至1971年是Halliday的语言理论模式发展的重要时期，其间Firth的

"系统"概念得到修正,系统网络中系统与系统之间的关系(如并存关系、依赖关系)得到确定。系统网络被看作代表着语言中深层的纵聚合关系。用系统语法理论作基础而编写的英语语法书有 Muir(1972)和 Young(1980)的专著。Berry 的两卷本专著(Berry 1975,1977)也是根据系统语法的基本理论写成的,但在理论阐述方面比 Muir 和 Young 更深一层。

5. 功能语法

大概从1967年起,关于深层纵聚合关系和横组合关系的探讨便开始与语法的"功能部分"(functional components)联系起来。Halliday(1968)看到了"功能部分"的重要性,并认为这个功能理论应该能解释语言的内部结构,同时也能解释"为什么语言是现在这个样子"这种问题。在某种程度上说,Halliday 的这个观点渗透在他的整个系统功能理论之中。

Halliday 的论文(1968)第一次提出功能语法中的四个功能部分:经验功能、逻辑功能、话语功能、人际(interpersonal,也称 speech functional)功能。在 Halliday 的另一篇文章(1970)中,上述术语有一些调整或改动,经验功能和逻辑功能被看作"概念"(ideational)功能的两个组成部分,话语功能被改名为"语篇"(textual)功能,只有人际功能这个术语保持原样。这三个功能后来被称为"纯理功能"(metafunctions)。简单地说,概念功能主要涉及及物性、语态和作格性(ergativity),人际功能主要涉及交际者的"角色"、言语功能、语气(mood)、情态(modality)和语调(key),而语篇功能则主要涉及主位结构(thematic structure)、信息结构和衔接(cohesion)。

由于功能部分的确定,越来越多的人更加注意 Halliday 语言理论中的"功能"部分,所以有些人干脆把这个理论称为"功能语言学"或"功能语法"。严格地讲,Halliday 的语言理论模式应称为"系统语法(语言学)"或"系统功能语法(语言学)",这样就可明确地把它与其他相关学派(如布拉格学派、Dik 的"功能语法"等)区分开来。布拉格学派不但在音位学研究方面做出了突出贡献,而且他们也非常重视语言的交际功能,并强调语言成分的区分功能。因此，这个学派常被称为功能主义者或功能语法（关于布拉格学派，详见钱军1998；关于Dik的"功能语法"，参见黄国文1995）。

1985年，Halliday的*An Introduction to Functional Grammar*（1985，1994）问世，它标志着功能语法进入了成熟阶段。在国际系统功能语言学界，很多人认为该书代表了其理论的功能部分，而Matthiessen（1995）的*Lexciogrammatical Cartography: English Systems*则可看作是代表Halliday理论的系统部分。Halliday与Matthiessen于1999年出版了另一部论著——长达672页、大开本的*Construing Experience Through Meaning: A Language-based Approach to Cognition*。这是一部系统功能语言学巨著，描述了人类怎样解释自己对世界的体验，是认知方面的理论与描述相结合的力作。该书不是把人类对世界的体验解释看作"知识"（knowing），而是当作"意义"。在作者看来，对人类体验的解释这项任务应由一个语义系统来完成。这本书代表着Halliday系统功能语言学的最新思想。

早期的系统语法只注重描述，所以对于Richard Hudson这类对语言生成感兴趣的学者来说，Halliday的理论缺少长久的吸引力。其实Winograd早在1972年就用系统语法的原理设计出SHRDLU电脑程序，并用来理解英语语料（有关讨论详见Butler 1985：206-208）。Fawcett对语言生成的兴趣有一半应归功于Winograd的研究对他的影响。

目前世界上有很多学者致力于用系统功能语言学理论来进行计算语言学研究，比较受人关注的项目有三个：一个是用语篇生成器通过输入系统网络和系统结构来生成句子（Matthiessen & Bateman 1991）；二是Fawcett等开展的COMMUNAL项目，其生成系统称为Genesys，使用"加的夫语法"（the Cardiff grammar）体系（见Horacek & Zock 1993：114-186）；三是O'Donnell（1994，1995）设计的用于分析和生成句子的工作台（work bench），即用来生成和处理系统语法的软件系统。

6. 系统功能学派的主要成员

在介绍系统功能语言学派主要成员之前，我们还应注意早期同Halliday

一道从事系统功能语法研究的几位学者，如 Richard Hudson、Michael Gregory、Jeffrey Ellis 等。

Hudson 主要研究句法。他不满足于当时系统语法只注重描述这一状况，便研究能用于生成句子的语法理论，并对 Halliday 理论的某些方面提出批评。Gregory 主要研究语域和语言变体，对 Halliday 语域理论的发展做出很大贡献，后来热衷于交际语法，发表过一系列论文，逐渐倾向生成语法学派。Ellis 是 Halliday 从事语言研究的最初合作者，曾合写关于汉语动词时态范畴的论文。他在 Halliday 语域理论的建构上也起了重要作用。

系统功能语言学派的骨干成员主要有英国的 Margaret Berry、Robin P. Fawcett、Christopher S. Butler，澳大利亚的 Ruqaiya Hasan、James R. Martin、Christian M. I. M. Matthiessen 和美国的 Peter H. Fries 等，从学术辈分上说他们都是 Halliday 的学生（参见胡壮麟等 1989：6, 228-241）。

Berry 于 1975 和 1977 年出版的两本书（Berry 1975，1977）对 Halliday 理论的推广起了非常重要的作用。很多人都是通过这两本书学习并了解系统语法的。Berry 近几年写了几篇很有分量的关于主位的文章，如 "Thematic Options and Success in Writing"（Ghadessy 1995：55-84）；"What is Theme?—A（nother）Personal View"（见 Berry et al 1996：1-64）。Berry 多年来致力于系统功能语法研究和推广工作，同时还培养了好几位卓有成就的系统功能学者，其中包括 Butler 和 Caroline Stainton。

Fawcett 20 世纪 70 年代初在伦敦大学攻读博士学位，开始由 Halliday 指导，Halliday 离开伦敦后转由 Hudson 指导。Hudson（1974）发表的一篇文章 "Systemic Generative Grammar" 所表达的认知、生成语言观对 Fawcett 的学术发展影响很大。Fawcett 70 年代发表了几篇关于系统语法的有影响的文章，如 "Generating a Sentence in Systemic Functional Grammar"（Halliday & Martin 1981：146-183；Fawcett 1976/1981），并于 1980 年出版了根据自己的博士论文改写成的专著（Fawcett 1980）。80 年代他与 Halliday 等人编著了好几本论文集（Fawcett et al 1984；Halliday & Fawcett 1987；Fawcett & Young 1988）。1987 年起，Fawcett 一直在与同事们进行一项言语生成项目（COMMUNAL）的研究。这些年，Fawcett 等人

在加的夫发展系统功能语法的一个"方言"——"加的夫语法"，这个小组的成员除Fawcett外，还有Gordon Tucker、Paul Tench等人。

Peter Fries是美国语言学家中从事系统功能语法研究的少数几个人之一。他的父亲是美国结构语言学派的著名人物弗里斯（Charles Carpenter Fries，1887—1967）。尽管他1974年就开始发表系统语法方面的文章，并且发表了不少关于语言学问题的论文，但涉及系统功能方面的有影响的论著不算多。值得一提的是，Fries关于主位方面的论述非常有影响，如"On the Status of Theme in English：Arguments from Discourse"（1981）在功能学派里几乎可以说是经典作品。也许可以这样说，想研究"语篇功能"中的主位结构和信息结构，不读Fries在这方面的论文是不行的。

Hasan生于印度，后来移居巴基斯坦。她在英国爱丁堡大学获得语言学博士学位后便在英国、美国、澳大利亚等地从事教学与研究。她是Halliday的学术和生活伙伴，他们1976年出版了 *Cohesion in English*（Halliday & Hasan，1976），这本书在系统功能语言学界和语篇分析界影响非常大。到目前为止还没有一本研究相同问题的书可以替代它。Hasan的研究兴趣主要在语篇分析、文体分析、词汇和语法、语义系统网络和社会语义变体方面。除与Halliday合写几本书外，她自己还出版了好几本书，其中影响较大的是Hasan（1984，1996），最近几年她还与人合编了几本论文集。

Martin是系统功能学派中的少壮派人物之一。当Halliday在英国的埃塞克斯（Essex）大学任教时，他从加拿大到那里去跟随Halliday读博士。后来Halliday去了澳大利亚悉尼大学建立语言学系，他也跟着去，并于1977年在悉尼大学获得博士学位，然后在那里任教至今。Martin的研究兴趣主要包括系统语法理论、功能语法、语篇语义、语域、语篇体裁、批评话语分析。Martin是个多产学者，1992年出版了 *English Text: System and Structure*（1992），合作出版的书主要有Halliday & Martin（1993）、Christie & Martin（1997）、Martin，Matthiessen & Painter（1997）、Martin & Veel（1998）。

Matthiessen是瑞典人，1988年获得美国洛杉矶加利福尼亚大学（UCLA）的博士学位。他"入道"较晚，但取得了突出的成绩。他既研究语言描述，又研究语言生成，他的抽象思维比较强，也善于设计模式。1991年，他与Bateman合著一书。1995年出版的 *Lexicogrammatical Cartography: English Systems*（1995）被认为是迄今对Halliday系统功能理论中的系统部分描述得最好的专著，该书有1 000多页，内容十分丰富。另外他于1999年与Halliday出版了一部巨著 *Construing Experience Through Meaning: A Language Baesd Approach to Cognition*（Halliday & Matthiessen 1999）。Matthiessen和Halliday的合作十分默契，他们对系统功能语法的建构和发展有比较一致的观点，近年来他们常常一起到外地讲学，传播系统功能语言学的新理论和新方法。从学术方面看，Matthiessen无疑是Halliday最理想的接班人。有人预言，Halliday的语言学理论的第二代领军人物非Matthiessen莫属。

前面讲过，Butler原来是Berry的学生和同事。他"入道"比Berry、Fawcett等人晚，1982年在诺丁汉大学获博士学位，但20世纪70年代末至90年代初他在国际系统功能学界非常活跃，发表了好几篇颇有影响的论文，并于1985年出版了理论水平较高的 *Systemic Linguistics: Theory and Application* 一书。他对Halliday的系统功能语言学研究很深，对一些问题（如系统功能语言学与语用学之间的关系）有自己的独到看法（如Butler 1987）。他认为系统功能语言学家与语用学家应该进行对话，加强联系。这种看法与Halliday关于"我们不需要有一门独立的叫作语用学的学科"（见Steele & Threadgold 1987，Vol.2：116）的观点相悖。Butler在一些论文和1985年那本书中，多次对Halliday的理论提出了比较尖锐的批评。90年代初，他的研究兴趣已转向Dik的功能语法，一般也不再参加系统语法学界的活动。所以严格地讲，Butler已不是Halliday学派的人了。

参考文献

- 胡壮麟. 系统功能语言学活动近况 [A] // 余渭深，李红，彭宣维，编. 语言的功能——系统、语用和认知 [C]. 重庆：重庆大学出版社，1998：3-16。

- 胡壮麟，朱永生，张德禄. 系统功能语法概论 [M]. 长沙：湖南教育出版社，1989.

- 黄国文. 功能主义者的大集会——记国际功能语法会议 [J]. 国外语言学，1995（4）：40-45.

- 黄国文. 英语语言问题研究 [M]. 广州：中山大学出版社，1999.

- 钱军. 结构功能语言学——布拉格学派 [M]. 长春：吉林教育出版社，1998.

- 王宗炎. 语言问题探索 [M]. 上海：上海外语教育出版社，1985.

- BERRY M. An introduction to systemic linguistics, Volume 1: structures and systems [M]. London: Batsford, 1975.

- BERRY M. An introduction to systemic linguistics, Volume 2: levels and links [M]. London: Batsford, 1977.

- BERRY M, BUTLER C, FAWCETT R, HUANG G W. Meaning and form: systemic functional interpretations—studies for M. A. K. Halliday [C]. Norwood: Ablex, 1996.

- BUTLER C. Systemic linguistics: theory and application [M]. London: Batsford, 1985.

- BUTLER C. Pragmatics and systemic linguistics [J]. Journal of pragmatics, 1987,12: 83-102.

- CHRISTIE F, MARTIN J R. Genre and institutions: social processes in the workplace and school [C]. London: Cassell, 1997.

- FAWCETT R. Some proposals for systemic syntax [M]. Cardiff: Department of Behavioural and Communication Studies, Polytechnic of Wales, 1976/1981.

- FAWCETT R. Cognitive linguistics and social interaction: towards an integrated model of a systemic functional grammar and the other components of a communicating mind [M]. Heidelberg: Julius Groos, 1980.

- FAWCETT R, HALLIDAY M A K, LAMB S M, MAKKAI A. The semiotics of culture and language, Vols.1 & 2 [C]. London: Pinter, 1984.

- FAWCETT R, YOUNG D. New developments in systemic linguistics, Vol. 2: theory and application [C]. London: Pinter, 1988.

- FIRTH J R. Papers in linguistics 1934—1951 [C]. London: Oxford University Press, 1957.

- FRIES P H. On the status of theme in English: arguments from discourse [J]. Forum linguisticum, 1981, 6: 1-38.

- FRIES P H, GREGORY M. Discourse in society: systemic functional perspectives—meaning and choice in language: studies for Michael Halliday [C]. Norwood: Ablex, 1995.

- GHADESSY, M. Thematic development in English texts [C]. London: Pinter, 1995.

- HALLIDAY M A K. Grammatical categories in modern Chinese [J]. Transactions of the philological society, 1956, 1: 177-224.

- HALLIDAY M A K. Categories of the theory of grammar [J]. Word, 1961, 17: 241-292.

- HALLIDAY M A K. Some notes on "deep" grammar [J]. Journal of linguistics, 1966, 2: 110-118.

- HALLIDAY M A K. Notes on transitivity and theme in English 3 [J]. Journal of linguistics, 1968, 4: 179-215.

- HALLIDAY M A K. Language structure and language function [A]// LYONS J. New horizons in linguistics [C]. Harmondsworth: Penguin, 1970, 140-165.

- HALLIDAY M A K. An introduction to functional grammar [M]. London: Arnold, 1985.

- HALLIDAY M A K. An introduction to functional grammar [M]. 2nd ed. London: Arnold, 1994.

- HALLIDAY M A K, FAWCETT R. New developments in systemic linguistics, Vol.1: Theory and description[C]. London: Pinter, 1987.

- Haliday M A K, HASAN R. Cohesion in English [M]. London: Longman, 1976.

- HALLIDAY M A K, HASAN R. Language, context and text: aspects of language in a social semiotic perspective [M]. Geelong: Deakin University Press, 1985.

- HALLIDAY M A K, MARTIN J R. Readings in systemic linguistics [C]. London: Batsford, 1981.

- HALLIDAY M A K, MARTIN J R. Writing science: literacy and discursive power [M]. London: Falmer Press, 1993.

- HALLIDAY M A K, MATTHIESSEN C M I M. Construing experience through meaning: a language-based approach to cognition [M]. London: Cassell, 1999.

- HASAN R. Linguistics, language and verbal art [M]. Geelong: Deakin University Press, 1984.

- HASAN R. Ways of saying: ways of meaning [M]. London: Cassell, 1996.

- HASAN R, FRIES P H. On subject and theme: a discourse functional perspective [C]. Amsterdam: Benjamins, 1995.

- HORACEK H, ZOCK M. New concepts in natural language generation [C]. London: Pinter, 1993.

- HUDSON R A, Systemic generative grammar [J]. Linguistics, 1974, 139: 5-42.

- MARTIN J R. English text: system and structure [M]. Amsterdam: Benjamins, 1992.

- MARTIN J R, MATTHIESSEN C M I M, PAINTER C. Working with functional grammar [M]. London: Arnold, 1997.

- MARTIN J R, VEEL R. Reading science: critical and functional perspectives on discourse of science [M]. London: Routledge, 1998.

- MATTHIESSEN C M I M. Lexicogrammatical cartography: English systems [M]. Tokyo: International Language Sciences Publishers, 1995.

- MATTHIESSEN C M I M, BATEMAN J A. Text generation and systemic linguistics: experiences from English and Japanese [M]. London: Pinter, 1991.

- MUIR J. A modern approach to English grammar: an introduction to systemic grammar [M]. London: Batsford, 1972.

- O'DONNELL M. Sentence analysis and generation: a systemic perspective [D]. Ph.D. Thesis, Department of Linguistics, University of Sydney, 1994.

- O'DONNELL M. Sentence generation using the systemic work bench [A]//Proceedings of the fifth European workshop on natural language generation [C]. Leiden, The Netherlands, 1995, 235-238.

- SCOTT F S. et al. English grammar: a linguistic study of its classes and structures [M]. London: Heinemann, 1968.

- SINCLAIR J M. A course in spoken English: grammar [M]. London: Oxford University Press, 1972.

- STEELE R, THREADGOLD T. Language topics: essays in honour of Michael Halliday, Vols. 1 & 2 [C]. Amsterdam: Benjamins, 1987.

- THOMPSON G. Introducing functional grammar [M]. London: Arnold, 1996.

- YOUNG D. The structure of English clauses [M]. New York: St. Martin's Press, 1980.

二　中国的系统功能语言学研究：发展与展望[3]

1. 引言

系统功能语言学研究在我国已经发展整整30年了。关于系统功能语言学在中国的发展和研究情况，国内一些学者先后在国内外发表了几篇综述性文章，例如：胡壮麟、陈冬梅（1990），方琰（1996），余珍萍（1997），胡壮麟（1998），张德禄（1998a，2006），黄国文（2000，2005），Huang（2002），严世清、董宏乐、吴蔚（2002），Zhang et al（2005），田贵森、王冕（2008），Huang & Wang（2009），王红阳、黄国文（2009）。这些文章从不同的侧面对我国系统功能语言学研究在各个阶段的情况进行了概括和分析。

本文试图对中国系统功能语言学30年来的研究状况做一个比较全面的梳理，目的是通过回顾研究的发展历程来发现我们的研究存在的问题以及与国际同行所做的研究之间的差距，进而提出系统功能语言学在我国未来研究的几点设想，展望其发展前景。

3　原载庄智象主编，《中国外语教育发展战略论坛》，上海：上海外语教育出版社，2009年，583—619页。

2. 系统功能语言学概说

英国学者Halliday创建的系统功能语言学（systemic functional linguistics）理论是基于Firth在20世纪30年代所创立的"系统–结构理论"（system-structure theory）而发展起来的。其中，Firth的"系统"概念对Halliday理论影响非常大，但二者在对待"系统"和"结构"的关系上存在明显差异。在Firth看来，"系统"和"结构"一样重要，但Halliday则认为"系统"是主要的，是语言组织最重要的原则。此外，Halliday还继承和发展了Malinowski和Firth的语境思想，从社会符号学视角探讨语境因素对语言系统的选择的影响，指出了三个语域变量、三大纯理功能、语义系统的选择和具体的语义成分之间的逻辑辩证关系等。

就Halliday系统功能语言学理论本身的发展历程而言，到目前为止，该理论的发展大致可以分成四个阶段（黄国文2007）：第一阶段以"Categories of the Theory of Grammar"（Halliday 1961）为起点，该论文建构的是一个语法理论，即"阶和范畴语法"（scale and category grammar），它是系统功能语言学理论的早期雏形。系统功能语言学的第二阶段以"Some Notes on 'Deep' Grammar"（Halliday 1966）为标志，正如Butler（1985：45）所说，这篇论文表明：原先的"阶和范畴语法"已经发展成为"系统语法"。系统功能语言学第三阶段的标志可以说是Halliday在1967年至1968年发表的"Notes on Transitivity and Theme in English (1, 2, 3)"（Halliday 1967a，1967b，1968）三篇系列论文。在这些论文中他首次提出"纯理功能"思想。Halliday关于纯理功能的假说是对早些时候的系统语法（或称系统语言学）的扩展，由此而有了"系统功能语法"的模式。系统功能语言学的第四阶段大概是从20世纪70年代中后期开始，以Halliday（1978）的 *Language as Social Semiotic: the Social Interpretation of Language and Meaning* 一书为标志，这一阶段的重点是把语言和语言研究放到社会和文化的大框架中加以讨论。

从系统功能语言学研究的发展状况和趋势看，该语言学理论的发展是渐进性而不是颠覆性的，系统功能语言学的理论框架一直相对稳定，相关研究也一直在该框架中不断改进，以发展和完善这一理论。

从本质上看，系统功能语言学是一种普通语言学理论，它研究语言的途径是采取"整体性"（holistic）方法，它对语言的研究视角是一个综合（comprehensive）法。同时，它是为应用而设计的，所以它也是一个"适用语言学"（appliable linguistics）模式。系统功能语言学研究的是语言的方方面面（包括音系、词汇、语法、语义、语用、语境），也就是说，语言中的每个组成部分都是这个理论所要研究的内容，语言中各个层次和各个部分之间都有非常密切的关系，对语言中某一层次和某一部分的讨论都会涉及整个语言系统，而对语言的研究也必须考虑社会文化等因素。

3. 中国的系统功能语言学研究

系统功能语言学在中国的介绍和研究已经进行了整整30年。下面我们从"早期的介绍和研究""研究队伍""对中国学者影响最大的两本书""过去30年的研究和重要成果""学术研讨会""研究机构"六个方面逐一进行评述。

3.1 早期的介绍和研究

比起Chomsky的形式语言学，Halliday的系统功能语言学理论介绍到中国是比较晚的。从文献上看，它是1977年才被介绍给中国读者的。在方立、胡壮麟、徐克容（1977）的《谈谈现代英语语法的三大体系和交流语法学》一文中，有一节专门介绍功能语言学，提到了Firth和Halliday，语言的三大功能和语域等概念。但该文的介绍比较简单，而且刊登该文的《语言教学与研究》杂志当年流传不是特别广泛，所以影响不是很大。

王宗炎（1980）在《国外语言学》（即现在的《当代语言学》）第5期上发表了《伦敦学派奠基人弗斯的语言理论》的评述性文章，对伦敦学派奠基人Firth以及Halliday的语言理论做了介绍和评论。第二年，王宗炎（1981）在《国外语言学》的第2期发表了《评哈利迪的〈现代汉语语法范畴〉》，该文也是介绍性和评论性的文章，主要是对Halliday的"Grammatical Categories in Modern Chinese"（Halliday 1956）一文进行介绍和评论，同时也直接批评了Halliday对现代汉语的一些描述。特别值得一提的是，王宗炎（1981：54）也看到了Halliday的独创性，他说："哈利迪用自己特创的方法来建立一套汉语语法范畴，确是煞费苦心。"他的这句评论表明，Halliday那时就试图建立起自己的一套理论。虽然在语言学界有人把Halliday的系统功能语言学理论说成是"新弗斯语言学"，但Halliday的理论核心与Firth的是不一样的（参见Halliday 2002a/2007，2003/2007）。

徐盛桓（1982）在《外语教学与研究》第1期发表了《主位和述位》一文，探讨了系统功能语言学中语篇纯理功能中的主位结构问题。同年龙日金在《国外语言学》第4期上发表了题为《伦敦学派的语言变异理论简介》一文，介绍了系统功能语言学的语域理论。在王宗炎（1981）和龙日金（1982）的文章中，Halliday分别被译为"哈利迪"和"哈立迪"。1983年胡壮麟在《国外语言学》第2期上发表了题为《韩礼德》的文章，专门介绍Halliday和他的理论，该文有这么一个注："Halliday在我国语言学刊物中一般译为'哈立迪'或'哈利迪'，但Halliday本人希望使用他的汉名'韩礼德'。"从此，我国绝大多数学者都把Halliday译为"韩礼德"。胡壮麟在20世纪80年代初发表了多篇专门文章，介绍、评论Halliday的语言理论（如胡壮麟1983，1984，1986），并开始多层次培养中国学者研究系统功能语法理论，接着中国语言学界就掀起了一场"功能语言学"热（参见束定芳1997）。

3.2 研究队伍

中国的系统功能语言学研究从1980年起有了快速的发展。如果我们要说出在中国引导、推动和促进Halliday系统功能语言学理论研究的领头学者的话，那就是北京大学的胡壮麟。1979年初他和其他八位中国学者由国家公派到澳大利亚留学，胡壮麟在悉尼大学语言学系跟随Halliday学习、研究系统功能语言学，并于1981年以优异的成绩获得该大学授予的优等硕士学位。胡壮麟从澳大利亚学成归来后发表了多篇专门介绍、评论和研究Halliday语言理论的文章（胡壮麟1983，1984，1986），讲授"系统功能语言学"课程，并开始多层次培养中国学者研究系统功能语法理论（包括招收硕士研究生和博士研究生，外出讲学）。胡壮麟培养的多名博士（如高一虹、王振亚、钱军、刘世生、田贵森、范文芳、杨永林、李战子、彭宣维、程晓堂等）现在都已是博士生导师，他们中的大多数也指导系统功能语言学博士研究生进行这方面的研究。

紧跟在胡壮麟之后从国外学成归来的系统功能语言学研究者包括朱永生、张德禄、方琰、杨信彰、黄国文等人，他们在各自的学校和胡壮麟一样，讲授"系统功能语言学"课程，并多层次培养中国学者研究系统功能语法理论，招收"（系统）功能语言学"研究方向的硕士研究生和博士研究生。他们培养出来的博士生有不少现在也已成为优秀的学者和博士生导师，并招收系统功能语言学领域的博士研究生。例如：苗兴伟（山东大学）、严世清（苏州大学）是朱永生的学生，刘承宇（西南大学）是杨信彰的学生，杨炳钧（西南大学）、常晨光（中山大学）、曾蕾（中山大学）是黄国文的学生。另外，朱永生和黄国文指导的博士后也都有做博士生导师的（如上海交通大学的王振华，西南大学的刘承宇）。此外，有一批在国内和国外学习系统功能语言学的研究者学成后到不同的院校从事教学工作，培养了一大批硕士研究生。

在中国的学术界，目前一种明显的现象是老师和学生，以及学生的学生一起从事某一学科领域的研究，因此在全国性的学术活动中，可以见到一组、一队、一群师从同一个导师的学者。在系统功能语言学界，这种情况也是存在的。从这一点看，中国系统功能语言学研究的团队力量是不可忽视的。

根据王红阳等人2007年在全国做的一次较大规模的调查和统计，全国有30多所高校为英语专业研究生开设了"（系统）功能语言学"或（基于系统功能语言学理论的）"语篇分析"课程，其中招收功能语言学研究方向博士研究生的学校有北京大学、复旦大学、中山大学、厦门大学、北京师范大学、山东大学、清华大学、苏州大学、南京师范大学、解放军国际关系学院、西南大学、上海交通大学等。到目前为止，已经毕业的"功能语言学"博士达100多人，遍布全国各地（参见王红阳、黄国文2009）。

在中国，对系统功能语言学的研究在20世纪80年代初期开始活跃，主要的研究者是从国外学成归来的学者。到了80年代中后期，情况就有了变化，许多其他教师和研究生也加入了这支研究队伍。从近30年国内发表的论文和出版的著作看，中国的系统功能语言学研究队伍主要是高等学校的教师和研究生，而其中绝大部分人都是从事英语学习和研究的。

3.3 对中国学者影响最大的两本书

在一个学科的传播过程中，入门教材和普及性读物所起的作用是不可忽视的。胡壮麟、朱永生、张德禄三人合著的《系统功能语法概论》（1989）一书是中国出版的第一部这方面的著作，它的出版和全国功能语言学研讨会的召开，对推动中国的系统功能语言学研究起到了不可低估的作用：正因为有了这样的教科书和学术研讨会，才会有越来越多的人知道、了解这个理论，从而对它感兴趣，然后加入学习和研究队伍。

从我国学者早期所发表的论文看（见中国知网和全国功能语言学历届研讨会后出版的论文集），对中国学者影响最大应该是Halliday（1985）的 *An Introduction to Functional Grammar* 和胡壮麟等的《系统功能语法概论》这两本书。当时国内缺乏国外出版的书刊，正好Halliday（1985）的这本书国内出版了影印版，而《系统功能语法概论》一书有些章节也介绍了Halliday（1985）这本书的主要内容（如三个纯理功能）。

到了20世纪90年代初期，情况有了变化，但所研究的内容主要还是围绕着 *An Introduction to Functional Grammar* 和《系统功能语法概论》。1994年Halliday的 *An Introduction to Functional Grammar* 第2版出版后，我国很快就有了非正式的影印版，Halliday的这本书对我国的系统功能语言学研究者的影响是非常大的。

正如黄国文（2000）所说的，胡壮麟、朱永生、张德禄（1989）的《系统功能语法概论》在介绍、推动系统功能语言学在中国的研究方面发挥了非常重要的作用。可以这样说，该书的出版填补了中国系统功能语言学研究史上的一个空白，Halliday本人对该书和其作者赞赏有加："It's an excellent book. You're not a consumer. You're a producer."（这是本极好的书，你们不仅是消费者，也是生产者。）（见余珍萍 1997：22）。该书出版后得到国内语言学界的好评，先后有几篇书评都给予了很高的评价。

3.4 过去30年的研究和重要成果

田贵森、王冕（2008: 98）在最近的一篇文章中指出，在过去的30年里，我国学者的研究在国内的发展经历了三个阶段：80年代主要是介绍与引进，90年代前期主要是验证与初步应用，而90年代后期至今主要是质疑、发展、完善与广泛应用。这个划分基本反映了过去30年的情况。但必须指出的是，第二、三阶段（即90年代前期和90年代后期至今）中介绍与引进是很重要的部分，如对"语类"（语篇体裁，genre）（方琰1995，1998a，1998b）、Fawcett（1980，2000，2008）的"加的夫语法"（黄国文、冯捷蕴2002；冯捷蕴、黄国文2002）、Martin的"评价系统"（the appraisal system）（王振华2001；李战子2004）、多模态研究（multimodality studies）（李战子2003）等分析模式的引进和介绍，都属于中国系统功能语言学者研究活动的一个亮点。

3.4.1 第一个10年的研究（1977—1987）

黄国文（2000）的《系统功能语言学在中国20年回顾》一文对90年代系统功能语言学研究在中国的发展情况做了分析和综述，认为我国系统功能语言学的研究包括理论探索及其理论应用；对这个理论的研究逐渐成为我国外语界语言学研究的一个热点。

从文献上看，第一个10年国内系统功能语言学者的研究主要集中在以下这些方面：三个纯理功能、话语分析和语篇分析、文体学、语域理论、语法隐喻、英汉对比研究。即围绕着Halliday（1985，1994）所说的"the clause""around the clause""beyond the clause"，而较少人研究句法方面（即Halliday所说的"below the clause"和"above the clause"）和语音、音系方面（即Halliday所说的"beside the clause"）的问题（参见黄国文2000）。

这一阶段的研究成果主要来自少数几位学者，比较有影响的有胡壮麟（1983，1984，1986）、朱永生（1986，1987）、张德禄（1987a，1987b）等学者所做的研究。

这一阶段的出版物主要集中在两个方面：一是介绍和解释系统功能语言学的一些观点、原则和方法，二是把理论应用于实际中（主要是话语分析和语篇分析以及文体分析）。

在这第一个10年的研究过程中，热点问题主要集中在三个纯理功能和语篇分析（包括话语分析、文体分析、语域分析）。

3.4.2 第二个10年的研究（1988—1998）

如前所述，胡壮麟等人合著的《系统功能语法概论》（1989）对推动中国的系统功能语言学研究起到了非常重要的作用。这本书的出版以及Halliday的 *An Introduction to Functional Grammar*（1985，1994）的影印本在中国的流传对此阶段的研究起了推动作用。在这一阶段做研究的人已经包括一大批刚毕业的和在校的研究生。

Halliday建构系统功能语言学的一个目的是为语篇分析提供一个理论和分析框架（见Halliday 1985: xv）。在这一阶段，已经有一些学者把语法分析与语篇分析结合起来。比较有影响的是任绍曾（1995a，1996）的《英语时态的语篇功能》和《英语名词指称及其语篇功能》。

总的说来这一阶段的研究主要还是围绕着三个纯理功能、话语分析和语篇分析、文体学、语域理论、语法隐喻和英汉对比研究，但一个明显的变化是已经有不少学者研究句法问题。20世纪90年代初有几篇比较突出的关于功能句法方面的论文（胡壮麟1990a；雍和明1992，1993）。但总的说来，这方面的研究不是很多。到了90年代中后期，功能句法研究有了很大的改观。从90年代中期开始，功能句法方面的研究已经走上轨道，这方面的研究人员大多数是中山大学或与中山大学联系密切的学者。

在这一阶段，功能句法方面的研究已有了起色，而对功能语音、音系学方面的研究却还是不多。虽然有些文章也涉及语音、音系方面的问题（如胡壮麟1993，1996a），但总体上，这方面的讨论非常少。在国际系统功能语言学界，研究语音、音系的学者和出版的论著还是很多的。例如：Halliday除了在有关论著中多次谈到语音语调问题外，还写过两本研究语音、语调的著作（Halliday 1967c，1970）。Tench除了出版了两本这方面的著作（Tench 1990，1996）外，还主编了题为 *Studies in Systemic Phonology*（Tench 1992）的论文集。Greaves一直在从事系统功能语音、音系方面的研究，他与Halliday出版了 *Intonation in the Grammar of English*（Halliday & Greaves 2008）一书。

"语法隐喻"是Halliday（1985）首次提出来的，成了我国1988—1998年间的一个研究热点。这个时期涌现了一批很有影响的论文，作者包括朱永生（1994）、范文芳（1997a，1997b）、杨信彰（1998）。研究语法隐喻的学者主要有北京大学的胡壮麟（1996b，1997，2000a，2000b，2004）、复旦大学的朱永生（朱永生1994；朱永生、严世清2000）、厦门大学的杨信彰（1998），以及与他们联系紧密的学者（包括他们指导的研究生）。在语法隐喻研究方面，范文芳（2001）、严世清（2000）、董宏乐（2005）、刘承宇（2008）等人的博士论文尤其受到关注。

这期间，我国的学者已开始从系统功能语言学角度研究"语类"问题。在我国学者中，早期撰写"语篇体裁"方面论文的有方琰（1995，1998a，1998b）、秦秀白（1997a，1997b）、黄国文（1998）、于晖（1999）。黄国文（2000）曾说，关于语类的研究在不久的将来极有可能成为我国功能语言学研究者的研究热点之一。现在看来，这个预测是正确的。语类研究的实际意义之一是可为外语教学提供一种新的思路。在这方面，国外的学者Martin做了很多研究，而国内的学者中，方琰（方琰2002；方琰、曹莉、孙郁根2001；方琰、方艳华2002；方琰、兰青1997；蔡慧萍、方琰2007）和张德禄（2002a，2002b，2002c）的研究比较突出。

这一阶段出版了很多很有影响的学术专著，如胡壮麟的《语篇的衔接与连贯》（1994）和《当代语言理论与应用》（1995）、刘世生的《西方文体学论纲》（1997）、张德禄的《功能文体学》（1998b）、杨信彰的《英汉语篇对比》（1995）等。还出版了全国功能语言学研讨会的论文集五册：胡壮麟的《语言系统与功能》（1990b）、朱永生的《语言·语篇·语境》（1993）、任绍曾的《语言·系统·结构》（1995b）、胡壮麟、方琰的《功能语言学在中国的进展》（1997）、余渭深、李红、彭宣维的《语言的功能——系统、语用和认知》（1998）。

在这第二个10年中，新的研究热点问题主要集中在语法隐喻和语类两方面。

3.4.3 第三个10年的研究（1999—2009）

这一阶段的研究除了继续围绕着三个纯理论功能、话语分析和语篇分析、文体学、语域理论、语法隐喻、英汉对比研究开展外，对语类的研究热情未减，同时对Martin的"评价系统"的研究也特别多（尤其是后五年），其次，多模态研究和加的夫语法研究也成为新的热点问题。

这10年，研究队伍的扩大和研究领域的扩展是明显的。一批批专修系统功能语言学的研究生从不同的学校毕业后走上工作岗位，同时也把他们自己的研究成果分享给更多的人。据田贵森、王冕（2008: 98）的检索，"在1977年至2007年期间，国内共发表有关功能语言学的论文近900篇（包括九本论文集的论文）"。这些论文从不同的角度探讨了系统功能语言学的理论问题和应用问题。

这段时间有很多重要的研究成果，其中特别值得一提的是关于衔接与连贯问题的研究。对于这个问题，国内很多学者做了深入的探讨。继胡壮麟的《语篇的衔接与连贯》（1994）出版后，朱永生、郑立信、苗兴伟出版了《英汉语篇衔接手段对比研究》（2001），张德禄、刘汝山出版了《语篇连贯与衔接理论的发展及应用》（2003），最近一本这方面的专著是程晓堂的《基于功能语言学的语篇连贯研究》（2005）。把连贯与衔接的观点和分析应用于语言教学的例子一直都有，最近的有程晓堂的《基于语篇连贯理论的二语写作教学途径》（2009）。就理论建构而言，中国学者在这方面的贡献是突出的。

此外，还有两个方面的研究特别值得一提：一个是比较全面地从理论与实践两方面探讨系统功能语言学与外语教学之间的关系，这方面的研究最突出的是张德禄、苗兴伟、李学宁的《功能语言学与外语教学》（2005）；另一个是对语料库的关注，结合语料库从系统功能视角研究语篇类型和语法现象，这方面的研究，杨信彰（2006）和他指导的博士生、硕士生是走在前面的。

朱永生、严世清（2001）厘清了系统功能语言学与其他一些学派（包括其他功能学派、形式语言学、心理语言学）之间的一些关系，并从宏观的视角审视了系统功能语言学的一些重要问题。

彭宣维的《英汉语篇综合对比》（2000）和朱永生、郑立信、苗兴伟（2001）在英汉语篇对比研究方面做了详细的描述，黄国文《翻译研究的语言学探索——古诗词英译本的语言学分析》（2006）探讨的是翻译问题，也与语言对比有关。关于语言对比的研究对中国学者来说非常有意义，因为它与原创性和本土化联系紧密。

黄国文的《语篇分析的理论与实践——广告语篇研究》（2001）和黄国文、葛达西的《功能语篇分析》（2006）都是功能语篇分析（functional discourse analysis）方面的尝试。黄国文（2001）明确指出，系统功能语言学比其他语言学理论更适用于语篇分析，它提供的语篇分析方法完全可以与Schiffrin（1994）所说的其他语篇分析方法相媲美。

辛斌的《批评语言学：理论与应用》（2005），丁建新、廖益清的《批评视野中的语言研究》（2006）和王晋军的《会话中问句的批评性分析》（2006）则是批评话语（语篇）分析的例子（专著）。作为一种语言学理论，系统功能语言学为批评话语（语篇）分析提供了一个行之有效的分析框架。从这三本专著可以看出，系统功能语言学的可应用性是很强的。

在最近的五六年间，我国系统功能语言学者开始对多模态研究表示出极大的兴趣。李战子（2003）对Kress & Leeuwen的多模式研究做了比较详细的介绍和解释。叶起昌（2006）、胡丹（2007）、胡壮麟（2007a）、王红阳（2007a，2007b）、朱永生（2007）、陈瑜敏（2008）、辛志英（2008）、张德禄（2009）等从理论、应用和分析方法等方面探讨了基于系统功能语言学的多模态分析模式。

关于语类的研究，这段时间发表了多篇有影响的文章。我们查阅了中国知网，仅2002年就有10篇关于语类的论文，作者包括方琰（2002），方琰、方艳华（2002），林娜（2002），王晋军（2002），余渭深（2002），张德禄（2002a，2002b，2002c），张德禄、马磊（2002），张菊芬（2002）。

这段时间的功能句法研究成果也比较多，相关作者包括黄国文（1999，2003）、杨炳钧（2003）、曾蕾（2006）、何伟（2007，2008）、Wang（2008）。何伟（2007，2008）在系统功能语言学框架中研究英语的动词时态问题，这方面的研究在国内外都不多见（参见Bache 2008）。

这一阶段还出版了很多有影响的学术专著，例如黄国文的《英语语言问题研究》（1999），胡壮麟的《功能主义纵横谈》（2000c），于晖的《语篇体裁分析：学术论文摘要的符号学意义》（2003），朱永生的《语境动态研究》（2005），张德禄的《语言的功能与文体》(2005),胡壮麟、朱永生、张德禄、李战子的《系统功能语言学概论》(2005),李美霞的《功能语法教程》(2006),黄国文、何伟、廖楚燕等的《系统功能语法入门——加的夫模式》(2008)。

如上所述,我国学者很少有人从系统功能语言学角度去研究语音、音系方面的问题,但我们高兴地看到,朱珊(2007,2009)在这方面的努力已经有了成果。如果说我国的系统功能语言学研究与国际学者的研究存在较大差距的话,那关于语音、音系方面的探索就是一个明显的例子。

在这第三个10年中,关于三个纯理论功能、语篇分析、话语分析、文体分析、语域分析、语法隐喻、语类等的研究一直没有间断,而新的研究热点问题主要集中在评价系统、多模态研究、功能句法三个方面。

3.4.4 小结

中国的系统功能语言学研究,无论是研究的范围和内容、研究的队伍,还是研究的成果,都是稳步发展的。虽然国内最近一二十年其他一些学科也发展得非常快,并吸引了很多人加入他们的研究队伍,但是中国的系统功能语言学界有一批信念坚定、训练有素、认真钻研的学者,所以这些年的研究成果在质量上逐渐提高,研究范围不断扩大,在数量上稳步上升。从这些年的研究状况看,除了要有一个良好的大环境外,还需要有一批认真工作、信念坚定、有学术素养的学者多年的不懈努力。

3.5 学术研讨会

自1989年起,中国的系统功能语言学研究者每年都组织全国性的学术活动。这些活动包括:(1)全国功能语言学研讨会;(2)全国语篇分析研讨会;(3)系统功能语言学学术活动周(systemics week);(4)"功能语言学与语篇分析"高层论坛。下面我们分别对这些活动进行介绍。

3.5.1 全国功能语言学研讨会

首届全国功能语言学研讨会由胡壮麟发起、组织,于1989年夏在北京大学召开,之后每隔一年召开一次,到2009年夏天,已成功召开11届。每届会议后都出版与当次会议主题一致的论文集,已经出版的有:胡壮麟(1990b),

朱永生（1993），任绍曾（1995b），胡壮麟、方琰（1997），余渭深、李红、彭宣维（1998），朱永生（2002），杨忠、张绍杰（2003），黄国文、常晨光、丁建新（2005），张克定、王振华、杨朝军（2007），黄国文（2009a）。

1989年8月3—5日在北京大学召开了第一届全国功能语言学研讨会（当时的名称是"系统功能语法研讨会"，该名称沿用至第五届）。以后各届召开的地点和时间是这样的：第二届，苏州大学（1991年7月15—18日）；第三届，杭州大学（1993年6月17—20日）；第四届，北京大学（1995年7月18—22日）；第五届，重庆大学（1997年7月5—7日）；第六届，复旦大学（1999年8月15—18日）；第七届，东北师范大学（2001年7月14—16日）；第八届，燕山大学（2003年8月19—22日）；第九届，河南大学（2005年10月8—10日）；第十届，江西师范大学（2007年4月11—14日）；第十一届，清华大学（2009年7月14—18日）。

关于全国功能语言学研讨会，有两点值得一说。

第一，有几届研讨会很有特色。第四届研讨会是与第22届国际系统功能语言学大会合并召开的，由北京大学和香港理工大学联合承办。参加大会的外国学者有近100人，其中包括系统功能语言学创始人Halliday、国际系统功能语言学协会执行委员会会长Francis Christie，以及国际功能语言学著名学者Ruqaiya Hasan、Robin Fawcett、Peter Fries、Michael Cummings、James Benson、William Greaves、Robert de Beaugrande等。国内的116名参会者分别来自17个省、市、自治区的50多所高等院校。这次会议是我国功能语言学研究发展的一个里程碑，标志着我国功能语言学已经走向世界（胡壮麟、方琰1997：1）。

第六届研讨会由复旦大学和香港城市大学联合承办，国际系统功能语言学知名专家Halliday、Hasan、Matthiessen、Webster、Ghadessy等和来自国内外30多所高校的近100名专家学者参加了研讨会（参见朱永生2002）。

第九届研讨会与首届国际语言"评价系统"研讨会合并在河南大学召开，参加会议的代表来自国内外66所院校，共有188名正式代表。除了大会发言（包括Martin教授和White博士）以外，有166名代表在分会场宣读论文。参加本次研讨会的还有台湾元智大学和香港理工大学的学者（参见张克定、王振华、杨朝军2007）。

第十一届研讨会与第36届国际系统功能语言学大会合并，在清华大学召开，由清华大学和香港城市大学联合承办，主题是"系统功能语言学在理论和实践上所面临的挑战"（Challenges to Systemic Functional Linguistics: Theory and Practice）。会议主要议题涉及系统功能语言学在理论上的发展以及在不同语言、领域和语境中的应用，具体包括：符号意义系统的发展前景、语义结构、语言与社会的关系、语言与心智的关系、语言与现实的关系、儿童语言发展、语言的模糊性、语言规划与语言政策、语篇分析、语言与文学、语言学与翻译以及其他相关领域。应邀在此次大会做主题发言的有：Heidi Byrnesh、Halliday、黄国文、刘世生、Martin、Matthiessen、Painter、沈家煊、Ventola、Webster等国内外学者。会议期间还安排北京大学胡壮麟和复旦大学朱永生对系统功能语言学创始人Halliday进行面谈采访。

第二，大多数研讨会都有国外学者参加。这些学者分为两类：一是像Halliday、Hasan、Matthiessen、Martin、White、Webster、Ghadessy这些著名的系统功能语言学者，他们的参与不但给我国学者以鼓励和帮助，还带来了他们最新的学术思想。二是应邀做大会发言的还有不是专门研究系统功能语言学的知名学者，其中包括美国俄勒冈大学语言学教授Russell Tomlin和美国佛罗里达大学屈承熹（Chauncey Chu）教授。邀请这些不是专门从事系统功能语言学研究的学者在全国性的功能语言学研讨会上做大会报告，可以帮助与会者了解他们原本不熟悉的学术思想和研究方法，从专家的报告中也看到了不同学科、不同理论的共通之处和共同的研究兴趣与研究目标。

3.5.2 全国语篇分析研讨会

全国语篇分析研讨会由任绍曾发起，首届会议于1991年5月在杭州大学（现浙江大学）召开，当时采用的名称是全国话语分析研讨会，从第七届起更名为全国语篇分析研讨会，基本每两年召开一次，与全国功能语言学研讨会错开年份召开。以后各届会议召开的地点和时间是这样的：第二届，杭州大学，1992年10月23—25日；第三届，解放军外国语学院，1994年10月26—28日；第四届，西南师范大学（现西南大学），1996年6月18—21日；第五届，澳门大学（由澳门大学和清华大学联合主办），1997年10月15—18日与国际话语分析研讨会合并召开；第六届，中山大学，与语篇与语言的功能国际研讨会合并召开，1999年8月10—13日；第七届，湘潭师范学院（现湖南科技大学），2000年10月24—28日；第八届，苏州大学，2002年5月18—20日；第九届，山东大学，2004年10月22—24日；第十届，绍兴文理学院，2006年10月20—22日；第十一届，厦门大学，2008年8月18—22日。

全国语篇分析研讨会也有两点值得注意：

第一届、第五届和第六届会议与国际会议合并，所以都有国际系统功能语言学界的知名学者参加。参加第五届会议的国际学者包括Halliday、Hasan、Matthiessen、Fries、Webster、Flowerdew等，参加第六届会议的国际学者有Halliday、Hasan、Fawcett、Matthiessen、Fries、Greaves等。

第二届、第五届和第六届会议结束后都出版了论文集。第五届会议论文集由任绍曾等主编（Ren et al 2001）。第六届会议后出版了两本论文集：一本是全英文的（黄国文、王宗炎2002），另一本则是汉语的（黄国文2002）。这三本论文集的内容涵盖了研讨会的主要议题和讨论内容，三本论文集都收录了国际系统功能语言学界知名学者的论文。

全国语篇分析研讨会与全国功能语言学研讨会现在每年轮流召开，虽然两个会议的名称不一样，但所探讨的问题大同小异，都是围绕着系统功能语言学这个理论及其应用进行。此外，非常重要的一点是，这两个会议的核心参加者是同一批中国学者。

3.5.3 系统功能语言学学术活动周

2001年黄国文在中山大学发起、组织、举办了第一届"系统功能语言学学术活动周"，活动周的性质与国际系统功能语言学大会前的"讲习班"相似。与全国功能语言学研讨会、全国语篇分析研讨会和其他一般的学术研讨会不同的是，活动周一般为期一周，邀请国内外系统功能语言学方面的专家向年轻的学者讲授系统功能语言学的理论或研究方法，以此来培训和培养年轻的学者，为学科建设输送新生力量。

第一届活动周于2001年12月10—14日在中山大学举行，主讲专家有澳大利亚悉尼大学的 Martin（五场学术报告），还有张德禄、Ghadessy、黄国文、张美芳（参见戴凡、王振华 2002）。

第二届系统功能语言学活动周于 2002 年 9 月 23—27 日在中山大学举行，主讲人有意大利威尼斯大学的 Paul John Thibault（五场讲座），还有 Ghadessy、黄国文、张美芳。

第三届系统功能语言学活动周由中山大学外国语学院和香港城市大学中文、翻译和语言学系联合主办，于 2003 年 4 月 7—11 日在中山大学举行，主讲人有 Halliday、Hasan、香港城市大学的 Graham Lock、杨信彰、黄国文。

第四届系统功能语言学活动周由厦门大学和中山大学主办，2004 年 3 月 29 日至 4 月 2 日在厦门大学举行，主讲人是 Halliday（两场讲座）、Hasan、杨信彰、黄国文（参见李力 2005）。

第五届系统功能语言学活动周于 2005 年 10 月 3—7 日由河南大学承办，主讲人是 Martin（四场报告）、王振华、White、杨信彰、胡壮麟、张德禄、黄国文（参见杨朝军 2007）。

第六届系统功能语言学活动周于 2006 年 4 月 20—25 日在北京师范大学举行。胡壮麟、方琰、任绍曾、姜望琪、张德禄、杨信彰、Fawcett、朱永生、黄国文、Martin、Sue Hood 等 11 位系统功能语言学者做专题报告，共 16 场（参见彭宣维 2006）。

第七届系统功能语言学活动周于 2007 年 4 月 7—11 日在江西师范大学举行。主讲专家为 Hasan、Martin、胡壮麟、张德禄、杨信彰、方琰、任绍曾、黄国文（参见黄国文 2009a）。

第八届系统功能语言学活动周于 2008 年 3 月 10—14 日在北京科技大学举行。活动周的主题是"系统功能语言学"研究，特别主题是"加的夫语法模式"。在活动周期间，13 位专家做了 16 场专题报告。主讲专家包括 Fawcett、胡壮麟、朱永生、方琰、张德禄、李战子、姜望琪、杨信彰、田贵森、任绍曾、程晓堂、刘世生、黄国文（参见张敬源、何伟 2009）。

第九届系统功能语言学活动周于 2009 年 7 月 10—12 日在北京师范大学举行，与第 36 届国际系统功能语言学大会的讲习班合并。应邀演讲的有 Fawcett、

Hasan、李战子、Martin、Matthiessen、Painter、彭宣维、Kazuhiro Teruya、田贵森、严世清。

系统功能语言学学术活动周有两个鲜明的特点：一是每一次活动周都有国际知名的系统功能语言学学者主讲，这样就保证了学术内容的前沿性和权威性；二是参加人员主要是在校博士研究生和硕士研究生，人数每次都超过100人，这是一支不可忽视的新生学术后备力量，学术活动周的举办保障了学术研究的可持续发展。

3.5.4 "功能语言学与语篇分析"高层论坛

在过去的10年里，中山大学还组织召开了三个系统功能语言学方面的会议：（1）"语篇与语言的功能"国际会议（1999年8月10—13日）；（2）"语篇与翻译"国际会议（2002年7月24—26日），参加会议的国际知名学者包括Basil Hatim、Mona Baker、Christina Schäffner；（3）"功能语言学与翻译研究"国际会议（2006年12月1—3日），邀请了德国学者Julia House以及张美芳、黄国文等做大会发言（参见王东风2006）。

从2006年起，中山大学开始主办"功能语言学与语篇分析"高层论坛（Symposium on Functional Linguistics and Discourse Analysis），至今已成功举办了四届。高层论坛主要邀请有关专家与珠江三角洲地区的系统功能语言学者进行学术交流。应邀参加论坛的演讲学者一共有22人（其中8位参加过两次以上的论坛）：Matthiessen、Canzhong Wu、杨信彰、林允清、杨炳钧、常晨光、李国庆、王勇、黄国文、Hasan、Martin、Adriana Pagano、张德禄、方琰、Halliday、胡壮麟、Kazuhiro Teruya、Pattama Patpong、Paul Dwyer、Michele Zappavigna、Sue Hood、张美芳。这些高层论坛都由国际知名的系统功能语言学学者主讲。通过这些高层研讨会，我国学者一方面可以了解系统功能语言学研究发展的最新动态、最新成果和研究方法，同时又有机会与国外的系统功能语言学研究者对话，并向他们介绍中国的系统功能语言学研究情况和发展动向。

3.6 研究机构

1995年7月在北京召开第四届全国系统功能语法研讨会暨第22届国际系

统功能语言学大会之际，经当时季羡林先生领导的中国外语教学研究会的批准，正式成立了"中国高等院校功能语法研究会"（中国功能语言学研究会）。2007年4月在江西师范大学召开的第十届全国功能语言学研讨会期间，成立了"中国英汉语篇分析研究会"，该学会是挂靠在民政部注册的一级研究会"中国英汉语比较研究会"的二级研究会（专业委员会）。这两个研究会负责全国系统功能语言学研讨会、全国语篇分析研讨会和系统功能语言学学术活动周的组织工作。

2003年4月15日，"中山大学功能语言学研究所"在中山大学外国语学院挂牌成立。系统功能语言学创始人Halliday教授和知名学者Hasan教授等人出席了挂牌仪式。2006年4月23日，北京师范大学外文学院成立了"北京师范大学功能语言学研究中心"，国际知名学者Fawcett、Martin等参加了成立大会。中山大学功能语言学研究所和北京师范大学功能语言学研究中心都分别邀请了国内外系统功能语言学界的专家（Halliday、Fawcett、Martin、胡壮麟等）担任兼职教授或学术顾问。其他一些高等院校也有类似的功能语言学研究所，但就研究队伍的学术水平和活动次数而言，都与这两个机构有明显差距。国内有些学校的系统功能语言学学科建设比较注重梯队性。例如：中山大学的系统功能语言学研究者中有21名是中山大学在岗教师（其中15人具有"系统功能语言学"研究方向的博士学位），著名系统功能语言学研究者Wendy L. Bowcher被中山大学正式聘为教授。

4．存在的问题

在过去的30年里，我国的系统功能语言学在研究和应用两方面都取得了很大成绩。但是，也存在一些问题。下面我们从几个方面进行分析。

4.1 介绍和应用多于原创性研究

从我国系统功能语言学研究者已经发表的论文和出版的专著看，总的情况是，介绍理论的比较多，对理论本身的研究和探讨比较少；把该理论或理论的某一个方面应用于实践（尤其是话语分析和语篇分析、文体分析）的比较多，通过实际分析，重新审视理论及理论中某一假说或原则的比较少。因此，在理论的建构方面，我国学者的贡献不太大。

4.2 汉语研究成绩不大

系统功能语言学是一种普通语言学理论，它的研究对象是包括汉语在内的人类语言。Halliday早年也是研究汉语的。从文献上看，过去的30年都有学者运用系统功能语言学理论探讨汉语问题或进行英汉对比研究。但与国外的系统功能语言学研究者（如Halliday 1956，1959，1981，1984，1992；McDonald 1992，1996，1998；Zhou 1997；Halliday & McDonald 2004；Li 2008）的汉语研究相比，我国学者的研究显得比较零散，更谈不上建立完整和系统的分析框架。有些研究还有"生搬硬套"的现象，没有系统描述和阐释汉语语言的自身特点（参见王红阳、黄国文2009）。

造成汉语研究成绩不大的原因主要是我国从事系统功能语言学研究的学者绝大多数是英语教师，汉语语言研究不是他们的强项。此外，这些学者与汉语研究者的合作也不多。这个问题普遍存在，而且短期内不可能解决好，这就是学界谈了多年的"两张皮"问题（参见沈家煊2001）。

4.3 重复性研究

国内很多学科的研究在某一特殊的阶段都存在着"跟风"现象，这种情况有其社会文化方面的原因。在十几年前，中国系统功能语言学界的"跟风"现象比较严重，最近这些年有所改善，但还是存在的。很多人由于"跟风"，所做的研究就可能是重复性劳动而没有原创性可言。当然"跟风"现象在别的学科和研究领域也是存在的，而且最近10年尤其严重。中国的系统功能语言学研究队伍如此庞大，这个问题有必要特别指出。

4.4 与国际学者的对话少

随着我国改革开放带来的经济发展，很多高校都有经济基础邀请国际知名学者来华做讲座，进行学术交流。国际系统功能语言学界的领头人Halliday、Hasan、Matthiessen、Martin、Fawcett等多年来多次来中国讲学和交流。但这种学术接触常常不是对等的，因为我国学者中，能够与国外学者平等对话的还不是很多，实际情况是他们讲我们听。此外，尽管现在每年都有中国学者参加国际系统功能语言学大会，但人数还不够多，在国际舞台还没有形成一股力量。我国学者在国际学术刊物上发表的论文数量也不多。因此，在与国外同行进行学术对话与合作方面，我们要走的路还很长。

5. 已有成就和发展前景

5.1 已有成就

系统功能语言学在中国发展的30年中，第一个10年（1977—1987）是起步阶段，第二个10年（1988—1998）是迅速发展的阶段，第三个10年（1999—2009）则是巩固的阶段。中国的系统功能语言学研究已经有了一支信念坚定、思想明确、经过严格学术训练的教学和研究队伍，这些学者分布在北京、上海、广东、山东、福建、江苏、重庆、浙江、江西、河南、湖北、贵州、云南、山西等地，他们都有较强的团队合作精神。

在香港，有两所大学有着很强的系统功能语言学研究队伍。香港城市大学2006年成立了"The Halliday Centre for Intelligent Applications of Language Studies"（韩礼德语言研究智能应用中心），主任由Webster教授担任，Halliday是该中心的顾问（Centre Advisor），Hasan是项目主任（Programme Director）。香港理工大学英语系主任Matthiessen是系统功能语言学的第二代领军人物，他手下有几位系统功能语言学研究者（包括Kazuhiro Teruya、徐训丰、Gail Forey等）。近年来，香港这两所高校的系统功能语言学研究者与广东等省的系统功能语言学研究者合作密切，并进行多层次、多方面的学术交流和学术合作（包括举行珠江三角洲系统功能语言学研讨会）。

自2000年起，我国的一些大型出版社（包括北京大学出版社、世界图书出版公司、外语教学与研究出版社等）重新出版或重印了国外的很多系统功能语言学专著，如 *The Collected Works of M.A.K. Halliday*（Halliday 2002a/2007，2002b/2007，2003/2007，2004a/2007，2004b/2007，2005a/2007，2005b/2007，2006/2007，2007a/2007，2007b/2007）。此外，国际系统功能语言学主要学者的一些著作也开始在我国出版，包括 Halliday 的 *Complementarities in Language*（2008）和 Matthiessen & Halliday 的 *Systemic Functional Grammar: A First Step into the Theory*（1997/2009）。这一切表明，今天中国的系统功能语言学研究者应该不会像20年前那样缺乏国外出版的原文、专著和有关资料了。

从目前的情况看，中国的系统功能语言学研究还会稳步向前发展，主要原因有四个：一是系统功能语言学理论的基本框架已经固定，理论比较成熟，国内外都有一批坚定的研究者和应用者；二是这个理论注重"适用"（appliability）和"应用"（applicability），而且受到中国语言研究传统的影响（见胡壮麟1991），适合在中国的社会文化环境中生长；三是在国内多所高校开设的系统功能语言学课程和在全国各地定期召开的学术会议对巩固、发展这个学科领域起了重要的保障作用；四是中国已经有了一支人数较多的系统功能语言学研究队伍，他们的团队力量和合作精神有利于这个学科的发展和壮大。

5.2 发展前景

综合研究现状，中国的系统功能语言学研究在以下四个方面可以有新的突破和发展。

5.2.1 追求原创性和本土化

我国外语界的很多研究缺乏原创性和本土化，这是显而易见的。中国的系统功能语言学研究要有原创性和本土化，至少可以从三个方面入手：一是用该理论研究汉语，对汉语语言的特点进行系统、全面的描述和阐释，以此建立起一个完整和系统的综合分析框架；二是进行英汉对比研究，尤其是从类型学角度研究这两种语言的异同，并从不同的语言层次上就它们的异同进行深入探讨，最终从类型学角度进行系统功能语言学的解释（参见 Caffarel et al 2004），这也符合系统功能语言学作为普通语言学的研究目标；三是把理论运用于翻译研究中，把这个理论运用于翻译研究在国外已有很多成果（Catford 1965；Bell 1991；Baker 1992；Halliday 2001，2009；Matthiessen 2001；Steiner & Yallop 2001），国内也有一些尝试（黄国文 2006，2009b；尚媛媛 2005；李发根 2007；司显柱 2007；王鹏 2007）。无论是研究汉语，还是进行英汉对比或翻译研究，我们中国人都有一些国外学者所不具备的优势，因此，进行原创性和本土化就不是不可能了。如果我们能够与国内汉语界的学者合作，就更容易做出成绩。

5.2.2 注重跨学科的研究

胡壮麟（2007b）在《谈语言学研究的跨学科倾向》一文中明确指出，语言学研究的跨学科发展这一趋向有它的哲学理据，"从马克思主义的对立统一观，到20世纪末的认知科学的隐喻理论和概念整合理论的内涵，新技术的发展和它所导致的多媒体、多模态和多元智能的出现，以及连接主义学习理论的探索，都证明了跨学科发展的必要性和可行性"。因此，语言学研究需要注重跨学科的研究，这样我们就能对复杂的人类语言有更加深入的认识和了解。这些年有不少系统功能语言学者从跨学科的角度研究语言的理论与应用（如语言与计算机和语言生成），也有人把认知科学和系统功能语言学理论结合起来（Fawcett 1980；Halliday & Matthiessen 1999），从语言意义的角度来探讨人类认知能力的发展，研究人们识解世界经验的机制。Halliday & Matthiessen（1999）从系统功能语言学的视角对认知能力的发展和识解经验进行论述，对我国的学者有着重要的影响，但我们在这方面的研究还可以更加深入。

5.2.3 重视研究方法的多元化

既然要注重跨学科的研究，那研究的方法和研究问题的途径就必然要多元化。就语料的获得而言，除一般的获取研究例子的"内省法"（introspection）和"探问法"（elicitation）外，应该多采用"观察法"（observation）。要使用观察法，目前最有效的办法是采用"基于语料库"（corpus-based）的方法。就分析而言，描述分析和统计分析都可以结合起来使用。当然，采取哪一种方法要视具体的研究目的、研究对象而定，因为没有一种方法总是最好的。就我国的系统功能语言学研究而言，采用"基于语料库"的方法和统计分析目前是比较少的。近些年来厦门大学杨信彰（2006）以及与厦门大学联系紧密的学者一直尝试结合语料库从系统功能语言学视角探讨语篇类型问题，这方面的研究前景是宽广和迷人的。

5.2.4 加强与国际学者对话

中国的系统功能语言学者所做的研究得到了国际学者的认同。国外多所著名大学（如澳大利亚的 The University of Sydney 和 Macquarie University）多次邀请中国的系统功能语言学研究者为他们评阅博士论文，国外著名的出版社（如英国的 Routledge、Continuum、Equinox 出版社）也多次邀请我国这一研究领域的学者为他们审阅书稿。多位中国学者（曾）被聘请为国际语言学杂志（如 *Social Semiotics*、*Functions of Language*、*Journal of Applied Linguistics*、*Linguistics and the Human Sciences*）的编委或顾问。国际系统功能语言学协会执行委员会（Executive Committee, International Systemic Functional Association）的唯一一名副主席曾由中国学者担任（2005—2008 年由方琰担任，2008—2011 年由黄国文担任）。该委员会的七名国际委员中也曾有中国学者（黄国文，任职时间为2005—2008 年；朱永生，任职时间为2008—2011 年）。中国学者在国际学术机构中担任这么重要的职务，说明中国的系统功能语言学研究在国际同行中是有地位的。

中国学者要走向世界，首先要与国际学者对话，而且对话必须是平等的。我们向他们学习，我们也要有自己的东西给他们，这样才称得上是"互相"学习。这其实也涉及上面所讲的，我们的研究必须具有原创性和本土化特点。同时，我们要了解别人（尤其是国际领军人物）的最新研究成果和研究动向，扩大我们的学术视野和研究领域。邀请国际著名的学者来华讲学还要继续，但我们也应该练好"内功"，具备与他们平等对话的能力。国际系统功能语言学大会已经在中国召开两次（1995 年，北京大学；2009 年，清华大学），中国有多所大学与国际系统功能语言学主要人物有密切的学术联系和合作，目前与国际学者平等对话的中国学者虽然不是特别多，但还是有的。因此，只要我们努力，中国的学者将会走向世界并在国际舞台上发挥更大的作用。

6. 结语

中国的系统功能语言学研究已经走过了整整30个春秋。这期间大量学者付出了很多努力，花费了很多心思。有很多院校和机构为系统功能语言学在中国的传播、学习和研究给予了大力支持，做了很多贡献。今天我们的学术研究环境和研究条件比10年前、20年前好多了，系统功能语言学理论也更加成熟了。因此，我们坚信，中国的系统功能语言学研究者今后一定会做得更好，国际学术界将会有更多的人关注中国学者的研究。

参考文献

- 蔡慧萍，方琰.语类结构潜势理论与英语写作教学模式实践研究[J].浙江海洋学院学报（人文科学版），2007（4）：72-78.

- 常晨光，丁建新，周红云.功能语言学与语篇分析新论[C].北京：北京大学出版社，2008.

- 陈瑜敏.奥运电视公益广告多模态评价意义的构建[J].北京科技大学学报（社会科学版），2008（3）：108-114.

- 程晓堂.基于功能语言学的语篇连贯研究[M].北京：外语教学与研究出版社，2005.

- 程晓堂.基于语篇连贯理论的二语写作教学途径[A]//黄国文，编.功能语言学与语篇分析研究（第一辑）[C].北京：高等教育出版社，2009.

- 戴凡，王振华.系统功能语言学的发展和应用——中山大学外国语学院"系统功能语言学"活动周学术纪要[A]//黄国文，编.语言·语言功能·语言教学[C].广州：中山大学出版社，2002，256-262.

- 丁建新，廖益清.批评视野中的语言研究[M].广州：中山大学出版社，2006.

- 董宏乐.科学语篇的隐喻性[M].上海：复旦大学出版社，2005.

- 范文芳.语法隐喻对语篇阅读难易度的影响[A]//胡壮麟，方琰，编.功能语言学在中国的进展[C].北京：清华大学出版社，1997a，337-339.

- 范文芳.隐喻理论探究[J].山东外语教学，1997b（1）：7-12，40.

- 范文芳.语法隐喻理论研究[M].北京：外语教学与研究出版社，2001.

- 方立，胡壮麟，徐克容.谈谈现代英语语法的三大体系和交流语法学[J].语言教学与研究，1977（6）：1-28.

- 方琰.Hasan的"语体结构潜势"理论及其对语篇分析的贡献[J].外语学刊，1995（1）：33-39.

- 方琰.功能语言学在中国发展的近况[J].国外语言学，1996（4）：22-26，40.

- 方琰.语境·语域·语类[A]//余渭深，李红，彭宣维，编.语言的功能——系统、语用和认知[C].重庆：重庆大学出版社，1998a，17-26.

- 方琰.浅谈语类[J].外国语，1998b（1）：17-22.

- 方琰.语篇语类研究[J].清华大学学报（哲学社会科学版），2002（S1）：15-21.

- 方琰，曹莉，孙郁根.经典影片精彩片断语言评析[M].北京：清华大学出版社，2001.

- 方琰，方艳华.以语类为基础的应用文英语写作教学模式[J].外语与外语教学，2002（1）：33-36.

- 方琰，兰青.Hasan的语类结构潜势理论在英语应用文写作教学中的应用[A]//胡壮麟，方琰，编.功能语言学在中国的进展[C].北京：清华大学出版社，1997：324-325.

- 冯捷蕴、黄国文."加的夫语法"在中国[A]//黄国文，编.语言·语言功能·语言教学[C].广州：中山大学出版社，2002：206-218.

- 何伟.英语时态论[M].北京：高等教育出版社，2007.

- 何伟.英语语篇中的时态研究[M].北京：北京大学出版社，2008.

- 胡丹.Emmett Williams诗"She loves me not"多模式话语分析[J].外语与外语教学，2007(11)：16-19.

- 胡壮麟.韩礼德[J].国外语言学，1983（2）：60-63.

- 胡壮麟.韩礼德的语言观[J].外语教学与研究，1984（1）：23-29.

- 胡壮麟.韩礼德的功能语法[J].现代英语研究，1986（1）：50-58.

- 胡壮麟.小句与复句[A]//胡壮麟，编.语言系统与功能[C].北京：北京大学出版社，1990a：130-141.

- 胡壮麟.语言系统与功能[C].北京：北京大学出版社，1990b.

- 胡壮麟.王力与韩礼德[J].北京大学学报（英语语言文学专刊），1991（1）：49-57.

- 胡壮麟.语音系统在英语语篇中的衔接功能[J].外语教学与研究，1993（2）：1-8.

- 胡壮麟.语篇的衔接与连贯[M].上海：上海外语教育出版社，1994.

- 胡壮麟.当代语言理论与应用[M].北京：北京大学出版社，1995.

- 胡壮麟.有关语篇衔接理论多层次模式的思考[J].外国语，1996a（1）：1-8.

- 胡壮麟.语法隐喻[J].外语教学与研究，1996b（4）：1-7.

- 胡壮麟.语言·认知·隐喻[J].现代外语，1997（4）：50-57.

- 胡壮麟.系统功能语言学活动近况[A]//余渭深，李红，彭宣维，编.语言的功能——系统、语用和认知[C].重庆：重庆大学出版社，1998：3-16.

- 胡壮麟.隐喻与文体[J].外语研究，2000a（2）：10-17.

- 胡壮麟.评语法隐喻的韩礼德模式[J].外语教学与研究，2000b（2）：88-94.

- 胡壮麟.功能主义纵横谈[M].北京：外语教学与研究出版社，2000c.

- 胡壮麟.认知隐喻学[M].北京：北京大学出版社，2004.

- 胡壮麟.社会符号学研究中的多模态化[J].语言教学与研究，

2007a（1）：1-10.

- 胡壮麟.谈语言学研究的跨学科倾向[J].外语教学与研究，2007b（6）：403-408.

- 胡壮麟，陈冬梅.系统语言学在中国的进展[A]//胡壮麟，编.语言系统与功能[C].北京：北京大学出版社，1990：1-11.

- 胡壮麟，方琰.功能语言学在中国的进展[C].北京：清华大学出版社，1997.

- 胡壮麟，朱永生，张德禄.系统功能语法概论[M].长沙：湖南教育出版社，1989.

- 胡壮麟，朱永生，张德禄，李战子.系统功能语言学概论[M].北京：北京大学出版社，2005.

- 黄国文.语篇分析中的语篇类型研究[J].外语研究，1998（2）：4-7.

- 黄国文.英语语言问题研究[M].广州：中山大学出版社，1999.

- 黄国文.系统功能语言学在中国20年回顾[J].外语与外语教学，2000（5）：50-53.

- 黄国文.语篇分析的理论与实践——广告语篇研究[M].上海：上海外语教育出版社，2001.

- 黄国文.语言·语言功能·语言教学[C].广州：中山大学出版社，2002.

- 黄国文.英语语法结构的功能分析——强势主位篇[M].太原：山西教育出版社，2003.

- 黄国文.我国功能语言学的昨天和今天[A]//黄国文，常晨光，丁建新，编.功能语言学的理论与应用[C].北京：高等教育出版社，2005：i-vi.

- 黄国文.翻译研究的语言学探索——古诗词英译本的语言学分析[M].上海：上海外语教育出版社，2006.

- 黄国文.系统功能句法分析的目的和原则[J].外语学刊，2007（3）：39-45.

- 黄国文.功能语言学与语篇分析研究（第一辑）[C].北京：高等教育出版社，2009a.

- 黄国文.语法隐喻在翻译研究中的应用[J].中国翻译，2009b（1）：5-9.

- 黄国文，常晨光，戴凡.功能语言学与适用语言学[C].广州：中山大学出版社，2006.

- 黄国文，常晨光，丁建新.功能语言学的理论与应用[C].北京：高等教育出版社，2005.

- 黄国文，冯捷蕴."加的夫语法"简介[A]//黄国文，编.语言·语言功能·语言教学[C].广州：中山大学出版社，2002：187-205.

- 黄国文，葛达西.功能语篇分析[M].上海：上海外语教育出版社，2006.

- 黄国文，何伟，廖楚燕，等.系统功能语法入门——加的夫模式

[M].北京：北京大学出版社，2008.

- 黄国文，王宗炎.Discourse and language functions[C].北京：外语教学与研究出版社，2002.

- 李发根.人际意义与等效翻译[M].南昌：江西人民出版社，2007.

- 李力.系统功能语言学的研究前景——第四届"系统功能语言学活动周"学术纪要[A]//黄国文，常晨光，丁建新，编.功能语言学的理论与应用[C].北京：高等教育出版社，2005：26-29.

- 李美霞.功能语法教程[M].北京：外文出版社，2006.

- 李战子.多模式话语的社会符号学分析[J].外语研究，2003（5）：1-8.

- 李战子.评价理论：在话语分析中的应用和问题[J].外语研究，2004（5）：1-6.

- 林娜.语类的功能观[J].四川教育学院学报，2002（3）：51-52.

- 刘承宇.语法隐喻的功能–认知文体学研究——以英语元语言语篇为例[M].厦门：厦门大学出版社，2008.

- 刘世生.西方文体学论纲[M].济南：山东教育出版社，1997.

- 龙日金.伦敦学派的语言变异理论简介[J].国外语言学，1982（4）：58-61.

- 彭宣维.英汉语篇综合对比[M].上海：上海外语教育出版社，2000.

- 彭宣维.第6届中国系统功能语言学学术活动周报告内容评述[J].英语研究，2006（4）：115-122.

- 秦秀白."体裁分析"概说[J].外国语，1997a（6）：8-15.

- 秦秀白.语篇的"体裁分析"及其对英语教学的启示[A]//黄国文，张文浩，编.语文研究群言集[C].广州：中山大学出版社，1997b：197-209.

- 任绍曾.英语时态的语篇功能[J].外国语，1995a（3）：22-29.

- 任绍曾.语言·系统·结构[C].杭州：杭州大学出版社，1995b.

- 任绍曾.英语名词指称及其语篇功能[J].外语教学与研究，1996（1）：11-18.

- 尚媛媛.英汉政治语篇翻译研究[M].成都：四川人民出版社，2005.

- 沈家煊.序[A]//当代国外语言学与应用语言学文库[C].北京：外语教学与研究出版社，2001.

- 束定芳.90年代以来我国外语界语言学研究：热点与走向[J].外国语，1997（1）：10-16.

- 司显柱.功能语言学与翻译研究——翻译质量评估模式建构[M].北京：北京大学出版社，2007.

- 田贵森，王冕.功能语言学在中国的应用研究与发展[J].北京科技大学学报（社会科学版），2008（2）：98-103.

- 王东风.功能语言学与翻译研究[C].广州：中山大学出版社，

二　中国的系统功能语言学研究：发展与展望

2006.

- 王红阳. 卡明斯诗歌"1(a"的多模态功能解读[J]. 外语教学, 2007a（5）：20-25.

- 王红阳. 多模态广告语篇的互动意义的构建[J]. 四川外语学院学报, 2007b（6）：31-34.

- 王红阳，黄国文. 系统功能语言学在中国的三十年[A]//黄国文，常晨光，编. 功能语言学年度评论[C]. 北京：高等教育出版社, 2009.

- 王晋军. 语类理论及其应用[J]. 昆明理工大学学报（社会科学版）, 2002（4）：63-66.

- 王晋军. 会话中问句的批评性分析[M]. 厦门：厦门大学出版社, 2006.

- 王鹏.《哈利·波特》与其汉语翻译——以系统功能语言学分析情态系统[M]. 重庆：重庆大学出版社, 2007.

- 王振华. 评价系统及其运作－系统功能语言学的新发展[J]. 外国语, 2001（6）：13-20.

- 王宗炎. 伦敦学派奠基人弗斯的语言理论[J]. 国外语言学, 1980（5）：1-8.

- 王宗炎. 评哈利迪的《现代汉语语法范畴》[J]. 国外语言学, 1981（2）：48-54.

- 辛斌. 批评语言学：理论与应用[M]. 上海：上海外语教育出版社, 2005.

- 辛志英. 话语分析的新发展——多模态话语分析[J]. 社会科学辑刊, 2008（5）：208-211.

- 徐盛桓. 主位和述位[J]. 外语教学与研究, 1982（1）：1-9.

- 严世清. 隐喻论[M]. 苏州：苏州大学出版社, 2000.

- 严世清，董宏乐，吴蔚. 系统功能语言学理论的发展和应用——第六届全国功能语言学大会略介[A]//朱永生，编. 世纪之交论功能[C]. 上海：上海外语教育出版社, 2002：24-34.

- 杨炳钧. 英语非限定小句之系统功能语言学研究[M]. 北京：外语教学与研究出版社, 2003.

- 杨朝军. 第五届中国系统功能语言学学术活动周报告概述[A]//张克定，王振华，杨朝军，编. 系统·功能·评价[C]. 北京：高等教育出版社, 2007：496-501.

- 杨信彰. 英汉语篇对比[M]. 福州：福建人民出版社, 1995.

- 杨信彰. 隐喻的两种解释[J]. 外语与外语教学, 1998（10）：4-7.

- 杨信彰. 名词化在语体中的作用——基于小型语料库的一项分析[J]. 外语电化教学, 2006（4）：3-7.

- 杨忠，张绍杰. 语篇·功能·认知[C]. 长春：吉林人民出版社, 2003.

- 叶起昌. 走向话语的意识形态阐释——以超链接文本为分析对象[M]. 北京：北方交通大学出版社, 2006.

- 雍和明. 系统功能语法与英语句法研究 [J]. 外国语，1992（1）：13-17.

- 雍和明. 系统功能的句法观 [A]//朱永生，编. 语言·语篇·语境 [C]. 北京：清华大学出版社，1993：86-97.

- 于晖. 主位分析与语篇类型的确定 [J]. 中山大学学报论丛，1999（5）：68-74.

- 于晖. 语篇体裁分析：学术论文摘要的符号学意义 [M]. 郑州：河南大学出版社，2003.

- 余渭深，李红，彭宣维. 语言的功能——系统、语用和认知 [C]. 重庆：重庆大学出版社，1998.

- 余渭深. 汉英学术语类的标记性主位分析 [J]. 外语与外语教学，2002（1）：8-12.

- 余珍萍. 功能主义语言学在中国的研究现状和发展趋势 [J]. 山东外语教学，1997（1）：19-22.

- 曾蕾. 投射语言研究 [M]. 广州：中山大学出版社，2006.

- 张德禄. 信息中心与范围 [J]. 山东外语教学，1987a（4）：18-24.

- 张德禄. 语域理论简介 [J]. 现代外语，1987b（4）：23-29.

- 张德禄. 论系统功能语言学在中国发展的内部条件 [J]. 外语与外语教学，1998a（4）：11-13.

- 张德禄. 功能文体学 [M]. 济南：山东教育出版社，1998b.

- 张德禄. 语类研究理论框架探索 [J]. 外语教学与研究，2002a（5）：339-344.

- 张德禄. 语类研究概览 [J]. 外国语，2002b（4）：13-22.

- 张德禄. 语类研究的范围及其对外语教学的启示 [J]. 外语电化教学，2002c（4）：59-64.

- 张德禄. 语言的功能与文体 [M]. 北京：高等教育出版社，2005.

- 张德禄. 系统功能语言学在中国的发展 [J]. 中国外语，2006（2）：27-32.

- 张德禄. 多模态话语分析综合理论框架探索 [J]. 中国外语，2009（1）：24-30.

- 张德禄，刘汝山. 语篇连贯与衔接理论的发展及应用 [M]. 上海：上海外语教育出版社，2003.

- 张德禄，马磊. 论实用文体语类结构潜势 [J]. 山东外语教学，2002（1）：1-5.

- 张德禄，苗兴伟，李学宁. 功能语言学与外语教学 [M]. 北京：外语教学与研究出版社，2005.

- 张敬源，何伟. 第八届中国系统功能语言学学术活动周报告内容综述 [A]//黄国文，编. 功能语言学与语篇分析研究（第一辑）[C]. 北京：高等教育出版社，2009.

- 张敬源，彭漪，何伟. 系统功能语言学前沿动态 [C]. 北京：外语教学与研究出版社，2009.

- 张菊芬. 语境在语类中的语言体现——告别演说和讣告的对比研

究 [J]. 湖州师范学院学报，2002（1）：24-26.

- 张克定，王振华，杨朝军，编. 系统·功能·评价 [C]. 北京：高等教育出版社，2007.

- 朱珊. 英语新闻播报中语调的系统功能研究：个案分析 [D]. 中山大学博士学位论文，2007.

- 朱珊. 从一则新闻评论的播报看英语语调的语篇功能 [J]. 外语教学，2009（2）：38-41.

- 朱永生. 试论英语信息系统 [J]. 现代外语，1986（4）：17-22.

- 朱永生. 关于语域的几个问题 [J]. 山东外语教学，1987（4）：24-28.

- 朱永生. 语言·语篇·语境 [C]. 北京：清华大学出版社，1993.

- 朱永生. 英语中的语法比喻现象 [J]. 外国语. 1994（1）：8-13.

- 朱永生. 世纪之交论功能 [C]. 上海：上海外语教育出版社，2002.

- 朱永生. 语境动态研究 [M]. 北京：北京大学出版社，2005.

- 朱永生. 多模态话语分析的理论基础与研究方法 [J]. 外语学刊，2007（5）：82-86.

- 朱永生，严世清. 语法隐喻理论的理据和贡献 [J]. 外语教学与研究，2000（2）：95-102.

- 朱永生，严世清. 系统功能语言学多维思考 [M]. 上海：上海外语教育出版社，2001.

- 朱永生，郑立信，苗兴伟. 英汉语篇衔接手段对比研究 [M]. 上海：上海外语教育出版社，2001.

- BACHE C. English tense and aspect in Halliday's systemic functional grammar [M]. London: Equinox, 2008.

- BAKER M. In other words: a coursebook on translation [M]. London: Routledge, 1992.

- BELL R T. Translation and translating: theory and practice [M]. London: Longman, 1991.

- BUTLER C. Systemic linguistics: theory and application [M]. London: Batsford, 1985.

- CAFFAREL A, MARTIN J R, MATTHIESSEN C M I M. Language typology: a functional perspective [C]. Amsterdam: Benjamins, 2004.

- CATFORD J C. A linguistic theory of translation [M]. London: Oxford University Press, 1965.

- FAWCETT R. Cognitive linguistics and social interaction: towards an integrated model of a systemic functional grammar and the other components of a communicating mind [M]. Heidelberg: Julius Groos, 1980.

- FAWCETT R. A theory of syntax for systemic functional linguistics [M]. Amsterdam: Benjamins, 2000.

- FAWCETT R. Invitation to systemic functional linguistics through the Cardiff grammar [M]. 3rd ed. London: Equinox, 2008.

- HALLIDAY M A K. Grammatical categories in modern Chinese [J]. Transactions of the philological society, 1956, 1: 177-224.

- HALLIDAY M A K. The language of the Chinese *Secret History of the Mongols* [M]. Oxford: Blackwell, 1959.

- HALLIDAY M A K. Categories of the theory of grammar [J]. Word, 1961, 17: 241-292.

- HALLIDAY M A K. Some notes on "deep" grammar [J]. Journal of linguistics, 1966, 2: 110-118.

- HALLIDAY M A K. Notes on transitivity and theme in English 1 [J]. Journal of linguistics, 1967a, 1: 37-81.

- HALLIDAY M A K. Notes on transitivity and theme in English 2 [J]. Journal of linguistics, 1967b, 2: 199-244.

- HALLIDAY M A K. Intonation and grammar in British English [M]. The Hague: Mouton, 1967c.

- HALLIDAY M A K. Notes on transitivity and theme in English 3 [J]. Journal of linguistics, 1968, 4: 179-215.

- HALLIDAY M A K. A course in spoken English: intonation [M]. London: Oxford University Press, 1970.

- HALLIDAY M A K. Language as social semiotic: the social interpretation of language and meaning [M]. London: Arnold, 1978.

- HALLIDAY M A K. The origin and early development of Chinese phonological theory [A]// ASHER R E, HENDERSON E J. Towards a history of phonetics [C]. Edinburgh: Edinburgh University Press, 1981.

- HALLIDAY M A K. Grammatical metaphor in English and Chinese [A]//HONG B. New papers in Chinese language use [C]. Canberra: Contemporary China Centre, Australian National University, 1984, 9-18.

- HALLIDAY M A K. An introduction to functional grammar [M]. London: Arnold, 1985.

- HALLIDAY M A K. A systemic interpretation of Peking syllable finals [A]//TENCH P. Studies in systemic phonology [C]. London: Pinter, 1992, 98-121.

- HALLIDAY M A K. An introduction to functional grammar [M]. 2nd ed. London: Arnold, 1994.

- HALLIDAY M A K. An introduction to functional grammar [M]. 2nd ed. London: Arnold, 1994/ 北京：外语教学与研究出版社，1994/2000.

- HALLIDAY M A K. Towards a theory of good translation [A]//STEINER E, YALLOP C. Exploring translation and multilingual text production: beyond content [C]. Berlin: Mouton de Gruyter, 2001, 13-18.

- HALLIDAY M A K. On grammar [M]. Webster J. The collected works of M.A.K. Halliday, Vol. 1. London: Continuum, 2002a /北京：北京大学出版社，2007.

- HALLIDAY M A K. Linguistic studies of text and discourse [M]. Webster J. The collected works of M.A.K. Halliday, Vol. 2. London: Continuum, 2002b/北京：北京大学出版社，2007.

- HALLIDAY M A K. On grammar and linguistics [M]. Webster J. The collected works of M.A.K. Halliday, Vol. 3. London: Continuum, 2003/北京：北京大学出版社，2007.

- HALLIDAY M A K. The language of early childhood [M]. Webster J. The collected works of M.A.K. Halliday, Vol. 4. London: Continuum, 2004a/北京：北京大学出版社，2007.

- HALLIDAY M A K. The language of science [M]. Webster J. The collected works of M.A.K. Halliday, Vol. 5. London: Continuum, 2004b/北京：北京大学出版社，2007.

- HALLIDAY M A K. Computational and quantitative studies [M]. Webster J. The collected works of M.A.K. Halliday, Vol. 6. London: Continuum, 2005a/北京：北京大学出版社，2007.

- HALLIDAY M A K. Studies in English language [M]. Webster J. The collected works of M.A.K. Halliday, Vol. 7. London: Continuum, 2005b/北京：北京大学出版社，2007.

- HALLIDAY M A K. Studies in Chinese language [M]. Webster J. The collected works of M.A.K. Halliday, Vol. 8. London: Continuum, 2006/北京：北京大学出版社，2007.

- HALLIDAY M A K. Language and education [M]. Webster J. The collected works of M.A.K. Halliday, Vol. 9. London: Continuum, 2007a/北京：北京大学出版社，2007.

- HALLIDAY M A K. Language and society [M]. Webster J. The collected works of M.A.K. Halliday, Vol. 10. London: Continuum, 2007b/北京：北京大学出版社，2007.

- HALLIDAY M A K. Complementarities in language [M]. 北京：商务印书馆, 2008.

- HALLIDAY M A K. The gloosy ganoderm: systemic functional linguistics and translation [J]. 中国翻译，2009（1）：17-26.

- HALLIDAY M A K, GREAVES W S. Intonation in the grammar of English [M]. London: Equinox, 2008.

- HALLIDAY M A K, HASAN R. Cohesion in English [M]. London: Longman, 1976/北京：外语教学与研究出版社，2001.

- HALLIDAY M A K, MATTHIESSEN C M I M. Construing experience through meaning: a language-based approach to cognition [M]. London: Cassell, 1999.

- HALLIDAY M A K, MATTHIESSEN C M I M. Construing experience through meaning: a language-based approach to cognition [M]. London: Cassell, 1999/北京：世界图书出版公司，2008.

- HALLIDAY M A K, MATTHIESSEN C M I M. An introduction to functional grammar [M]. 3rd ed. London: Arnold, 2004/北京：外语教学与研究出版社，2008.

- HALLIDAY M A K, MCDONALD E. Metafunctional profile of the grammar of Chinese [A]// CAFFAREL A, MARTIN J R, MATTHIESSEN C M I M. Language typology: a functional perspective[C]. Amsterdam: Benjamins, 2004.

- HUANG G W. Hallidayan linguistics in China [J]. World Englishes, 2002, 2: 281-290.

- HUANG G W, WANG H Y. SFL studies in the Chinese context [A]// WU C Z, MATTHIESSEN C M I M, HERKE M. Proceedings of ISFC 35: voices around the world[C]. The 35th ISFC Organizing Committee, Sydney, 2009.

- LI E. Systemic functional grammar of Chinese [M]. London: Continuum, 2008.

- MARTIN J R. English text: system and structure [M]. Amsterdam: Benjamins, 1992/北京：北京大学出版社，2004.

- MARTIN J R, ROSE D. Working with discourse: meaning beyond the clause [M]. London: Continuum, 2003/北京：北京大学出版社，2007.

- MARTIN J R, WHITE P R R. The language of evaluation: appraisal in English [M]. London: Palgrave, 2005/北京：外语教学与研究出版社, 2008.

- MATTHIESSEN C M I M. The environments of translation [A]// STEINER E, YALLOP C. Exploring translation and multilingual text production: beyond content[C]. Berlin: Mouton de Gruyter, 2001, 41-124.

- MATTHIESSEN C M I M, HALLIDAY M A K. Systemic functional grammar: a first step into the theory [M]. 北京：高等教育出版社，1997/2009.

- MCDONALD E. Outline of a functional grammar of Chinese for teaching purposes [J]. Language sciences, 1992, 14: 435-458.

- MCDONALD E. The "complement" in Chinese grammar: a functional reinterpretation [A]// HASAN R, CLORAN C, BUTT D. Functional descriptions: theory in practice[C]. Amsterdam: Benjamins, 1996, 265-286.

- MCDONALD E. Clause and verbal group systems in Chinese: a text-based functional approach [D]. PhD. Thesis, Macquarie University, 1998.

- REN S Z, GUTHRIE W, FONG I W R. Grammar and discourse[C]. Macau: Publications Centre，University of Macau, 2001.

- SCHIFFRIN D. Approaches to discourse [M]. Oxford: Blackwell, 1994.

- STEINER E, YALLOP C. Exploring translation and multilingual text production: beyond content [C]. Berlin: Mouton de Gruyter, 2001.

- TENCH P. The roles of intonation in English discourse [M]. Frankfurt am Main: Peter Lang, 1990.

- TENCH P. Studies in systemic phonology [C]. London: Pinter, 1992.

- TENCH P. The intonation systems of English [M]. London: Pinter, 1996.

- THOMPSON G. Introducing functional grammar [M]. London: Arnold, 1996/北京：外语教学与研究出版社，2000.

- THOMPSON G. Introducing functional grammar [M]. 2nd ed. London: Arnold, 2004/北京：外语教学与研究出版社，2008.

- WANG Y. A functional study of the evaluative enhanced theme construction in English [M]. Hong Kong: Pearson Prentice Hall, 2008.

- ZHANG D L, MCDONALD E, FANG Y, HUANG G W. The development of systemic functional linguistics in China [A]//HASAN R, MATTHIESSEN C M I M, WEBSTER J. Continuing discourse on language: a functional perspective, Vol. 1 [C]. London: Equinox, 2005, 15-36.

- ZHOU X K. Material and relational transitivity in Mandarin Chinese [D]. PhD. Thesis, University of Melbourne, 1997.

三　中国系统功能语言学研究40年[4]

1. 引言

系统功能语言学是英国语言学家Halliday在20世纪50年代末60年代初创立的语言学理论。10年前，笔者写了一篇题为《中国的系统功能语言学研究：发展与展望》的综述性文章（黄国文 2009）；10年过去了，恰逢我国改革开放40年，而国内的系统功能语言学又是在改革开放之初引进来的，因此有必要对40年来中国的系统功能语言学研究作进一步回顾。

在改革开放的40年里，中国的系统功能语言学经历了介绍、引进、消化、理论本土化探索、实践应用、创新发展这些不同阶段，培养了一批又一批系统功能语言学讲授者和研究者，多位学者在国际系统功能语言学学术界有了一定的知名度，也出版和发表了一些学术论著和学术论文。以下从中国的系统功能语言学研究、中国学者的国际影响、为什么系统功能语言学能够在中国得到迅速发展等方面进行讨论。

4　原载《外语教育研究前沿》2019年第1期，13—19页。

2. 中国的系统功能语言学研究

我们主要从四方面谈中国的系统功能语言学研究：早期的研究者和引领者、全国性的学术会议、有关学术组织和研究机构、学术出版物与论文的学术影响。

2.1 早期的研究者

中国学者开始学习和研究系统功能语言学，是在1978年的改革开放以后。1978年，国家在全国范围内选拔优秀的中青年教师公派出国，九位外语教师被选送到澳大利亚悉尼大学学习进修，他们是（按拼音顺序）：杜瑞清、侯维瑞、胡文仲、胡壮麟、黄源深、龙日金、钱佼汝、王国富、杨潮光。其中胡壮麟、龙日金、杨潮光在Halliday（时任悉尼大学语言学系主任、系统功能语言学创始人）的指导下学习语言学。他们于1979年初出发，1981年初学成回国，胡壮麟和龙日金获得了优等硕士学位。从文献看，那时的中国语言学界知道或听说过伦敦学派和Halliday的人应该不会很多。

在胡壮麟等学成回国之前，中山大学的王宗炎教授已经关注到伦敦学派和Halliday的语言学研究。1980年，他在《国外语言学》上发表评述伦敦学派的文章，多次提到Halliday。他指出，伦敦学派是当今语言学界的一个重要学派，与美国的结构主义派和转换语法派、捷克的布拉格学派、丹麦的哥本哈根学派同样引人注目。这个学派现在的主将是Halliday，可是创始人是Firth。Halliday多次宣称，要完成Firth的未竟之业，师承有自，十分清楚（王宗炎1980：1）。1981年，王宗炎在《国外语言学》上发表《评哈利迪的〈现代汉语语法范畴〉》一文，对Halliday在1956年发表的"Grammatical Categories in Modern Chinese"一文进行评论。虽然王宗炎在文章中用犀利的手法评论Halliday的这篇论文，但还是说了一些公道话。他指出，Halliday用自己特创的方法来建立一套汉语语法范畴，确是煞费苦心。这一套东西不是唯一的描述方法，而且有待补充。Halliday想要描写出"汉语的汉语性"（the Chinese-ness of Chinese），这个意图是十分好的（王宗炎1981：216）。王宗炎（1981：54）指出，Halliday注意词在结构中的位次，还研究各种词和结构出现的概率，这对我们也有启发。

1981年初，胡壮麟等人从澳大利亚学成回国后，中国的系统功能语言学研究开始进入正轨。1982年有两篇重要论文发表。一篇是徐盛桓在《外语教学与研究》第1期上发表的《主位和述位》，另一篇是龙日金（1982）发表的《伦敦学派的语言变异理论简介》。接着，胡壮麟（1983）发表了文章《韩礼德》。这篇文章在学界影响非常大，因为这篇文章，在以后的期刊里，Halliday就再也没有被翻译成"哈利迪"了，因为文章里有一条非常重要的注释指出，Halliday在我国语言学刊物中一般译为"哈立迪"或"哈利迪"，但Halliday本人希望使用他的汉名"韩礼德"（1983：60）。经考证，Halliday于1947年来到中国，在北京大学读本科时，以及在岭南大学读研究生时都用了他的汉语名字"韩礼德"。此外，Halliday还给夫人Ruqaiya Hasan也起了汉语名字"韩茹凯"（如《韩茹凯应用语言学自选集》，外语教学与研究出版社，2011），可惜到目前为止，还有很多人不知道"韩茹凯"就是Ruqaiya Hasan。

中国的系统功能语言学研究队伍，从早期的少数几个人到今天已有几代人，从资深的老教授到年轻的学生，都是这个学科蓬勃发展的主力军。

2.2 学术会议

中国第一次召开以系统功能语言学为主题的学术会议是1989年8月3—5日在北京大学召开的"第一届系统功能语法研讨会"，发起者是胡壮麟教授。该会议每隔一年召开一次，迄今已经连续召开15届。

1991年起，每隔一年还召开一次全国话语（语篇）分析研讨会，发起者是任绍曾教授，第一届会议于1991年5月在杭州大学（现浙江大学）召开，迄今已经召开16届。

从2001年起，每年还举办一次"系统功能语言学学术活动周"，发起者是黄国文，目标是培训和培养年轻学者，为学科建设输送新生力量。第一届系统功能语言学学术活动周2001年在中山大学举办，迄今已举办了18届。

从2006年起，不定期举办"功能语言学与语篇分析"高层论坛，发起者是黄国文。该论坛多数有外国学者参加，一方面讨论系统功能语言学研究发展的最新动态、成果和研究方法，另一方面又提供机会给研究者进行学术对话，探讨热点问题，迄今已召开了25期。

通过这些学术会议，学者们进行学术交流，互相鼓励、互相帮助，共同进步。这支队伍是团结的、充满活力的、富有创新精神的。

2.3 学术组织和机构

1995年，"中国高校功能语法研究会"在北京大学成立（后来改为"中国功能语言学研究会"，2015年更名为"中国英汉语比较研究会功能语言学专业委员会"）。2007年，"中国英汉语比较研究会英汉语篇分析专业委员会"成立。这两个专业委员会分别负责每两年一届的全国功能语言学研讨会和全国语篇分析研讨会。虽然名称不同，但其核心学者都是系统功能语言学研究者，一直致力于在中国发展系统功能语言学教学与研究。

最近20年，多所高校成立了系统功能语言学研究机构，见表1。这些研究机构都组织了不同形式的学术活动，包括举办国际会议和邀请国际学者进行学术交流，使中国学者与国际学者有更多、更紧密的学术联系。

表1. 中国高校创立的系统功能语言学研究机构

年份	单位	机构	（时任）负责人
2003	中山大学	功能语言学研究所	黄国文
2004	香港城市大学	韩礼德适用语言学智能研究中心	Jonathan Webster
2006	北京师范大学	功能语言学研究中心	彭宣维
2011	北京科技大学	功能语言学研究中心	何伟
2013	中山大学	韩礼德语言学文献中心	黄国文、常晨光
2014	上海交通大学	马丁适用语言学研究中心	王振华
2015	北京师范大学	韩礼德－韩茹凯语言学国际基金	彭宣维

2.4 学术出版物与学术影响

1989年，胡壮麟、朱永生、张德禄合著的《系统功能语法概论》一书出版，这是中国出版的第一本系统功能语言学著作，对推动中国的系统功能语言学研究起到了不可估量的作用，Halliday本人对该书及其作者也给予了很高的评价。2005年，该书出版修订版，增加了一位作者（李战子），更名为《系功能语言学概论》（胡壮麟等 2005）。2017年，该书出版了第三版。

系统功能语言学在中国发展的突出成绩之一是学术论文和学术专著的发表和出版。20世纪80年代初，关于系统功能语言学的论文不是很多。几十年后的今天，情况大有改观。2019年1月3日，笔者在中国知网对系统功能语言学领域的一些关键词进行检索，结果见表2，这些数字充分说明，中国有一大批人在从事系统功能语言学研究。

表2. 系统功能语言学领域在中国知网的论文发表情况

关键词	文章数
系统功能语言学	2 214
系统功能语法	1 912
韩礼德（Halliday）	1 383
主位	1 678
及物性	1 821
纯理功能	373
人际功能	1 723
概念功能	546
经验功能	169
语篇功能	1 438

在过去这些年里，以胡壮麟为首的学者引领着中国的系统功能语言学教学与研究，对该领域的发展影响很大，下面我们以胡壮麟、朱永生、张德禄、黄国文等的论文被引率和下载率为例，说明系统功能语言学研究在国内的影响（根据2019年1月3日中国知网的数据，见表3）。结果显示，系统功能语言学研究在中国是有一定影响力的，被引用数量最高的达到1 826次，有两篇的下载量达到20 000次以上。

表3. 胡壮麟、朱永生、张德禄、黄国文等人的论文被引量和下载量

作者	文章标题	期刊名称	被引数	下载数
胡壮麟	社会符号学研究中的多模态化	语言教学与研究，2007/1	1 686	12 515
胡壮麟	语境研究的多元化	外语教学与研究，2002/5	637	6 021

作者	文章标题	期刊名称	被引数	下载数
朱永生	多模态话语分析的理论基础与研究方法	外语学刊，2007/5	1 826	20 962
朱永生	话语分析五十年：回顾与展望	外国语，2003/6	513	11 014
张德禄	多模态话语分析综合理论框架探索	中国外语，2009/1	1 580	14 685
张德禄	论衔接	外国语，2001/4	643	5 309
黄国文	韩礼德系统功能语言学 40 年发展述评	外语教学与研究，2000/1	449	12 021
黄国文、徐珺	语篇分析与话语分析	外语与外语教学，2006/10	301	20 777

除了期刊的学术论文，这些年还出版了一些有影响的学术专著。据不完全统计，专著有100多本，其中一半以上是由博士论文修改的，论文集有50多本，也出版了几个集刊系列：《功能语言学与语篇分析研究》系列（黄国文主编）、《功能语言学年度评论》系列（黄国文、常晨光主编）、《系统功能语言学群言集》系列（黄国文、常晨光、廖海青主编）。2010—2011年，出版了由中山大学和北京科技大学教授（黄国文、张敬源、常晨光、何伟）主编的"功能语言学丛书"论文集，共10卷。

在过去这些年里，多位国际知名的系统功能语言学学者的著作在中国翻译出版，其中包括：《韩礼德文集》《功能语法导论》《英语的衔接》《作为社会符号的语言》《系统功能语法：理论之初探》《韩茹凯论语言》《系统功能语法入门：加的夫模式》。

Halliday等人有20多本著作在中国重印或出版，如 *The Collected Works of M. A. K. Halliday*、*Language as Social Semiotic: The Social Interpretation of Language and Meaning*、*Spoken and Written Language*、*An Introduction to Functional Grammar* （2nd ed.）、*An Introduction to Functional Grammar* （3rd ed.）、*Cohesion in English*、*Language, Context, and Text: Aspects of Language in a Social-semiotic Perspective*、*Construing Experience Through Meaning: A Language-based Approach to Cognition*。

由中国学者主编的国际学术期刊有三本：（1）Webster、黄国文、何伟和 Garralda Ortega Angel 主编的 *Journal of World Languages*，从2013年起由 Routledge 出版社出版；（2）黄国文和常晨光主编的 *Functional Linguistics*，从2014年起由 Springer 出版社出版；（3）彭宣维和 Geoff Williams 主编的 *Language, Context and*

Text，从2019年起由John Benjamins出版社出版。此外，在国外出版的系统功能语言学研究论文集，也展示了中国学者的研究，例如：由方琰和Webster主编的论文集 *Developing Systemic Functional Linguistics: Theory and Application* 于2014年由Equinox出版社出版，由Webster和彭宣维主编的 *Applying Systemic Functional Linguistics: The State of the Art in China Today* 于2017年由Bloomsbury出版社出版，这两本论文集收集了多位中国学者的研究论文，有助于让国外学者了解我国学者的研究成果和学术贡献。

3. 中国学者的国际影响

中国系统功能语言学研究者可以分成几代人，早期的是那些在国外（尤其是澳大利亚）学成归来的学者，接下来是国内自己培养的学者，然后是这些国内学者自己培养的博士所指导的下一代学生，最后是最近这些年成长起来的优秀年轻学者。系统功能语言学能够在中国薪火相传，靠的是一代又一代人的努力。国外很多学者早就注意到中国系统功能语言学研究队伍的力量和发展前景。Halliday自1999年至2015年，来过中国十几次，到过很多所国内的高校做学术访问。国内多所高校（包括中山大学、上海交通大学）长期聘任国际知名的系统功能语言学学者为常聘教授。

过去几十年里，随着国内经济的发展和中国国际影响力的提升，中国学者积极参加国际活动，越来越有国际化视野，研究越来越受到国际同行的关注。最近的20多年来，中国学者积极参加一年一度的国际系统功能语言学大会，人数越来越多，研究的范围越来越广。多位中国学者应邀在国际系统功能语言学大会作主旨发言，在国外知名出版社出版专著，在国际知名期刊发表学术论文。中国系统功能语言学研究的学术影响与我国在国际的影响同步。

中国系统功能语言学研究是由胡壮麟教授引领起步的。1995年，北京大学组织召开了第22届国际系统功能语言学大会（召集人：胡壮麟）；2009年，清华大学召开第36届国际系统功能语言学大会（召集人：方琰），2013年，第40届大会在中山大学召开（召集人：黄国文、常晨光），2020年，第47届大会将由深圳大学承办（召集人：彭宣维）。中国是承办这个会议次数最多的亚洲国家，向国际学者展示了中国学者的研究情况。

中国系统功能语言学研究者走出国门，在国际学术圈产生越来越大的影响，靠的是一代又一代学者的不懈努力。1993年，在第20届国际系统功能语言学大会召开期间，胡壮麟被选为该会的"地区代表"（Area Representative），这是中国学者首次加入国际系统功能语言学学会执行委员会。1999年，在第26届大会期间，胡壮麟当选该学会国际委员会委员（International Member）。在第29届和第32届国际系统功能语言学大会期间，清华大学的方琰教授两次当选国际系统功能语言学学会执委会副主席。第32届大会期间，黄国文当选国际委员；第35届大会期间，黄国文当选国际系统功能语言学学会执委会副主席，朱永生当选国际委员。第38届大会期间，黄国文当选国际系统功能语言学学会执委会主席。第41届大会期间，彭宣维当选国际委员。

2002年以前，担任国际系统功能语言学学会执行委员会副主席和主席的一直是西方的学者，在中国改革开放的大好形势下，中国学者终于走出中国、走向世界，也得到了国际学术组织的认同。对此，我们很清楚：年轻一代的学者是站在前人的肩膀上向前看、往上走的。中国人能当选这个有多年历史的国际学会的主席和副主席，是因为中国强大了，中国的国际地位提高了，世界同行注意到我们的研究，中国的系统功能语言学教学和研究队伍做出了贡献。

4. 为什么系统功能语言学能够在中国得到迅速发展？

多年来，人们经常提出这样的问题：为什么这么多中国学者如此青睐系统功能语言学，如此推崇和倡导Halliday的学术思想？要回答这些问题，首先要了解Halliday个人的经历和系统功能语言学的发展目标和假设。笔者试图从以下几个方面给予回答。

首先，已经有多位学者（Martin 2013；何远秀 2016；胡壮麟 2018；黄国文 2018a）都明确指出，Halliday是一位马克思主义语言学家，用他自己的话说，就是"我一直将马克思主义语言学视为自己追求的长远目标，即致力于在政治语境中研究语言"（见 Martin 2013：118）；在接受何远秀和杨炳钧的访谈时，Halliday 也提到，他是用马克思主义的语言观和方法来研究语言的（韩礼德、何远秀、杨炳钧 2015：1）。在他（Halliday 2015）撰写的"The Influence of Maxism"一文（中译文见何远秀 2016：205-211）中，Halliday 说道："我认为马克思主义的理念对我的语言学研究，无论是宏观还是微观方面，都对我的研究工作提供指导。宏观上，我总是认为理论应该服务实践，运用于解决研究中的实际问题和某个实践领域。我最终理解并发展命名成'适用语言学'用以概括这个理念。"关于系统功能语言学是马克思主义语言学的观点，参见 Halliday（2015）、Martin（2013）、何远秀（2016）、胡壮麟（2018）、黄国文（2018a）等。

其次，Halliday 的语言学理论是在中国学习后形成的，深受中国思想文化的影响。胡壮麟（2018：43-44）对 Halliday 的理论根源做了研究，认为"韩礼德的学术思想首先来自中国，在他的脑海中我们不时看到王力、罗常培、高名凯、陈望道、朱自清的身影"。根据 Halliday 自己的说法，他最早是在中国学语言学的，师从两位杰出的学者教授，其中一位帮他打下了现代语言学和音系学的基础，就是王力（见 Martin 2013：149；胡壮麟 2018：30；另见 Halliday 1985/2007：188）。黄国文（2018a）认为，Halliday 的学术思想源自中国，与中国的文化和学术思想一脉相承，Halliday 继承和发展了王力、罗常培等中国学者的观点，把中国的学术传统和西方的语言系统理论相结合，将语言学理论研究和实践推向了新的高度。因此，我们赞同胡壮麟（2018: 44）所说的："正是这个原因，韩礼德的学说必然易于为中国青年学者和教师所理解和接受。这是一次他源自中国的学术思想的回归。"

再次，系统功能语言学是有社会责任的语言学（a socially accountable linguistics），注重的是把语言和语言学置于其社会环境之中，强调理论联系实际，关注社会问题，用理论解决问题，突出语言学家的社会责任。从本质上说，它是一种以问题为导向的理论。Halliday 多次谈到理论联系实际的重要性，也多次提出语言学家要关心社会。他指出了把自己创建的系统功能语言学理论称为适用语言学的原因：作为一名语言学家，他希望自己能为改善人类的状况尽一份绵薄之力（Halliday 2015）。

最后，系统功能语言学注重理论与实际相结合，以问题为导向，因此相比其他一些理论语言学，系统功能语言学更加容易被接受，更能给实践活动和注重实践的教师和学生带来启示和帮助。这样，就会被越来越多的人青睐和推崇，因为在目前的语言（外语）界，大多数人是在从事实践活动。

另外，Halliday的学术影响不仅限于系统功能语言学研究，还涉及很多学科领域（见Matthiessen 2007，2009）。例如Halliday学术思想对我国应用语言学的发展的影响，及其对生态语言学研究的影响。

5. 结语

系统功能语言学经过了半个世纪的构建、发展和壮大，在国际语言学界有很大的影响。系统功能语言学理论的建构采取的是"进化的"（evolutionary）而不是"革命的"（revolutionary）路径，多年来研究者都在Halliday划定的大框架中进行探索，尽管这个学术团体内部对某些学术问题也有不同的观点，但都是属于"内部的分歧"（胡壮麟等2005：398）。系统功能语言学既是普通语言学，也是适用语言学，这是一个理论模式的两个截面。当我们用它来研究语言系统，用它来考察、研究、揭示、解释语言的共性问题和潜在规则，并对语言现象做出系统的描述和解释时，我们侧重的是它的理论语言学特性；而当我们用它来研究语言现象、使用、实例（instance），用它来解决与语言有关的问题时，我们侧重的是它的应用语言学特性。

某种程度上，系统功能语言学思想起源于中国，在本质上受到中国语言和文化的影响。我国1978年的改革开放给中国人带来了比较成熟的理论模式，中国学者经过几十年的不懈努力，不仅对该理论研究有了贡献，而且把该理论应用于我国的外语教学与研究的实践中，培养了几代从事外语教学与研究的优秀学者。

我是中国系统功能语言学教学与研究队伍中的一位后来者，但在过去的20多年中，我全心投入这个理论的教学与研究中，也得到了很多鼓励和荣誉。1994—1995年，我在英国师从Fawcett教授攻读第二个博士学位期间，我们提出的"enhanced theme"概念和术语被写进系统功能语言学研究界很有影响的教科书（见Thompson 2004/2008：164；Thompson 2014：170-171）。

系统功能语言学是一个充满活力、重视应用的理论，它起源于中国，包含了很多中国元素，与中国的文化和思想传统有千丝万缕的联系。怎样在新时代发展系统功能语言学，并把该理论进一步本土化，是摆在我们面前的重任。

参考文献

- 韩礼德,何远秀,杨炳钧.系统功能语言学的马克思主义取向——韩礼德专题访谈录[J].当代外语研究,2015(7):1-4.
- 何远秀.韩礼德的新马克思主义语言研究取向[M].北京:中国社会科学出版社,2016.
- 胡壮麟.韩礼德[J].国外语言学,1983(2):60-63.
- 胡壮麟.全国功能语言学历届研讨会(1989—2003)的见证[J].外语艺术教育研究,2004(3):89-94.
- 胡壮麟.韩礼德学术思想的中国渊源和回归[M].北京:外语教学与研究出版社,2018.
- 胡壮麟,朱永生,张德禄.系统功能语法概论[M].长沙:湖南教育出版社,1989.
- 胡壮麟,朱永生,张德禄,李战子.系统功能语言学概论[M].北京:北京大学出版社,2005.
- 胡壮麟,朱永生,张德禄,李战子.系统功能语言学概论[M].第3版.北京:北京大学出版社,2017.
- 黄国文.韩礼德系统功能语言学40年发展述评[J].外语教学与研究,2000(1):15-21.
- 黄国文.中国的系统功能语言学研究:发展与展望[A]//庄智象,编.中国外语教育发展战略论坛[C].上海:上海外语教育出版社,2009:583-619.
- 黄国文.生态语言学的兴起和发展[J].中国外语,2016a(1):1,8-10.
- 黄国文.外语教学与研究的生态化取向[J].中国外语,2016b(5):1,9-13.
- 黄国文.M A K.Halliday的系统功能语言学理论与生态语言学研究[J].浙江外国语学院学报,2018a(5):31-40.
- 黄国文.从生态批评话语分析到和谐话语分析[J].中国外语,2018b(4):39-46.
- 黄国文,辛志英.系统功能语言学研究现状和发展趋势[C].北京:外语教学与研究出版社,2012.
- 龙日金.伦敦学派的语言变异理论简介[J].国外语言学,1982(4):58-61.
- 王红阳,黄国文.系统功能语言学在中国的三十年[A]//黄国文,常晨光,编.功能语言学年度评论(第1卷)[C].北京:高等教育出版社,2010:51-91.
- 王宗炎.伦敦学派奠基人弗斯的语言理论[J].国外语言学,1980(5):1-8.
- 王宗炎.评哈利迪的《现代汉语语法范畴》[J].国外语言学,1981(2):48-54.
- 文秋芳.唯物辩证法在应用语言学研究中的应用——桂诗春先生

的思想遗产[J]. 现代外语，2017（6）：855-860.

- 辛志英. 系统功能适用语言学发展五十年回顾[J]. 中国外语，2012（3）：16-23.

- 辛志英，黄国文. 系统功能类型学：理论、目标与方法[J]. 外语学刊，2010（5）：50-55.

- 辛志英，黄国文. 系统功能普通语言学发展五十年回顾[J]. 外语教学，2011（4）：22-26，84.

- 辛志英，黄国文. 系统功能语言学发展的维度与向度[J]. 燕山大学学报（哲学社会科学版），2013（3）：24-29.

- 徐盛桓. 主位和述位[J]. 外语教学与研究，1982（1）：1-9.

- 张德禄. 系统功能语言学60年发展趋势探索[J]. 外语教学与研究，2018（1）：37-48.

- BUTLER C. Systemic linguistics: theory and application [M]. London: Batsford, 1985.

- BUTLER C. Structure and function: an introduction to three major structural-functional theories. Part 1: approaches to the simplex clause [M]. Amsterdam: Benjamins, 2003a.

- BUTLER C. Structure and function: an introduction to three major structural-functional theories. Part 2: from clause to discourse and beyond [M]. Amsterdam: Benjamins, 2003b.

- HALLIDAY M A K. Grammatical categories in modern Chinese [J]. Transactions of the philological society, 1956, 1: 177-224.

- HALLIDAY M A K. Systemic background [A]//WEBSTER J. The collected works of M.A.K. Halliday, Vol.3: On language and linguistics [C]. Beijing: Peking University Press, 1985/2007, 185-198.

- HALLIDAY M A K. New ways of meaning: the challenge to applied linguistics [A]//WEBSTER J. The collected works of M.A.K. Halliday, Vol.3: On language and linguistics [C]. Beijing: Peking University Press, 1990/2007, 139-174.

- HALLIDAY M A K. Language in a changing world [A]//WEBSTER J. The collected works of M.A.K. Halliday, Vol.3: On language and linguistics [C]. Beijing: Peking University Press, 1993/2007, 213-231.

- HALLIDAY M A K. Methods—techniques—problems [A]//HALLIDAY M A K, WEBSTER J. Continuum companion to systemic functional linguistics [C]. London: Continuum, 2009, 59-86.

- HALLIDAY M A K. The influence of Marxism [A]//WEBSTER J. The Bloomsbury companion to M.A.K. Halliday [C]. London: Bloomsbury Academic, 2015.

- HALLIDAY M A K, MCINTOSH A, STREVENS P. The linguistic sciences and language teaching [M]. London: Longmans, 1964.

- MARTIN J R. Interviews with M.A.K. Halliday: language turned back on himself [C]. London: Bloomsbury Academic, 2013.

- MATTHIESSEN C M I M. The "architecture" of language according

to systemic functional theory: developments since the 1970s [A]//
HASAN R, MATTHIESEN C M I M, WEBSTER J. Continuing discourse
on language: a functional perspective, Vol. 2 [C]. London: Equinox,
2007, 505-561.

- MATTHIESSEN C M I M. Ideas and new directions [A]//HALLIDAY
  M A K, WEBSTER J. Continuum companion to systemic functional
  linguistics [C]. London: Continuum, 2009, 12-58.

- THOMPSON G. Introducing functional grammar [M]. 2nd ed.
  London: Arnold, 2004/北京：外语教学与研究出版社，2008.

- THOMPSON G. Introducing functional grammar [M]. 3rd ed. London:
  Routledge, 2014.

- WIDDOWSON H G. On the limitations of linguistics applied [J].
  Applied linguistics, 2000, 1: 3-25.

第二部分

系统功能语言学理论

导　言

　　系统功能语言学既是普通语言学，又是适用语言学，它是一种以问题为导向的理论（a problem-oriented theory），其目的是研究社会实践中人们所碰到的与语言和语言使用有关的问题。它的不同发展阶段有一定的规律，也有自己的特点。系统功能语言学在本质上是"功能的"和"语义的"，而不是"形式的"和"句法的"。它研究的对象是"语篇"而不是"句子"，所关注的是语言使用和惯用而不是其"语法性"。这个理论反映的是功能的语言观，把语言看作社会符号和社会意义，采用的是进化功能论。它所感兴趣的问题包括"人们是怎样使用语言的？"和"语言的结构组织是怎样为语言使用服务的？"根据系统功能语言学理论的假定，语言的结构组织具有功能性，语言的演变是根据语言使用者的交际需要发生的，语言之所以这样演变发展，是它在人类生活中所行使的功能所致。

　　本部分共有四篇文章，围绕着"系统功能语言学理论"这一主题进行梳理和讨论。《系统功能语言学的发展阶段与特点》一文勾画了系统功能语言学的几个发展阶段，归纳和讨论这个语言学理论的主要特点，并指出它是一个旨在描述、解释人类语言的普通语言学理论。该文的讨论表明：系统功能语言学研究人们在社会实践中所碰到的与语言和语言使用有关的问题，是一种以解决问题为导向的理论，因此它是个适用语言学模式。早在 1985 年，Halliday 就明确指出，他建构系统功能语法的目的之一就是为语篇（包括口头语篇和书面语篇）分析提供一个理论框架。该文明确指出，系统功能语言学是一个整体的、综合的适用语言学模式，不同层次、不同形式的语篇分析（包括语言分析和语言使用分析）都同样受到重视。

《作为普通语言学的系统功能语言学》一文试图回答"为什么我们说系统功能语言学是一种普通语言学理论？"这个问题。文章说明什么是普通语言学（general linguistics），并把它与"个别语言学"（particular linguistics）和"应用语言学"（applied linguistics）区分开来；该文说明了普通语言学的研究对象和研究重点，同时对描述性理论和解释性理论进行了区分，并对系统功能语言学的几个重要观点进行概述，从几个方面回答该文提出的问题。文章对描述性理论（descriptive theory）和解释性理论（explanatory theory）做了界定，以便更好地说明为什么系统功能语言学是一种普通语言学理论和解释性理论。

语篇分析是系统功能语言学的一个重要组成

部分,《语篇分析与系统功能语言学理论的建构》一文的目的是阐述语篇分析与系统功能语言学理论建构的关系,试图回答"为什么语篇分析是系统功能语言学的一个研究重点?"这个问题。之所以探讨此问题,是因为很多人对语篇分析在语言理论建构过程中的作用认识不足。一般所知道的是语篇分析能够帮助我们理解、解读、解释和评估语言在交际过程中的使用及作用,但很多人看不到语篇分析与普通语言学研究之间的内在联系,无法把语篇分析与语言学理论的建构联系起来。文章从作为"成品"的语篇和作为"样本"的语篇两个角度来探讨语言使用与语言系统的关系;通过对系统、例示化、语篇等概念的阐述来回答文中所提出的问题。该文的讨论表明:语篇分析是系统功能语言学理论研究的一个重要部分,语篇分析对系统功能语言学理论的建构意义重大。

自20世纪70年代以来,国外教育学科的课程设计领域出现了一种称为"课程整合"的新趋势,而且这种趋势很快就影响到我国学者对教育模式、教学改革的探索。我国外语界的学者也就"整合"问题进行了多层次、多角度的讨论。《系统功能语言学研究中的整合》一文探讨的就是系统与语篇的整合、形式与意义的整合。文章指出,语言学研究可以采取"分离"的路径,也可以采取"整合"的路径。采用哪一种方法和路径,通常取决于研究者不同的语言观和方法论,以及所研究的对象、范围和研究的目的。该文试图探讨系统功能语言学研究中所采取的整合路径和方法,重点讨论以下两种关系：语法与语义的关系，系统与语篇的关系。该文还从"以语篇为导向"和"三股意义的整合"两方面讨论了语言研究中的整合方法。

四 系统功能语言学的发展阶段与特点[5]

1. 引言

到目前为止，为了表示对教导我的老师的崇高敬意，我已经先后四次写了专门的文章。

这是我第五次写这类文章，也是第二次献给胡壮麟先生的。对于胡老师，我怀有难以言表的感激。由于他多年来的提携和帮助，我的学术道路走得比较顺利。胡壮麟教授没有因为我起步晚、来自不同的地域而不信任我或疏远我，他完全是从学科的发展角度而考虑怎样发挥大家的专长。胡老师对我的鼓励、提携和信任使我感觉到自己责任重大，也使我改变了自己的研究重点（黄国文2010：82-83）。这些年我为中国的系统功能语言学的教学和研究活动尽了最大的努力，做了一些事情，与胡老师的鼓励、提携和信任是有直接关系的。

胡壮麟教授首先把系统功能语言学引进中国，并一直领导着中国学者进行认真、全面的研究。迄今为止，中国已经召开了20多次全国性的功能语言学研讨会，办了10多次系统功能语言学讲习班，举办了两次国际系统功能语言学大会（即1995年在北京大学举办的第22届大会和2009年在清华大学举办的

---

5 原载钱军编，《语言研究与外语教学：胡壮麟教授80诞辰学术论文集》，北京：高等教育出版社，2012年，3—15页。

第36届大会）。同时，中国的系统功能语言学研究也已经走向世界。早期的国际系统功能语言学学会没有中国人参加，而现在中国人担任了国际委员会委员、执行委员会副主席和主席。这些成绩都是与胡壮麟教授这几十年的努力紧密联系在一起的。关于中国的系统功能语言学的教学与研究，我已经在不同场合做了介绍和讨论（黄国文 2009）。从这些文章中可以看出，在胡壮麟教授的带领下，中国已经拥有一支备受国际系统功能语言学研究界重视的学术队伍，中国的研究与世界同步。

本文主要介绍和分析系统功能语言学的发展阶段，并就这个语言学理论的一些特点进行归纳和讨论。本文的讨论将表明，作为普通语言学理论，系统功能语言学旨在描述和解释人类语言和语言使用，它的目的是研究社会实践中人们所碰到的与语言和语言使用有关的问题，因此它是一个以解决实际问题为导向的适用语言学理论。

2. 发展阶段简介

基于Firth在20世纪30年代所创立的"系统结构理论"，英国学者Halliday创建了系统功能语言学理论。现在的系统功能语言学与Firth当年的系统结构理论虽有很多相似之处，但它是一个完全独立的理论。Halliday与Firth的最大区别之一是，Firth认为"系统"和"结构"一样重要，但Halliday则认为"系统"比"结构"重要，"系统"是语言组织的最重要的原则。Firth自己所注重的研究是音系学（phonology）、语义学（semantics）、情景语境（context of situation）和文化语境（context of culture）这些方面的内容。他本人的主要贡献在于音系学中的节律分析（prosodic analysis），这是因为他受Henry Sweet和Danial Jones的音系理论的影响。他关于语境的研究主要是受Malinowski的语境理论的影响，而他关于语义学的研究则是受到Ludwig Wittgenstein的词意义概念的影响。

Halliday是Firth的学生，他受Firth的影响是不言而喻的。Halliday也受到很多其他语言学家的影响，包括我国的王力先生。很多学者都认为系统功能语言学理论是"新弗斯语言学",但Halliday本人并不喜欢这种说法,他(Halliday 2003/2007: 186)明确说,自己从来没有用过这个术语。Webster(2005: 18)认为,把Halliday的系统功能语言学称为"新弗斯语言学"对这两个学者都是不公平的。这是因为,Halliday的理论核心与Firth的理论是有区别的。

黄国文(2007a)认为,到目前为止,系统功能语言学的发展大致经历了四个阶段:

第一阶段以"Categories of the Theory of Grammar"(Halliday 1961)为起点,该论文建构的是一种语法理论。在这篇论文中,Halliday勾画了他想建构的一个理论模式,其中很多说法与Firth的观点是不相同的。Halliday多次谈到,他写完该文时,本想就里面的一些问题当面与Firth讨论和商榷,然而当他带着论文参加英国文化委员会组织的学术会议(1960年12月),并准备在会议期间请教Firth时,Firth却在开会的前一天晚上突然去世了(见Webster 2005: 12)。这篇论文是关于Halliday早期理论的最重要的文章,里面提出了"单位""结构""类""系统""阶""说明阶""精密度阶"等重要概念,这些部分构成了"阶和范畴语法"。这就是系统功能语言学理论的早期雏形。

第二阶段以"Some Notes on 'Deep' Grammar"(Halliday 1966)为标志,在该文中,Halliday区分了语言中的"深层"和"表层"现象,并对语法中的系统描述做了深入的讨论,同时从"组合关系"和"聚合关系"两方面对结构和系统描述的关系进行了阐述。系统被看作核心、基本的概念,系统关系(聚合关系)得到了强调,"深层"意义更加受到重视。正如Butler(1985: 45)所言,这篇论文表明:原先的"阶和范畴语法"已经发展成为"系统语法"。系统语法的形成表明,Halliday建构的普通语言学理论已经成形。用Fawcett(2000: 10)的话说,在这一阶段,Halliday的理论实现了从原先的语法理论向语言学理论的转变。

第三阶段的标志可以说是Halliday(1967a,1967b,1968)在1967—1968年间发表的"Notes on Transitivity and Theme in English (1, 2, 3)"(这篇论文分三次发表)。在论文中,他首次提出了经验功能、逻辑功能、人际功能等重要概念。接着,Halliday(1970a)在"Language Structure and Language Function"一文中重

新对这些功能进行了区分和归类，把经验功能和逻辑功能合并成一个纯理功能，明确提出"语篇功能"，这样就有了现在广泛采用的"概念功能""语篇功能"和"人际功能"这三个纯理功能。这三个纯理功能已经成为系统功能语言学理论的重要基石，成为这个理论的核心部分。关于语言功能的分类问题，在Halliday（1967a，1967b，1968）以前已经有很多讨论，最出名的应该是Bühler（1934）对"表达"（representational）、"表情"（expressive）、"意欲"（conative）等功能的描述。但是，Halliday提出纯理功能的目的是，通过这些纯理功能和它们之间的相互关系来说明、解释语言结构和语言组织的功能性，即语言的结构和组织都是为意义的表达和意义的创造服务的。从这一点看，Halliday关于功能的描述贯穿在整个语言理论的建构过程中，而不仅仅是论述语言结构所表达的意义和功能。从本质上看，Halliday的纯理功能更具概括性，比Bühler所说的"功能"要抽象得多。Halliday关于纯理功能的假说是对原先的系统语法（或称系统语言学）的扩展，这样就有了"系统功能语法"的说法。

第四阶段大概从20世纪70年代中后期开始，以Halliday（1978）的 *Language as Social Semiotic: the Social Interpretaion of Language and Meaning* 一书作为标志。这本书由Halliday在1972—1976年间写的13篇论文组成，都是围绕着"语言作为社会意义"（language as social semiotic）这一专题进行的。Halliday（1978）力图从文化、社会、符号意义的角度对语言的性质、功能和意义进行全面的勾画和诠释，对语言系统、语义系统、语篇、意义潜势、语域、语言的功能变体、语境、语言的社会属性等重要概念和问题进行全面、深入的讨论。这一阶段的突出重点是，把语言和语言研究放进社会和文化的大框架中探讨。

上面我们试图把系统功能语言学的发展简单地划分为四个阶段。这种划分与有关术语的使用是紧密相连的。第一阶段是scale and category grammar（阶和范畴语法），第二阶段是systemic grammar（系统语法），第三阶段是functional grammar（功能语法）和systemic functional grammar（系统功能语法），第四阶段是systemic functional linguistics（系统功能语言学）。在这些术语中，"系统功能语言学"是最具概括性的，它囊括了其他几个术语所涉及的内容。

大概从20世纪80年代起，系统功能语言学研究一方面继续对理论进行扩充和改进，另一方面特别注重它的"适用性"（appliability）研究，其中突出的一点是把该理论用于语言教育（见 Hasan ct al 2005）和用于语言的类型学研究（如 Caffarel et al 2004）。

从系统功能语言学研究的发展状况和趋势看，这个语言学理论发展是渐进性的而不是颠覆性的，用 Matthiessen & Halliday（2009: 8）的话说，"SFL has always been developed in terms of successive refinements of a broad outline that has remained relatively stable over the last 30 years or so"。这就是说，在过去30年中，系统功能语言学的理论框架一直相对稳定，这一理论的发展和完善也是一直在这一框架中通过不断改进的方法而实现的。

3. 研究的重点

在系统功能语言学发展的几十年中，不同的阶段有不同的侧重。关于系统功能语言学的研究重点和发展情况，Matthiessen & Halliday（2009）用一个图做了概括。

在图1中，左边是语言研究的五个层面：从语境、语义、词汇语法、音系到语音。右上方是六个时间段。

第一个时间段的研究重点是 Firth 的"系统结构理论"研究。第二个和第三个时间段是 Halliday 理论的总体框架的建构时期，所以"阶段 I => 阶段 III"。这就是我们在上文中提到的第一发展阶段（Halliday 1961）、第二发展阶段（Halliday 1966）、第三发展阶段（Halliday 1967a，1967b，1968，1970a）。从第三个时间段到第六个时间段，系统功能语言学研究一直围绕着1970年代末所形成的模式进行修正、发展和扩大。但如图1所示，不同的时间段和不同的年代所研究的重点是不同的。在第一个时间段中，Firth 个人的研究主要集中在语境、语义、音系、语音方面，这就是 Firth 的"系统结构理论"的重要组成部分。第二个时间段主要是 Halliday 个人的研究，内容主要集中在词汇语法和音系方面，但相比之下，词汇语法方面的研究要多得多，因为早期 Halliday 自己的定位是"语法学家"。从系统功能语言学发展的历程看，第二个时间段的

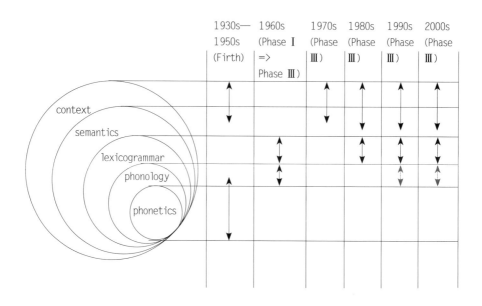

	1930s—1950s (Firth)	1960s (Phase I => Phase III)	1970s (Phase III)	1980s (Phase III)	1990s (Phase III)	2000s (Phase III)

图1. 系统功能语言学研究范围与发展

研究是Halliday理论的形成阶段，起了承上启下的作用，是系统功能语言学理论的核心部分。第三个时间段的重心放在语义和语境上，这主要是受到第二个时间段中所发表的论著（如Halliday 1966，1967a，1967b，1968，1970a）的影响。从这一阶段起，关于纯理功能的研究一直是研究的重点。从第四个时间段至第六个时间段，研究的重点主要集中在语境、语义和词汇语法上。关于音系的研究也有一些人（Tench 1992；Greaves 2007）在做，但相对于语境、语义和词汇语法而言，人数比较少。其实，Halliday本人一直都很关注音系和语音问题，他在语调的研究方面尤其突出（如Halliday 1970b；Halliday & Greaves 2008）。

从图1中我们看到了不同时间段和研究阶段的不同重心和研究重点。最近30年的研究主要集中在语境、语义和词汇语法方面，有九点特别值得注意。

第一，从1970年代起，涌现了一批优秀的系统功能语言学研究者，其中包括英国的Berry、Fawcett、Butler，澳大利亚的Hasan、Martin、Matthiessen，美国的Fries，加拿大的Gregory、Benson、Cummings。最近20年涌现了更多表现突出的系统功能语言学研究者，他们大都是Halliday的学生或其学生的学生。还有一大批学者是Hasan、Martin、Matthiessen、Berry、Fawcett、Butler、Gregory、Benson、Cummings等人培养出来的。

第二，从1970年代开始，Halliday便开始注意研究"分层的等级"（the hierarchy of stratification）和"示例渐变体"（the cline of instantiation）。这类研究后来由Halliday和Matthiessen合作进行，Martin等也做了很多研究（见Halliday & Matthiessen 2004; Matthiessen 2007a，2007b）。

第三，Halliday（1985）提出了"语法隐喻"（grammatical metaphor）概念，把它与传统所说的"词汇隐喻"（lexical metaphor）区分开来，并从语义和词汇语法角度进行研究，同时也把这个概念应用于语篇（尤其是科技语篇）分析中。这方面的研究成果见Halliday（1985，1994，2008）和Simon-Vandenbergen，Taverniers & Ravelli（2003）。

第四，从1980年代起，有一批学者致力于把系统功能语言学理论研究运用于语言生成。美国洛杉矶的信息科学研究所（创办于1980年）的学者所进行的自然语言生成方面的研究项目PENMAN在这方面取得了突出的成绩，这个项目的主要成果见Matthiessen & Bateman（1991）。Fawcett等人从1987年起便在英国加的夫威尔士大学进行COMMUNAL项目研究，主要成果之一是Fawcett与Tucker、Lin（Fawcett, Tucker, Lin 1993）共同发表的的文章。

第五，作为Halliday的学生和多年的同事，从1980年代起Martin与他的学生（如Ventola、Christie、Eggins、White、Rose）一直致力于"语篇体裁"（genre）的研究和"评价框架"（appraisal framework）的研究，并把研究与语言教育联系起来。这方面的研究成果见Martin（1992）、Martin & Rose（2003）、Martin & White（2005）。

第六，从1970年代中期起，Fawcett一直从事词汇语法的研究，他的研究思路主要是Halliday 1960—1970年代的理论，主要的研究成果见Fawcett（1980，2000，2008）。由于Fawcett更喜欢Halliday早期的语法思想，所以他的语法建构与Halliday后来的研究（如Halliday 1985，1994）有些不同。Fawcett把Halliday（1985，1994）中的语法模式称为"悉尼语法"（the Sydney grammar），把自己与同事所提出的语法称为"加的夫语法"（the Cardiff grammar）。

第七，系统功能语言学作为一种普通语言学理论，有其他语言理论无可比拟的特点和优点，同时也存在需要修正、改进的地方，这是不言而喻的（黄国文 2007b）。系统功能语言学内部也一直存在着学术争论。但是，正如胡壮麟等（2005：6）所说的那样，"系统功能语言学派内部不承认任何'纯粹的'或'不纯粹的'理论模式"。无论是 Martin 的"评价框架"，还是 Fawcett 的"加的夫语法"，它们都是系统功能语言学理论的一个组成部分，他们的学术争论和分歧是系统功能语言学"内部的分歧"（胡壮麟等 2005：398）。

第八，最近 20 年来，很多学者一直致力于运用系统功能语言学研究多模态语篇（包括图像、图表、空间以及其他可用来构建意义的符号资源）（参见 O'Halloran 2004）。Kress & van Leeuwen（1990）的 *Reading Images: The Grammar of Visual Images* 是一部基于系统功能语言学基本概念的图像语法。该书根据系统功能语言学理论中的纯理功能（即概念功能、人际功能、语篇功能）假设探讨了图像的再现功能、互动功能和构图功能。近年来系统功能语言学框架中的多模态研究进展很快，比较活跃的学者包括 G. Kress、T. van Leeuwen、M. O'Toole、J. L. Lemke、K. L. O'Halloran、A. P. Baldry、P. Thibault、J. Bateman 等（参见杨信彰、辛志英 2010）。

第九，由于系统功能语言学是朝着适用语言学的目标来建构的，所以它的应用范围会越来越广；以它为理论指导的语言研究和分析模式会越来越多。早期的批评语篇（话语）分析，现在的多模态分析框架和评价框架，都体现了系统功能语言学的可应用性和用于解决问题的适用性。

4. 系统功能语言学的几个特点

系统功能语言学是一种普通语言学理论，它研究语言的途径是采取"整体性方法"（holistic approach），它对语言的研究视角是一个综合（comprehensive）法。同时，它是为应用而设计的，所以它也是一个"适用语言学"（appliable linguistics）模式。

首先，既然是普通语言学理论，那它研究的对象就是人类众多的语言，而不是一两种语言，所以它有别于个别语言学（如汉语语言学、英语语言学）。它研究的内容包括语音学、音系学、词汇语法、语义，所以它有别于只研究某一方面的学科，如语用学、认知语言学、社会语言学或语法学、语义学。

Halliday & Matthiessen（2004: 19）在 *An Introduction to Functional Grammar*（3rd ed.）中明确指出，系统功能语言学是一种综合理论，它所研究的是语言的方方面面，对语言中某个部分的探讨都会涉及其他部分。语言中的每个组成部分都是这个理论所要研究的内容，语言中各个层次和各个部分之间都有非常密切的关系，对语言中某一层次和某一部分的讨论都会涉及整个语言的系统。

其次，我们说系统功能语言学采用的是"整体性方法"或"整合"（integrative）方法，因为它不仅研究语言的本体（如音系、字系、词汇、语法、语义），而且研究语言的使用以及语言使用的环境因素（如情景、社会、话语、语篇、政治、文化）。它不像形式主义语言学理论那样认为形式与意义可以分开。从这一点看，它与Chomsky的形式语言学是截然对立的，而与语用学、认知语言学、社会语言学这些学派是相似的。有学者（如徐烈炯2003: 1）明确指出，就语言学研究的路径而言，只有两条，要么是形式主义路径，要么是功能语言学路径，这样就"基本上排除了存在与它们完全不同的第三条道路的可能性"。如果我们同意这样的看法，那语用学、认知语言学、社会语言学等和系统功能语言学一样，都是功能语言学。

再次，我们说系统功能语言学对语言的研究视角是一个综合法，主要是讲它把语言与情景放在同样重要的位置进行多维和综合考虑。我们研究语言的形式，重点在于语言是怎样在特定环境中表达和创造意义的，是怎样为交际服务的。我们在研究意义的表达的同时，也要考虑意义是怎样被体现、被创造的，特定环境中的意义是怎样被特定的形式体现的。

系统功能语言学采取的是"进化"的观点，认为语言的演变和发展是以人类生活需要为根据的，语言的结构和对语言的组织具有功能性（Halliday 1994: xiii），也是根据生活需要来选择的。根据这种进化的语言观，对语言形式的组织、理解和解释都应该遵照这种进化功能论的观点来开展。Halliday（1994: xviii）还认为，语言演变过程中产生的语法结构与意义（语义）之间存在着"自然的"（natural）关系而不是"任意的"（arbitrary）关系。在系统功能语言学中（如Halliday 1994: xvii, xix），语义和语法的关系是体现关系而不是任意关系。系统功能语言学就是要把这种关系明白地表现出来。从这点看，系统功能语法是"语义驱动的"（semantically motivated）自然语法（Halliday & Matthiessen 1999: 3-4），每个语法范畴都是以意义为基础的：它既有语义，也有形式；词汇语法与语义之间存在着相互作用的关系。

既然系统功能语言学是语义驱动的理论，它在识解经验、分析和解释语法成分和语言结构时，就是以语义、意义为中心的，并从语义、功能的角度对语言结构进行（功能的）解释。这是因为，在系统功能语言学中，语言首先是个意义系统，伴随着这个意义系统的是用于体现意义的形式（Halliday 1994: xiv）。

最后，在系统功能语言学看来，语言研究离不开社会现实，语言研究要为识解经验和社会实践服务。系统功能语言学者认为，理论是解决问题的资源，这就是为什么系统功能语言学也是"适用语言学"。Halliday（2009：61）认为，系统功能语言学可以看作是"以（解决）问题为导向"的理论。这是因为，它的设计与发现问题和解决问题紧密联系在一起。这里所说的问题，是语言理论以外的问题，是人们在社会实践中所碰到的与语言和语言使用有关的问题。

系统功能语言学是一个整体的、综合的适用语言学模式，不同层次、不同形式的语篇分析（包括语言分析和语言使用分析）都同样受到重视。早在1985年，Halliday（1985：xv）就明确指出，他建构系统功能语法的目的之一就是为语篇（包括口头语篇和书面语篇）分析提供一个理论框架。因此，系统功能语言学既采取整合的研究途径，又采取综合的研究视角。它既是普通语言学理论，又是适用语言学理论。

5. 结语

从本质上讲，系统功能语言学是一种旨在描述、解释人类语言的普通语言学理论，它研究社会实践中人们所碰到的与语言和语言使用有关的问题，因此也是适用语言学理论。系统功能语言学特别重视语篇（话语）分析，重视语言的使用。通过语篇分析，我们既可以解释语言在特定使用环境中的交际功能

（表达和创造意义），又可以揭示作为系统的语言在社会实践中的反映。通过这个途径，我们可以为普通语言学理论的建立找到佐证和规律。

系统功能语言学的发展是渐进性的（而不是颠覆性的），这个理论中的基本假定不会被内部成员推翻。因此：无论是 Martin 的"评价框架"还是 Fawcett 的"加的夫语法"，它们都是系统功能语言学理论的一个组成部分或是这个理论中某一部分的"变体"；无论它们怎样发展和壮大，都不可能取代系统功能语言学。

系统功能语言学是"以解决问题为导向"的理论，因此它的发展与人类社会中问题的出现是紧密联系在一起的。人们的社会实践出现什么与语言有关的问题，这个理论就必须去解决，这就是为什么说系统功能语言学研究特别强调语言的"社会理据"（social accountability）。正如胡壮麟（2007：4）所说的那样，社会理据是韩礼德一贯坚持的基本观点，如果要使适用语言学在语义发生系统上取得成就，依靠的不是"规则的集合"，而是"社会理据"。也就是说，适用语言学要回答人们在交际过程中方方面面的问题。

参考文献

- 胡壮麟. 解读韩礼德的 *Appliable Linguistics*[J]. 四川外语学院学报，2007（6）：1-6.

- 胡壮麟，朱永生，张德禄，李战子. 系统功能语言学概论 [M]. 北京：北京大学出版社，2005.

- 黄国文. 系统功能句法分析的目的和原则 [J]. 外语学刊，2007a（3）：39-45.

- 黄国文. 作为普通语言学的系统功能语言学 [J]. 中国外语，2007b（5）：14-19.

- 黄国文. 中国的系统功能语言学研究：发展与展望 [A]// 庄智象，编. 中国外语教育发展战略论坛 [C]. 上海：上海外语教育出版社，2009：583-619.

- 黄国文. 选择就是意义 [A]// 黄国文，常晨光，廖海青，编. 系统功能语言学研究群言集，第1辑 [C]. 北京：高等教育出版社，2010：79-89.

- 黄国文，何伟，廖楚燕，等. 系统功能语法入门：加的夫模式 [C]. 北京：北京大学出版社，2008.

- 徐烈炯. 功能主义与形式主义 [A]// 钱军，编. 语言学——中国与世界同步 [C]. 北京：外语教学与研究出版社，2003：1-12.

- 杨信彰，辛志英. 多模态研究综述 [A]// 黄国文，常晨光，编. 功能语言学年度评论，第1卷 [C]. 北京：高等教育出版社，2010：23-34.

- BUTLER C. Systemic linguistics: theory and application [M]. London: Batsford, 1985.

- BÜHLER K. Sprachtheorie: die Darstellungsfunktion der Sprache [M]. Jena: Fischer, 1934.

- CAFFAREL A, MARTIN J R, MATTHIESSEN C M I M. Language typology: a functional perspective [C]. Amsterdam: Benjamins, 2004.

- FAWCETT R. Cognitive linguistics and social interaction: towards an integrated model of a systemic functional grammar and the other components of a communicating mind [M]. Heidelberg: Julius Groos, 1980.

- FAWCETT R. A theory of syntax for systemic functional linguistics [M]. Amsterdam: Benjamins, 2000.

- FAWCETT R. Invitation to systemic functional linguistics through the Cardiff grammar [M]. 3rd ed. London: Equinox, 2008.

- FAWCETT R, TUCKER G, LIN Y. How a systemic functional grammar works: the role of realization in realization [A]//HORACEK H, ZOCK M. New concepts in natural language generation [C]. London: Pinter, 1993, 114-186.

- GREAVES W. Intonation in systemic functional linguistics [A]//HASAN

R, MATTHIESSEN C M I M, WEBSTER J. Continuing discourse on language: a functional perspective, Vol. 2. [C]. London: Equinox, 2007, 979-1025.

- HALLIDAY M A K. Categories of the theory of grammar [J]. Word, 1961, 17: 241-292.

- HALLIDAY M A K. Some notes on "deep" grammar [J]. Journal of linguistics, 1966, 2: 110-118.

- HALLIDAY M A K. Notes on transitivity and theme in English 1 [J]. Journal of linguistics, 1967a, 1: 37-81.

- HALLIDAY M A K. Notes on transitivity and theme in English 2 [J]. Journal of linguistics, 1967b, 2: 199-244.

- HALLIDAY M A K. Notes on transitivity and theme in English 3 [J]. Journal of linguistics, 1968, 4: 179-215.

- HALLIDAY M A K. Language structure and language function [A]// LYONS J. New horizons in linguistics [C]. Harmondsworth: Penguin, 1970a, 140-165.

- HALLIDAY M A K. A course in spoken English: intonation [M]. London: Oxford University Press, 1970b.

- HALLIDAY M A K. Language as social semiotic: the social interpretation of language and meaning [M]. London: Arnold, 1978.

- HALLIDAY M A K. An introduction to functional grammar [M]. London: Arnold, 1985.

- HALLIDAY M A K. An introduction to functional grammar [M]. 2nd ed. London: Arnold, 1994.

- HALLIDAY M A K. On language and linguistics [M]. Webster J. The collected works of M.A.K. Halliday, Vol. 3. London: Continuum, 2003 / 北京：北京大学出版社，2007.

- HALLIDAY M A K. Complementarities in language [M]. 北京：商务印书馆，2008.

- HALLIDAY M A K. Methods—techniques—problems [A]//HALLIDAY M A K, WEBSTER J. Continuum companion to systemic functional linguistics [C]. London: Continuum, 2009, 59-86.

- HALLIDAY M A K, GREAVES W S. Intonation in the grammar of English [M]. London: Equinox, 2008.

- HALLIDAY M A K, MATTHIESSEN C M I M. Construing experience through meaning: a language-based approach to cognition [M]. London: Cassell, 1999.

- HALLIDAY M A K, MATTHIESSEN C M I M. An introduction to functional grammar [M]. 3rd ed. London: Arnold, 2004.

- HASAN R, MATTHIESSEN C M I M, WEBSTER J. Continuing discourse on language: a functional perspective, Vol. 1 [C]. London: Equinox, 2005.

- HASAN R, MATTHIESSEN C M I M, WEBSTER J. Continuing discourse on language: a functional perspective, Vol. 2 [C]. London: Equinox, 2007.

- HUANG G W. Hallidayan linguistics in China [J]. World Englishes, 2002, 2: 281-290.

- HUANG G W, WANG H Y. SFL studies in the Chinese context [A]// WU C Z, MATTHIESSEN C M I M, HERKE M. Proceedings of ISFC 35: voices around the world [C]. The 35th ISFC Organizing Committee, Sydney, 2009.

- KRESS G, VAN LEEUWEN T. Reading images: the grammar of visual images [M]. London: Routledge, 1990.

- MARTIN J R. English text: system and structure [M]. Amsterdam: Benjamins, 1992.

- MARTIN J R, ROSE D. Working with discourse: meaning beyond the clause [M]. London: Continuum, 2003.

- MARTIN J R, WHITE P R R. The language of evaluation: appraisal in English [M]. London: Palgrave, 2005.

- MATTHIESSEN C M I M. The "architecture" of language according to systemic functional theory: developments since the 1970s [A]// HASAN R, MATTHIESEN C M I M, WEBSTER J. Continuing discourse on language: a functional perspective, Vol. 2 [C]. London: Equinox, 2007a, 505-561.

- MATTHIESSEN C M I M. Lexicogrammar in systemic functional linguistics: descriptive and theoretical developments in the "IFG" tradition since the 1970s [A]//HASAN R, MATTHIESSEN C M I M, WEBSTER J. Continuing discourse on language: a functional perspective, Vol. 2 [C]. London: Equinox, 2007b, 765-858.

- MATTHIESSEN C M I M, BATEMAN J A. Text generation and systemic linguistics: experiences from English and Japanese [M]. London: Pinter, 1991.

- MATTHIESSEN C M I M, HALLIDAY M A K. Systemic functional grammar: a first step into the theory [M]. Beijing: Higher Education Press, 2009.

- O'HALLORAN K L. Multimodal discourse analysis: systemic functional perspectives [M]. London: Continuum, 2004.

- SIMON-VANDENBERGEN A M, TAVERNIERS M, RAVELLI L. Grammatical metaphor: views from systemic functional linguistics [C]. Amsterdam: Benjamins, 2003.

- TENCH P. Studies in systemic phonology [C]. London: Pinter, 1992.

- WEBSTER J. Editor's introduction [Z]//HALLIDAY M A K. On grammar. Vol. 1 of the collected works of M.A.K. Halliday [C]. London: Continuum, 2002, 17-20.

- WEBSTER J. M A K. Halliday: the early years, 1925--1970 [A]//HASAN R, MATTHIESSEN C M I M, WEBSTER J. Continuing discourse on language: a functional perspective, Vol. 1 [C]. London: Equinox, 2005, 3-13.

五　作为普通语言学的系统功能语言学[6]

1. 引言

本文的目的是回答"为什么我们说系统功能语言学是一种普通语言学理论？"这个问题。因此，在这里，我们首先要简要说明什么是普通语言学，并把它与"个别语言学"和"应用语言学"区分开来。同时，我们必须对描述性理论和解释性理论做些简单界定，以便更好地说明为什么系统功能语言学是一种普通语言学理论，也是一种解释性理论。

1.1　关于普通语言学

普通语言学的研究对象是人类语言，是对语言的综合研究，总结各种语言的研究成果，它的重点是从理论上探讨语言的本质，研究语言的共同特点和一般规律。普通语言学有别于同属基础研究但研究具体某一种语言的"个别语言学"，也有别于把语言学应用于与语言问题有关的"应用语言学"（参见黄国文2007）。

正如 *Routledge Dictionary of Language and Linguistics*（Bussmann 2000：284）所说的那样："General linguistics attempts to develop theories explaining general universal

---

6　原载《中国外语》2007年第5期，14—19页。

regularities of language."（普通语言学力图建立理论以解释语言的普遍现象。）这句话有三个关键词（组）：attempts、theories、general universal regularities of language。所谓"力图"，就是不一定总是能成功，用复数形式的"theories"表示有多个理论的存在，从"语言的普遍现象"的说法我们可以明确看到普通语言学与个别语言学在研究对象和研究目标方面的差异。

1.2 现代语言学理论的两种路向

众所周知，语言学是对语言进行科学研究的学科。简单说来，现代语言学采用两种不同的路向，一个是描述，主要对语言事实进行分类和描写，回答"是什么"这个问题，最终提出一个描述性理论，结构主义语言学采用的就是这个路向。另一个是解释，主要是对语言事实的成因提出理论解释，回答"为什么"或"怎么样"这个问题，最终提出一个解释性理论。Chomsky的形式主义语言学采用的就是后面这个路向。对很多理论来说，都会同时具有这两种不同的路向，既有描述性，又有解释性。但是，正如桂诗春、宁春岩（1997：6）所说的那样，"以描写概括事实的广度为最终目标的理论，即使含有解释性理论色彩，仍旧是描写性的理论；而以解释事实成因为最终理论目标的理论，即使含有必要的描写性理论色彩，仍旧是解释性理论"。

2. 系统功能语言学

简单地说，系统功能语言学是Halliday在伦敦学派奠基人Firth的理论基础上发展、创立起来的一种语言学理论，它的理论也部分根源于Saussure以来的欧洲语言学传统（如布拉格学派、法国功能主义）。在系统功能语言学中，还可以看到下列语言思想对Halliday的影响：Malinowski的功能主义理论、Hjelmslev的语符学理论、Whorf的语言相对论、Lamb的层次语法、Pike的法位学、Labov的语言变体理论、王力的方言学和罗常培的音韵学理论。系统功能语言学在本质上是"功能的"和"语义的"，而不是"形式的"和"句法的"，它研究的对象是"语篇"而不是"句子"，所关注的是使用

（use）和惯用（usage）而不是"语法性"（grammaticality）（见 Halliday 1994a：4505）。

Halliday 的主要兴趣是语言（语篇）与社会（体系）的关系，因此他研究的是语言使用者所创建的语篇以及语篇与语篇使用环境（包括社会文化环境）之间的关系。他在 *An Introduction to Functional Grammar*（1985，1994b）一书中明确指出，他建构功能语法的目的是为语篇分析提供一个理论框架，这个框架可用来分析英语中任何口头语篇或书面语篇。通过语篇分析，可以揭示人们是怎样在特定的社会文化环境中通过语言使用来做事情的，因为语言是做事的一种方式。通过分析语言使用，我们也能够看到语言（语篇）与社会中人与人之间的关系以及语言与社会体系之间的相互关系和相互作用。

有关 Halliday 的语言学观点和思想，胡壮麟等（1989，2005），朱永生、严世清（2001）和张德禄等（2005）分别从"语言的符号性""语言的普遍性和特殊性""语言的系统性""语言的功能性""语言的层次性"等角度做了比较详细的介绍和讨论。下面我们试从另外几个角度做些补充。

2.1 功能语言观

Halliday 的系统功能语言学是基于他所持的功能语言观（a functional view of language）建立起来的，这个观点继承的是以人类学为本的语言学传统（语言学中的语符学派、布拉格学派、法国功能主义、层次语法、法位学等也都遵循这个传统）。Halliday（1994b：xiii-xiv）从三个方面说明了他的这个观点：（1）对语篇的解释；（2）对语言系统的解释；（3）对语言结构成分的解释。在 Halliday（1994b：xiii）看来，他提出的功能语法是一个"自然"语法，因为它对语言事实的解释是根据语言是怎样使用来进行的。就语言系统而言，语言中的意义成分都是功能成分，所有语言都是围绕着"概念"意义和"人际"意义组织的。而这两类成分所表达的意义存在于所有的语言使用中，包括用语言来认识、描述世界和世界中的事件和通过语言来建立或保持人际关系。对语言中的成分的解释也是根据语言系统中这些成分的功能进行的，也就是说，对每个语言成分的理解和解释都要考虑它在整个语言系统中的功能和作用。

2.2 作为社会符号的语言

系统功能语言学所关注的问题是"作为社会符号的语言"（Halliday 1978），即人们怎样使用语言来进行社会交往中的各种活动。在这个学科从事研究的人都接受如下四个关于语言的假定：（1）语言的使用是功能性的；（2）语言的功能是创造意义和表达意义；（3）语言所创造和表达的意义受社会和文化因素的影响和制约；（4）使用语言的过程是一个符号过程，在这个过程中意义是通过"选择"来创造和表达的（见 Eggins 2004: 3）。

就系统功能语言学的功能性而言，语言研究者关注的问题有两个：人们是怎样使用语言的？语言的结构组织是怎样为语言使用服务的？（见 Eggins 2004: 3）

对系统功能语言学来说，语言被看作一个意义系统，伴随着这个系统的是用于体现意义的形式（Halliday 1994b: xiv）。

Halliday（1978）区分了"能做"（can do）、"能表"（can mean）和"能说"（can say）三个层次，并说明它们之间的相互作用和相互关系。"能做"指的是人在特定的社会文化环境中可能做的事情以及实施这些可能行为的操作模式，即人类的"行为潜势"（behavioural potential）；"能表"说的是人的行为在语言系统中被反映出来的可能性，即语言的"意义潜势"（meaning potential）；"能说"指的是语言在实际的交际环境中的使用情况。这三个层次之间存在着"体现"（realization）关系。"能说"是"能表"的一种体现，而"能表"又是"能做"的一种体现。从层次的角度看，词汇–语法系统体现了语义系统，而语义系统体现了行为系统。

2.3 进化功能论

Halliday（1994b：xiii）认为，语言系统是千百万年来人们在使用过程中形成的。语言的变化和发展是根据人类生活需要来进行的，语言结构和语言组织也是具有功能性的。早在1985年，Halliday（1985：xiii；另见 Halliday 1994b：xiii）就曾说过，语言是为了满足人类的需要而演变发展的，就这些需要而言，语言的组织也是具有功能性的——它不是随意的。20年后，Halliday（见张德禄等 2005：1）再次强调了他的这一进化功能论观点：功能语言学理论蕴含着这么一个原则，语言之所以这样演变发展，是它在人类生活中所行使的功能所致。Halliday（2005：1）还认为，对语言的形式组织的理解和解释应该遵照进化功能论的观点。这里说的"语言的形式组织"有时也称为语言的"建筑结构"，它包括由不同层次和不同纯理功能构成的语言组织、语言的聚合成分和组合成分的模式以及作为系统和作为语篇的语言性质（见张德禄等2005：1）。

2.4 描述性与解释性

系统功能语言学认为，对语言的选择是根据意义来决定的。我们在进行语言分析时，要看意义是怎样表达的。Halliday & Hasan（1976：327）也明确指出，对一个语篇进行语言分析，目的不在于"解读"（interpretation），而在于"解释"（explanation）。Halliday（1994b：xv）指出，在进行语篇分析和话语分析时，要达到两个层次的目标：一是对语篇的理解，语言分析帮助我们说明语篇怎样和为什么能够表达它所表达的意义；二是对语篇进行评估，语言分析可以帮助我们认识到为什么某一语篇就其使用目的而言是（或者不是）有效的，它在哪方面是成功的，在哪方面是失败的，或者说是不怎么成功的。

我们可以从"概念""人际"和"语篇"三个方面描述语言，也可从这三个角度解释语言是怎样表达意义和实施行为的。我们还可以从"意义潜势"角度考察人的行为在语言系统中被反映出来的可能性情况；我们也可以通过描述被选择的成分来分析本来可以被选择但实际上没有出现的成分。

我们可以从"语义""词汇–语法"和"音系/字位"三个层次描述和解释它们之间的体现和被体现关系。

3. 讨论

下面从四个方面进行讨论。首先指出世界上不存在任何一个可以包括或代替其他研究范式的所谓的唯一标准科学范式（理论模式），接着用客观性、系统性、清晰性这三条基本原则来审视作为普通语言学理论的系统功能语言学，然后说明系统功能语言学不是个别语言学，最后认定系统功能语言学是解释性理论。

3.1 多个理论的存在

从语言研究发展史看，出现了很多语言学研究流派，这点很多相关论著（如 Sampson 1980；Beaugrande 1991/2001；冯志伟 1999；刘润清 2002；封宗信 2006）都有详细的论述。不同的流派因不同的语言观、不同的理论根源、不同的研究目标、不同的假定、不同的研究方法和不同的研究重点等，在观察、描述、分析、解释、评估等方面有不同的结果。有些语言理论流派由于各种原因（如哲学根源、研究目标、理论的解释力、理论的影响力、研究队伍、出版物）被认为是"主流语言学"（包括形式主义语言学、系统功能语言学，见 Eggins 2004：xiii；Fawcett 2000：xix）。但是，我们不能认为世界上存在着所谓的"标准"语言学理论，也没有所谓唯一的标准科学范式。对于这一点，Beaugrande（1991/2001：344）的观点非常鲜明："I do not see any obvious current 'normal science paradigm' in subsuming and integrating the available alternatives..." 按照 de Beaugrande 的说法，没有任何一个标准科学范式可以包括或代替其他研究范式。因此，如果看不到不同语言理论流派的优点和缺点，那我们所持的看法就一定会有偏颇。

形式主义语言学和系统功能语言学都是当今世界上影响比较大的语言学流派，它们的差异也比较受关注。朱永生（2001），朱永生、严世清（2001）和胡壮麟等（1989，2005）都对两者在哲学理论根源、研究方法、研究重点等方面的不同进行了比较详细的论述。归结起来，大致情况见表4：

表 4.　系统功能语言学与形式主义语言学的差异

	哲学理论根源	研究方法	研究重点
系统功能语言学	受 Protagoras 和 Plato 思想影响，继承经验主义思想，接受以人类学为本的语言学传统	从语言外部即社会文化的支配与影响和人文角度研究语言，把语言当作"个体之间"的现象	研究人们如何在现实生活中使用语言和用语言来做事情，感兴趣的是语言（语篇）与社会的关系
形式主义语言学	受 Aristotle 思想影响，继承心智主义思想，接受以哲学为本的语言学传统	从语言内部即心理、生理、认知的机制与运作的方式研究语言，把语言当作"个体内部"的现象	研究理想化了的讲话者如何造出各种符合语法的句子，感兴趣的是"语言共项"

3.2 三条基本原则

多年来语言学家为了使语言学成为名副其实的科学，提出了一些衡量语言学理论科学性的基本原则。刘润清（2002：2-4）提到了三条这方面的基本原则：（1）客观性；（2）系统性；（3）清晰性。

客观性主要是指在对语言事实进行描述和解释时，要承认事实、尊重事实，用事实来验证理论假设，反对主观臆断、猜想。客观性主要是通过实验数据来保证的。如前所述，系统功能语言学的研究对象是人们语言实践中使用的语篇，所关注的是语言的使用和惯用，所以在"客观性"方面，这个理论是完全达到要求的。

系统功能语言学有一套完整、严格的系统，其中包括各个层次之间的关系。这个理论中有几个非常重要的概念，其中之一是"选择"（choice）。对系统中"选项"（options）的选择以及选择的"体现"直接关系到意义的创造和表达。从系统性角度看，这个理论是合格的。

在谈到语言学理论的清晰性时，人们关心的是该理论的概念、范畴、术语、规则是否清楚、明晰。在这方面，系统功能语言学是没有任何争议的。

3.3 系统功能语言学不是个别语言学

很多语言学者都明确指出，系统功能语言学是一种语言学理论。Coffin（2001：94）说："系统功能语言学首先是一种语言学理论。"Richards，Platt & Platt（1992/2000：465）认为Halliday的系统功能语言学是一种语言学研究方法。Halliday自己说，他的功能语言学是"一种研究语言的理论方法"（见张德禄等2005：1）。Halliday也说自己是个普通语言学家（见Halliday 2006）。

笔者（2006）认为，系统功能语言学是研究语言怎样在社会中起作用的普通语言学理论，它不是"个别语言学"理论，它的研究对象是人类的语言（包括我们经常谈到的汉语、英语、法语、德语、俄语、意大利语、西班牙语、荷兰语、日语、他加禄语、印度尼西亚语、越南语、泰语、韩语等）。

Halliday一直认为，语言学是一个学科，它不应该附属于某一语种。Halliday（2000）认为，强化个别语言学研究会阻碍语言学作为一门独立学科的发展（参见黄国文2007）。

3.4 系统功能语言学是解释性理论

虽然在系统功能语言学中，描写和分析语言事实是重要的，但它是以解释事实成因为最终目标的理论，所以即使它有必要的描写性理论色彩和采用描写性理论的一些方法，它仍旧是解释性理论。

Malmkjar（2004：520-535）指出：尽管系统功能语言学广泛应用于描述语言结构并受到教育专家和翻译研究者的青睐，但它远远不只是一种描述语法；事实上，它是一种完善的语言理论（a full-blown theory of language），是一种把语言当作社会现象的完整理论（one of the most comprehensive theories of language as a social phenomenon）。

封宗信（2006：6）指出，Halliday的功能主义语言学理论是解释性理论，它有社会学性质。而Beaugrande（1991/2001：345）则把它看作与美国结构主义和Chomsky的形式主义并列平行的语言学理论。但美国结构主义是描述性理论，Chomsky的形式主义则是解释性理论。就这一点而言，我认为，虽然系统功能语言学是解释性理论，但它还是有明显的描写性理论的特点。如果把这两种理论放在一个连续体上，那我们可以用图2来表示：

描写性理论 –––+ –––+ –––Ө–––+ –––+ ––– 解释性理论

结构主义语言学

系统功能语言学

形式主义语言学

图2. 描述性理论与解释性理论

必须特别指出的是，虽然系统功能语言学和形式主义语言学都是解释性理论，但前者是以"应用""适用"为导向的，而后者则把语言学理论和描述的应用看作研究工作的"副产品"。Halliday（2006）说到其理论的"适用性"问题，他说他不回避理论，因为没有理论就没有一致的和有效的实践。他把理论当作解决问题的事业并努力发展一种理论方法和一个语言理论模式，而这个理论模式是可以与每天的活动和任务联系起来的。

还有必要特别指出的是，描述性理论和解释性理论都有各自的优点和缺点，在描述和解释语言事实方面都有长处和短处。从语言学发展史看，语言学运动中的每一个变革都是继承一些观点和摒弃另外一些观点。正因为这样，de Beaugrande（1991/2001：2）才这样讲："语言学理论是一个不断发展、寻找自我的学科。"

4. 结语

本文的讨论试图回答"为什么我们说系统功能语言学是一种普通语言学理论？"这个问题。我们首先对几个重要的概念进行简单的界定，然后对系统功能语言学的一些基本观点作了简介和梳理，最后从几个方面围绕着本文所要研究的问题进行讨论，并做出了这样两个结论：（1）系统功能语言学是普通语言学理论；（2）系统功能语言学是解释性理论。

系统功能语言学是以"应用"和"适用"为导向的，所以 Halliday 说他的语言学是"适用语言学"。有关系统功能语言学是适用语言学的问题，我们将另找机会讨论。

参考文献

- 封宗信.现代语言学流派概论[M].北京：北京大学出版社，2006.

- 冯志伟.现代语言学流派（修订本）[M].西安：陕西人民出版社，1999.

- 桂诗春，宁春岩.语言学方法论[M].北京：外语教学与研究出版社，1997.

- 胡壮麟，朱永生，张德禄.系统功能语法概论[M].长沙：湖南教育出版社，1989.

- 胡壮麟，朱永生，张德禄，李战子.系统功能语言学概论[M].北京：北京大学出版社，2005.

- 黄国文.作为适用语言学的系统功能语言学[J].英语研究，2006（4）:1-6.

- 黄国文.个别语言学研究与研究创新[J].外语学刊，2007(1): 35-39.

- 刘润清.西方语言学流派[M].北京：外语教学与研究出版社，2002.

- 张德禄，苗兴伟，李学宁.功能语言学与外语教学[M].北京：外语教学与研究出版社，2005.

- 朱永生.导读[Z]//HALLIDAY M A K. Language as social semiotic: the social interpretation of language and meaning [M]. London: Arnold, 1978/北京：外语教学与研究出版社，2001.

- 朱永生，严世清.系统功能语言学多维思考[M].上海：上海外语教育出版社，2001.

- BEAUGRANDE R DE. Linguistic theory: the discourse of fundamental works [M]. London: Longman, 1991/Beijing: Foreign Language Teaching and Research Press, 2001.

- BUSSMANN H. Routledge dictionary of language and linguistics [C]. Beijing: Foreign Language Teaching and Research Press, 2000.

- COFFIN C. Theoretical approaches to written language — a TESOL perspective [A]//BURNS A, COFFIN C. Analysing English in a global context [C]. London: Routledge, 2001.

- EGGINS S. An introduction to systemic functional linguistics [M]. 2nd ed. London: Continuum, 2004.

- FAWCETT R. A theory of syntax for systemic functional linguistics [M]. Amsterdam: Benjamins, 2000.

- HALLIDAY M A K. Language as social semiotic: the social interpretation of language and meaning [M]. London: Arnold, 1978.

- HALLIDAY M A K. An introduction to functional grammar [M]. London: Arnold, 1985.

- HALLIDAY M A K. Systemic theory [A]//ASHER R E. The encyclopedia of language and linguistics [C]. Oxford: Pergamon, 1994a, 4505-4508.

- HALLIDAY M A K. An introduction to functional grammar [M]. 2nd ed. London: Arnold, 1994b.

- HALLIDAY M A K. Preface [A]// 当代国外语言学与应用语言学文库 [C]. 北京：外语教学与研究出版社，2000.

- HALLIDAY M A K. Foreword [Z]. 张德禄，苗兴伟，李学宁. 功能语言学与外语教学 [M]. 北京：外语教学与研究出版社，2005.

- HALLIDAY M A K. Some theoretical considerations underlying the teaching of English in China [J]. 英语研究，2006(4)：7-20.

- HALLIDAY M A K, HASAN R. Cohesion in English [M]. London: Longman, 1976.

- MALMKJAR K. Systemic-functional grammar [A]//MALMKJAR K. The linguistics encyclopedia [C]. London: Routledge, 2004, 520-535.

- RICHARDS J C, PLATT J, PLATT H. Longman dictionary of language teaching & applied linguistics [C]. Beijing: Foreign Language Teaching and Research Press, 1992/2000.

- SAMPSON G. Schools of linguistics: competition and evolution [M]. London: Hutchinson, 1980.

六　语篇分析与系统功能语言学理论的建构[7]

1. 引言

本文试图勾画语篇分析与系统功能语言学理论建构的关系，讨论是围绕着"为什么语篇分析是系统功能语言学的一个研究重点？"这个问题进行的。之所以探讨这个问题，是因为很多人对语篇分析在语言理论建构过程中的作用认识不足。一般所知道的是语篇分析能够帮助我们理解、解读、解释和评估语言在交际过程中的使用和作用，但很多人看不到语篇分析与普通语言学研究之间的内在联系，无法把语篇分析与语言学理论的建构联系起来。

2. 系统功能语言学的一个目的

Halliday 的系统功能语法理论的第一本专著是1985年出版的 *An Introduction to Functional Grammar*。该书1994年出版了第2版。在这本书的第1版和第2版中，Halliday（1985：xv，1994a：xv）说了这么一段话："在决定本书能够包括多少内容时，我心中有一定的指导原则。写这本书的目的是为语篇分析建构一个语法体系，这样的语法可以使我们对现代英语的语篇能够说出合情合理的、

7　原载《外语与外语教学》，2010年第5期，1—4页。

有用的话。"这本书的第3版于2004年出版，由Matthiessen负责修订。写作该书的目的与第1版和第2版有些不一样（Halliday & Matthiessen 2004：4），作者称："我们这本书的目的是尽可能描述和解释现代英语的意义建构资源；当我们决定把语法的哪些部分包括进来并考虑把理论阐述做到什么程度时，我们心中想到的是那些要用所了解的语法知识来分析和解释语篇的人。"虽然第3版的措辞有些变化，但为语篇分析建构一个语法体系的思想没有改变。因此，我们可以这样说，系统功能语言学的一个目的就是为语篇分析建构一个语法体系。

那么为什么Halliday要为语篇分析建构一个语法体系？他为什么这么重视语篇分析的作用？这两个问题是本文要讨论的。

3. 作为成品的语篇与作为样本的语篇

Halliday & Matthiessen（2004：3）区分了两种不同的"语篇"意义。第一种意义是把语篇作为一个单独的客体。当我们使用某一语篇来达到某一目的（如一封感谢信）时，这个语篇就有自己的价值和作用，在这种情况下，我们把语篇看作成品（artefact）。从这个角度看，我们感兴趣的是：语篇为什么会表达它所表达的意义？特定的语篇为什么有它所特有的价值（如交际功能，表达某一特定的意义、含义）？我们也可以研究某位总统候选人的演说，看看这篇演说是怎样打动听众（选民）的，看它在哪方面是成功的或不怎么成功的，甚至失败的。

第二种意义是把语篇当作发现其他东西的工具，我们可以通过某一语篇来发现同类和不同类的语言现象，也就是说把语篇看作样本。从这个角度看，我们可以通过语篇来发现语言的系统和系统中同类或不同类的语言现象（包括音、词、短语、小句等）。

这两种视角是互补的，如果我们没有关于语言系统的知识，就无法解释语篇是怎样表达意义的，当然也无法评估语篇的价值和有效性。同样，如果我们不明白语篇所表达的意义（包括特定的语言形式所表达的特有的意义），那就无法通过交际活动中的语篇来观察语言系统，也无法看到单个的语言现象与作为系统的语言的关系。

在系统功能语言学中，语篇被看作是语义单位而不是语法单位（Halliday 1978：109，1994a：xvii），它与小句的关系不是构成和被构成的关系，而是体现与被体现的关系：语篇由小句体现，语义由词汇语法体现。对于语篇的理解，我们要考虑讲话人所说的和他可以说（但没有说）的。语篇是"能说"，它是语言在实际语境中的使用，它是"能表"的体现，而"能表"又是"能做"的体现。Halliday（1978）把"能做""能表"和"能说"当作三个层次进行区分："能做"位于最高层，指人类的"行为潜势"，说的是人类可能实施的各种各样的行为活动；"能表"位于中间层，指语言的"意义潜势"，说的是人类行为在语言系统中得到反映或体现的可能性；"能说"则是位于最具体的一层，指语言的实际使用，是"现实化的潜势"（Halliday 1978：40）。语篇代表着选择，因为语篇表达的意义是从可以表达的所有可能性中选择出来的。因此，Halliday（1978：40）认为，可以把语篇看作"现实化的意义潜势"（actualized meaning potential）。

4. 系统与例示化

"系统"在系统功能语言学中是一个非常重要的概念，在这个理论的名字（即 systemic functional linguistics）中，systemic 一词就是从 system 衍生出来的。在很多情况下，系统与"结构"是相对而言的。结构指的是语言中的"横组合序列"（syntagmatic ordering），而系统是指语言中的"纵聚合序列"（paradigmatic ordering）。Matthiessen & Halliday（2009：97）指出，系统是用来表征在任何层次（音系的、语法的，或语义的）上的纵聚合组织的。它包括两个方面的内容：一是在两个或多个术语之间的选择的陈述，由特征来表征；二是在入列条件方面说明什么时候选择是可用的。入列条件可以是一种简单的特征，也可以是一种特征复合体，这些特征也是其他系统中的选项。由于它们有各自的入列条件，各种系统就形成系统网络。系统和系统网络中的特征（或特征复合体）代表的是语言中的"意义潜势"，在系统中既可能处于"析取"（"either ... or ..."）

关系，也可能是"合取"（both ... and ...）关系。

　　就语言而言，我们可以把它看作系统，也可把它看作语篇。语言的系统（即系统潜势）可以通过语篇（即语言系统潜势的实例）来"例示"（instantiate）。也就是说，语篇是语言系统的表现形式。例如，一个语篇（如日常生活中的一个简单请求"Can you open the door?"）是语言系统的一个"实例"（instance），如果我们不了解这个实例背后的语言系统，就无法理解这句话和它所表达的意义和功能。

　　Halliday（2008: 79; Halliday & Matthiessen 2004: 26-27）用"气候"（climate）和"天气"（weather）来比喻系统和语篇的关系：气候和天气不是两个不同的现象，而是从不同的角度所看到的同一个现象；气候是一段时间的天气的总和，天气是气候的实例（"表现"）。气候就好比是语言系统，天气则是语篇。从这点看，气候就是天气的理论。因此，语言系统和语篇并不是两个不同的现象，而是从不同观察视角去看到的同一个现象。系统和语篇的关系就像气候和天气的关系那样。我们只有一组天气现象（而不是两组）。当我们从实例角度看时，我们称之为天气，也就是气象学上的"语篇"；而当我们试图建立和解释气候隐含的规律而采用长期的方式来考察时，我们称之为气候，也就是气象学上的"系统"。

　　Halliday & Matthiessen（2004：27）和 Matthiessen & Halliday（2009：80，94）都明确指出，系统和语篇是通过"例示化"（instantiation）连接起来的。正如气候和天气的关系一样，系统和语篇的关系处在一个例示化渐变群（cline）上，一端是语言系统，另一端是语篇，在它们之间是各种语域和代码。对于这些中间成分，我们可以从系统这一端把它们看作次系统，也可以从实例（语篇）这一端把它们看作实例类型。如果我们从实例（语篇）这一端出发，我们可以研究特定的某一个语篇，然后看看这一个语篇与其他语篇之间的关系。如果这个特定的语篇具有同类语篇的特点，我们就把它们看作是属于一个语篇类型（text type）。通过确定一个语篇类型，我们在例示化渐变群上从实例（语篇）这一端往系统那一端推进。在语境的更高层次的系统中，整个系统潜势与文化语境相关，语域和情景类型（situation type）相关，而语篇则和情景相关。

Matthiessen & Halliday（2009：80）指出，系统功能语言学除了要描述语言系统外，还要把系统与实例结合起来，把系统与实际语言例子（即语篇）结合起来描述。因此，在语言学理论的建构过程中，语篇分析就成了一项非常重要的活动。

5. 语篇分析在理论模式中的位置

系统功能语言学研究者所做的语篇分析通常称为"功能语篇分析"（functional discourse analysis）或"系统语篇分析"（systemic discourse analysis），用这样的术语就有别于用其他理论做指导的语篇分析。关于功能语篇分析，有两种不同的观点，一种把语篇分析看作把系统功能语言学的理论应用于实际分析之中，另一种是把语篇分析当作系统功能语言学理论的一个部分。

Halliday（2008：192）本人持第二种观点。在他看来，语篇分析是语言学理论的一个组成部分。也就是说，语篇分析是对语言的实例描述，而实例描述本身就是语言学研究和理论建构的一个组成部分。这是因为，在 Halliday（2008：192）看来，语言系统和语篇不是不同的两个现象，因为语言系统事实上等同于"语篇潜势"。语篇分析首先是把语篇与语篇背后的潜势（即语言系统）联系在一起。

Matthiessen（2006，2009）多次阐述了系统功能语言学中的"描述"和"分析"之间的关系。Matthiessen（2009）认为，对语言系统的描述和对语篇的分析是紧密相连的，通过分析作为样本的语篇，我们可以给描述提供证据，这样就能对语言系统进行更细致、更精确的描述；对作为成品的语篇进行分析，也可为描述提供证据，但比起作为样本的语篇，它所提供的信息就没有那么直接。各个部分之间的关系见图3（Matthiessen 2009）：

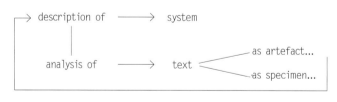

图3. 描述与分析

对语言实例的描述可以帮助我们描述语言系统，而描述则必须依靠语言分析和语篇分析；就分析结果而言，作为样本的语篇所提供的信息对语言系统的描述和对语言理论的建构要比作为成品的语篇分析更加直接。

在系统功能语言学研究中，对理论的假设、对语言和语篇的描写与分析以及理论的应用都是整个理论的内容。因此，语篇分析本身就是语言理论模式建构的一个重要组成部分。

6. 作为普通语言学的系统功能语言学

笔者（黄国文 2007）曾专门探讨了"作为普通语言学的系统功能语言学"，并试图回答"为什么我们说系统功能语言学是一种普通语言学理论？"笔者指出，普通语言学是对语言的综合研究，它的研究对象是人类的语言，它的重点是从理论上探讨语言的本质，研究语言的共同特点和一般规律，解释语言的普遍现象。笔者从客观性、系统性、清晰性三个方面着重探讨了语言学理论的科学性。

Halliday（1994b：4505）曾明确指出：系统功能语言学是一种功能的语言理论，它在本质上是功能的和语义的，而不是形式的和句法的；它研究的对象是语篇而不是句子，所关注的是语言的使用和语言的惯用表达，而不是其语法性。正因为如此，系统功能语言学研究的重点是作为识解经验的语言、作为创造意义的语言以及语言在实际生活中的使用。系统功能语言学研究者的兴趣主要是语言（语篇）与社会（体系）的关系、语言使用者所创建的语篇以及语篇与语篇使用环境（包括社会文化环境）之间的关系。

作为一种普通语言学理论，系统功能语言学一方面注重语言本体的研究（如音系、语音、词汇、词法、语法、语义、语用），另一方面则是注重这个理论的"适用性"研究，把理论运用于解决与语言有关的问题。

语篇分析是系统功能语言学研究的一个重要部分。通过语篇分析，我们可以考察人们是怎样在特定的文化环境和社会环境中通过语言使用来识解经验、表达意义、创造意义，用语言做事情（因为语言是做事的一种方式）的。

从语篇分析的角度观察语言的使用，我们可以看到语言（语篇）在人类社会活动中的作用，可以考察语言的使用与社会结构、社会体系的关系，可以考察语言使用怎样反映特定社会中人与人之间的关系以及语言使用与社会体系之间的相互作用。

系统功能语言学理论的发展采取的是"进化的"而不是"革命的"路径（Matthiessen 2007：505）。这是因为，Halliday从Firth那里继承了系统的思想，然后自己逐步提出了"阶与范畴语法"（Halliday 1961）、"系统语法"（Halliday 1966）、"功能语法"（Halliday 1967a，1967b，1968），再上升到"系统功能语言学"（Halliday 1978），之后初步建立了一种"社会意义学"（social semiotic）理论（Halliday 1978）。最近几十年，有一批系统功能语言学研究者（如Hasan、Matthiessen、Martin、Fawcett）遵循进化的路径，对这个理论进行扩展和修正（见黄国文、王红阳 2009）。

根据Matthiessen（2007：505）的描述，系统功能语言学包括四个方面：理论、描述、分析、应用。从这一点看，它与同样是普通语言学理论的Chomsky的形式语言学是完全不一样的。很多语言学理论主要是通过分析和描述进行理论建构，不是特别注重理论的实际应用（如语篇分析），但系统功能语言学特别注重应用。最近这些年来Halliday一直用适用语言学来描述系统功能语言学（见Halliday 2008），这表明这个理论是非常注重应用的。

7. 理论建构的过程

普通语言学的研究对象是人类的语言。可以这样说，普通语言学的最终目标是研究和解释所有的人类语言，找出人类语言的共同特点和一般规律，这是它与个别语言学（如英语语言学、汉语语言学）的主要区别。对于个别语言学的研究者来说，他们只研究某一特定的语言（包括本体的研究，如音系、语音、词汇、词法、语法、语义、语用，也包括理论的应用）。但是，对普通语言学研究者来说，他们关注的是多种语言的共同特点和普遍规律。

那么，系统功能语言学研究者是怎样看待理论的建构呢？Matthiessen

（2006）认为，在建构一个理论模式过程中，大致要经过四个阶段：首先在特定的理论框架中对语篇进行分析（如使用系统功能语言学理论进行语篇分析）；接着根据一定数量的语篇分析，在特定的理论框架中对语言进行描述；然后根据已经存在的描述，从类型学角度对语言进行类型划分；最终建构语言理论模式。这四个阶段的关系如图4所示（参见 Matthiessen 2006）：

图4. 理论构建的四个阶段

从图4对四个阶段的标示可以看出，在语言理论的建构过程中，我们从语篇入手，用现有的理论对语言使用进行分析，接着对单个的语言进行描述，再接着根据类型学的理论对多个语言进行归类，最终建构语言学理论。系统功能语言学理论的建构就采用了这样的过程和步骤。

在进行语篇分析的过程中，我们同时要研究意义（语义）是怎样通过形式（词汇语法）来体现的。因此，我们要考虑语言的层次和各个层次之间的体现与被体现关系。

8. 结语

对系统功能语言学研究者来说，语篇分析可以揭示特定语篇（语言使用）的价值和交际功能，可以帮助我们明白为什么语篇会表达它特定的意义，也可以帮助我们从意义的表达和语篇的有效性角度评估语篇的成功和失败。这样的研究在文学语篇分析和文体学领域用得最多，这种研究把语篇看作一个成品、一个单独的客体。从语篇分析的角度看，我们要根据特定的环境对语言使用的合适程度进行分析，这种分析也涉及文化语境、情景语境和上下文语境。

另外一种做法是把语篇分析当作发现语言特点和语言规律的工具和途径，通过对某些语篇的分析，语言研究者可以归纳出语言的特点，可以发现语言中同类的、相类似的和不同类的语言现象，这时，语篇就是语言的样本。这种语篇分析涉及语言形式（包括音、词、短语、小句），也涉及语篇类型。

这两种视角不是相互排斥的，而是互补的。关于语言系统的知识可以用来解释语篇是怎样表达意义的，也可以用来评估语篇的交际价值和在实际使用中的有效性。从另一个角度看，一旦我们清楚语篇所表达的意义，我们就可以从语言使用的角度来观察语言系统、来考察单个的语言现象与整个语言系统的关系。由此可见，对基于语言使用的理论来说，语篇分析是一个非常重要的部分。因此，Halliday（2008：192）明确指出，语篇分析是语言学理论的一个组成部分，因为作为对语言的实例进行描述的语篇分析本身就是语言学研究的一个重要部分。基于这样的认识，我们就会明白为什么在系统功能语言学中语篇分析是该理论研究的重点之一，也会明白语篇分析与系统功能语言学理论建构的内在联系。

参考文献

- 黄国文. 作为普通语言学的系统功能语言学[J]. 中国外语，2007（5）：14-19.

- 黄国文，王红阳. 前言[A]//MATTHIESSEN C M I M, HALLIDAY M A K. Systemic functional grammar: a first step into the theory[C]. 北京：高等教育出版社，2009：1-7.

- HALLIDAY M A K. Categories of the theory of grammar [J]. Word, 1961, 17: 241-292.

- HALLIDAY M A K. Some notes on "deep" grammar [J]. Journal of linguistics, 1966, 2: 110-118.

- HALLIDAY M A K. Notes on transitivity and theme in English 1 [J]. Journal of linguistics, 1967a, 1: 37-81.

- HALLIDAY M A K. Notes on transitivity and theme in English 2 [J]. Journal of linguistics, 1967b, 2: 199-244.

- HALLIDAY M A K. Notes on transitivity and theme in English 3 [J]. Journal of linguistics, 1968, 4: 179-215.

- HALLIDAY M A K. Language as social semiotic: the social interpretation of language and meaning [M]. London: Arnold, 1978.

- HALLIDAY M A K. An introduction to functional grammar [M]. London: Arnold, 1985.

- HALLIDAY M A K. An introduction to functional grammar [M]. 2nd ed. London: Arnold, 1994a.

- HALLIDAY M A K. Systemic theory [A]//ASHER R E. The encyclopedia of language and linguistics [C]. Oxford: Pergamon, 1994b, 4505-4508.

- HALLIDAY M A K. Complementarities in Language [M]. 上海：商务印书馆，2008.

- HALLIDAY M A K, MATTHIESSEN C M I M. An introduction to functional grammar [M]. 3rd ed. London: Arnold, 2004.

- MATTHIESSEN C M I M. Systemic functional linguistics—appliability: areas of research [L]. Keynote speech delivered at the First Symposium on Functional Linguistics and Discourse Analysis, Dec. 10-12, 2006. Sun Yat-sen University, Guangzhou, 2006.

- MATTHIESSEN C M I M. The "architecture" of language according to systemic functional theory: developments since the 1970s [A]// HASAN R, MATTHIESSEN C M I M, WEBSTER J. Continuing discourse on language: a functional perspective, Vol. 2 [C]. London: Equinox, 2007, 505-561.

- MATTHIESSEN C M I M. ADA-appliable discourse analysis: the systemic functional potential for discourse analysis [L]. Plenary speech delivered at the 36th International Systemic Functional Congress, July 14-18, 2009, Tsinghua University, Beijing, 2009.

- MATTHIESSEN C M I M, HALLIDAY M A K. Systemic functional grammar: a first step into the theory [M]. 北京：高等教育出版社，2009.

七 系统功能语言学研究中的整合 [8]

1. 引言

自20世纪70年代以来，国外教育学科的课程设计领域出现了一种称为"课程整合"（curriculum integration）的新趋势，而且这种趋势很快就影响到我国学者对教育模式、教学改革的探索（参见黄甫全1997；韩雪2002）。我国外语界的学者最近也就"整合"问题进行了多层次、多角度的讨论。钱冠连（2008）从外语学科的设置和研究对象角度研究整合问题；胡壮麟（2008）探讨了整合与知识的关系、知识整合与信息整合的有机联系以及外语教学中的整合情况；徐盛桓（2008）从语言学研究的因果观和方法论角度论述语言研究中的多元互补问题；刘辰诞（2008）和刘正光（2008）则通过具体的研究实例分别讨论了生成语言学与认知语言学、系统功能语言学与认知语言学在对某些语言现象做解释时所采用的互补和融合方法。

本文要探讨的是系统功能语言学研究中的整合问题。我们将首先简要回顾形式主义与功能主义的基本差异，并就它们不同的性质和研究视角把它们分别称为"分离派"（the isolating stream）和"整合派"（the integrating stream）。就系统功能语言学的社会学根源这一点看，它探讨语言的方法是多维的、多层次

---

8 原载《中国外语》2009年第1期，17—23页。

的，既从语言使用入手看意义是怎样表达的，同时又把语言使用与环境、情景结合起来。因此，本文将在此视角下探讨语言研究中的两种关系：语法与语义的关系、系统与语篇的关系。此外，本文还将从"以语篇为导向"和"三股意义的整合"两方面讨论语言研究中的整合方法。

2. 形式主义与功能主义

当代语言学有两大主流，一是形式主义，二是功能主义。形式主义认为，语言学的中心任务是研究语法成分之间的形式关系，这种研究并不需要涉及这些成分的语义性质和语用性质。功能主义则认为，语言研究不但要研究语言的本体（如音系、字系、词汇、语法、语义），而且涉及语言的使用环境（如情景、社会、话语、语篇）因素，形式与意义无法截然分开。有些学者认为，语言学研究的路径只有两条，要么是形式主义路径，要么是功能语言学路径，这样就"基本上排除了存在与它们完全不同的第三条道路的可能性"（徐烈炯 2002）。

形式主义与功能主义的分歧点主要在于语法自主（autonomy of grammar）方面（Butler 2003: 5-10）。Newmeyer（1998：23-25）认为，语法自主有三种不同的提法，即句法自主（autosyn）、语法自主（autogram）和知识自主（autoknow）。根据句法自主的观点，人类的认知系统中有一个自主的句法系统，系统中的基本元素是非语义、非语篇的语法成分，这些成分的组合规则不涉及句法系统以外的因素。与这一观点相似的是语法自主的观点，即人类的认知系统中有一个自主的语法系统，它的基本元素是语言专用的结构成分，这些成分的组合规则不涉及语法系统以外的因素。第三种提法与 Saussure 关于语言（langue）和言语（parole）的提法有些联系，说的是语言能力（competence）独立于语言表现（performance），独立于使用语言的社会、认知、交际因素。对于这三种提法，无论是形式主义学者，还是功能主义学者，都没有统一的认识，也没有全盘接纳。Croft（1995：294-296）认为，学者之间对"自主"和由其产生出来的术语没有统一的认识，因此目前的情况是，在文献中，有关概念都比较混乱。

无论是形式主义还是功能主义，它们当中都有不同的派别。在形式主义的流派中，Chomsky的影响最大，是公认的形式主义代表，他的"教皇"地位动摇不了。属于功能主义的学派有好几个，如系统功能语言学、认知语言学、社会语言学、语用学等。这些功能主义学派没有共同的代表人物。正因为如此，Valin（2001：336）引用了Bates（1987）的一个说法：功能主义好比是新教教徒，是一队征战的教派，其共同点是大家都反对教皇（Functionalism is like Protestantism, a group of warring sects which agree only on the rejection of the authority of the Pope.）。就功能主义学派各自的领头人而言，除了系统功能语言学有公认的Halliday以外，认知语言学、社会语言学、语用学中都没有自己内部公认的一个领头人物。从这一点看Bates（1987）的说法是有道理的。朱永生等（2004：2）指出："功能主义学派是一个很大的阵营。在这个阵营里，有许多观点不尽相同的分支和流派。之所以可以统称为功能主义流派，是因为这些流派都主张从功能的角度对语言的结构进行研究。"

　　如果我们回顾近半个世纪以来语言学发展的历程，就可看出，从20世纪50年代末到70年代，由于Chomsky（1965）出版了很有影响的论著并拥有众多的追随者，他的语言学理论一直处于主流语言学地位，而在他的理论中，社会语言学和语用学所要研究的内容是没有位置的。这种情况迫使有志于研究语言使用的学者另辟蹊径，寻找生存领域和空间。但必须看到，在这段功能主义研究处于弱势的时期，Halliday（1966，1967a，1967b，1968）、Hymes（1972）、Labov（1972a，1972b）、Fillmore（1968）等人的研究坚定了其他功能语言学者的信心，为最近几十年的功能语言学研究作出了重要的贡献。从某种程度上说，自20世纪60年代以来，功能主义研究（如社会语言学、语用学、系统功能语言学、语料库语言学）的迅猛发展，是与功能语言学学者的研究得不到主流语言学的承认和支持这一点有关的。

3. "分离派"和"整合派"

　　如果当代语言学研究可以分为"分离派"和"整合派"两大主流（见

Thompson 2001），那么形式主义属于分离派，这一阵营是从 Bloomfield 到 Chomsky 这一传统沿袭下来的，它强调句法的独立地位，把语言看作自成一体的知识而不是更宽广的社会系统过程的一部分。它的"分离"性主要体现在两个方面：一是将社会语言学和语用学的研究内容从语言学研究中分离出去，二是将系统（或"语言"或"语言能力"）和语篇（或"言语"或"语言表现"）分离开来。这是因为，自20世纪50年代以来，主流语言学家强调语言学作为独立学科的自主性，认为不需要考虑语言之外的各种因素。有了这样的认识，不研究语言使用以及使用语言的各种环境因素也就是情理之中的了。

与分离派相对的是"整合派"，属于这一派的学说包括从伦敦学派发展起来的系统功能语言学、社会语言学、语篇分析、话语分析、语用学、认知语言学、语料库语言学等。"整合"是相对于"分离"而言的，主要体现在两个方面：一是考虑语言本体与语言使用的关系，即语言系统（或"语言能力"）与和语篇（或"语言表现"）的关系；二是考虑语言使用与语言使用的各类语境的关系。

就系统功能语言学的研究重点而言，它关心的是意义的表达和语言在社会交往中的使用和所起的作用。早在30多年前，Halliday（见 Parret 1974）就明确指出，对语言形式（如词汇语法）的研究可以只停留在语言内部，但如果要研究包括语义在内的整个语言系统，就必须到语言之外去寻找判定意义是否相同的意识形态标准，因此，从这个意义上讲语言就不是独立于外物的了。但他也认为，着眼于生物体之间（inter-organism）的社会学视角（如系统功能语言学的研究）与着眼于生物体内部（intra-organism）的心理学视角（如形式语言学的研究）之间的关系不是矛盾的，而是互补的，两种方法相结合将更有利于语言学研究的健康发展（Parret 1974）。Halliday 的观点表明，分离派和整合派并不是对立的，而是可以互补的。

作为另一功能主义学派"角色与指称语法"（role and reference grammar）的领头人之一，Valin（2001：331-332）是这样看系统功能语言学的研究的：系统功能语法采取的是一个明确的以语篇为导向（discourse-oriented）的语言观，但它不否认语言中的结构事实，也不否认 Saussure 的现代语言学基础。它是个

"自上而下"（top-down）的分析模式，从语篇开始，再往"下"分析语法结构。从Valin的理解可以看出，系统功能语言学研究语言的使用，但它并不忽略语言结构。

功能主义要回答的问题是：语言为什么是这么一个样子？（Why is language as it is?）属于"整合派"的学说有很多共同的特点，包括以下几点（参见Butler 2003：33）：（1）强调语言是社会环境和心理环境中人们交际的手段；（2）反对语言系统的任意性和自足性，主张寻求功能解释；（3）反对句法的自足性观点，强调语义和语用的重要性；（4）强调语篇与语境的重要性。系统功能语言学要探讨的问题是：人们是怎样使用语言的？语言的结构组织是怎样为语言使用服务的？（见Eggins 2004：3）要回答这样的问题，研究的内容就不能局限于语言内部本身，采取的研究路径也应该是整合的而不是分离的。

4. 系统功能语言学的社会学根源

Halliday在接受Parret（1974）的采访时说，如果非得从心理学和社会学中做出选择，他宁可把语言学看作社会学的一个分支。Halliday主张社会学的研究方法，这是受Malinowski（1923，1935）和Firth（1957）语境思想影响的表现。最初，Malinowski指出了语境对理解话语的重要性，认为意义是通过情景语境中的功能来获得的。Firth在此基础上提出了"典型情景语境"的概念及其分析方法，他强调语言的社会属性，采用社会学研究方法，在语言的各个层面上讨论意义和意义的体现。作为伦敦学派的奠基人，Firth的语言学思想影响了一批语言学家，其中包括Halliday，但Firth本人未能完成根据Malinowski的情景语境建立一种语言学理论的目标（参见Robins 1967/2001：247）。

根据Halliday（1978）的观点，行为系统是一种社会符号，是一个在社会系统中有着自己价值体系、行为准则和功能的系统。Halliday（1975：60）是这样解释社会系统、意义潜势和语言之间的关系的：社会系统是一个意义关系系统，这些意义关系有很多体现方式，其中一个方式是通过它们在语言中的编码。因此，语言的意义潜势和语义系统，被看作体现更高层次的体现系统，即社会符号，就像语义系统由词汇语法系统体现、词汇语法系统由音系系统体现一样。

在研究语境因素如何影响语言系统的选择时，Halliday认为"情景语境"有三个语境变量（即语场、基调、语式）。事实上，这三个变量决定了三个纯理功能（即概念功能、人际功能、语篇功能），因为这三大功能是由语义系统的选择来体现的。语义系统进一步通过更为具体的语义成分来体现，这样就可以从情景语境的特征推测出语篇特征，同时也可以从语篇特征预测语言发生的情景语境，语言与语境是互相依赖并互相作用的。Halliday把语言看作社会符号和社会行为，认为语言首先是一种社会符号，是整个社会符号系统中的一个子系统（Halliday 1978），因此，语言是个意义系统。他还认为语言（包括系统和语篇）和社会符号系统之间存在着这样的辩证关系：语言系统创造了其他符号系统，同时又被这些符号系统所创造；具体语篇创造了情景语境，同时也为情景语境所创造。

系统功能语言学要研究的是"作为社会符号的语言"（Halliday 1978），即人们在社会交往中是怎样使用语言的。系统功能语言学者都接受如下四个关于语言的假定：（1）语言的使用是功能性的；（2）语言的功能是创造意义和表达意义；（3）语言所创造和表达的意义受社会和文化因素的影响和制约；（4）使用语言的过程是一个符号过程，这个过程是通过"选择"来创造意义和表达意义的（见Eggins 2004：3）。有了这样的假定，就必然要采取整合的研究取向和研究途径。

5. 语言中的语法与语义

在Halliday（1978）的社会符号学理论中，有"能做""能表"和"能说"三个层次。"能做"说的是人们在特定的社会文化环境中可能做的事情以及实施这些可能的行为的操作模式和方式，即人类的"行为潜势"；"能表"指的是人的行为在语言系统中被反映出来的可能性，即语言的"意义潜势"；"能说"

指的是语言在交际环境中的实际使用情况。这三个层次之间存在着"体现"关系。"能说"是"能表"的一种体现，而"能表"又是"能做"的一种体现。

就语言的层次而言，语言共有三个层次：语义（表意）、词汇语法（措辞）和音系（发音）/字系（书写）。它们之间存在着体现关系（Halliday & Matthiessen 1999：5）。语义系统由词汇语法系统体现（即词汇语法系统体现语义系统），词汇语法又由音系或字系体现。位于语言最高层次的语义系统体现的是行为系统。

在分析、解释语法成分和语言结构时，系统功能语言学遵循的是以语义、意义为中心的原则，并从功能的角度对语言结构进行（功能的）解释。这是因为，在这种语言学理论中，语言是个意义系统，伴随着这个系统的是用于体现意义的形式（Halliday 1994：xiv）。由于系统功能语言学持进化的语言观，所以功能语言学者认为，语言的变化和发展是根据人类生活需要来进行的，语言结构和语言组织也是具有功能性的（Halliday 1994：xiii），因此，我们对语言的形式组织的理解和解释应该遵照进化功能论的观点。Halliday & Matthiessen（1999：3-4）说，系统功能语法是功能主义的一个表现，它是"语义驱动的"、自然的语法。与持自主语法的形式主义不同的是，在系统功能语法中，每一个范畴都是以意义为基础的：它既有语义，也有形式，词汇语法与语义之间是存在着相互作用的。

因此，Halliday（1994：xviii）认为，语言演变过程中产生的语法结构与意义（语义）之间存在着"自然的"关系，这里说的自然的关系是相对于"任意的"而言的。Halliday多次指出，语义和语法的关系是体现关系，但语义和语法之间没有清楚的界限，系统功能语法主要是往语义那一端靠（Halliday 1994：xix）。Halliday（1994：xvii）认为，语义（意义）和词汇语法（措辞）之间的关系不是任意的关系，语法形式很自然地与其所编码的意义联系在一起。功能语法就是要把这种关系明白地表现出来。虽然Halliday承认在词汇语法与其声音/书写（音系/字系）体现形式之间一般存在着任意性关系，但他特别强调语义（意义）和语法（措辞）之间所存在的非自动和非任意的关系。下面我们用图5做进一步说明：

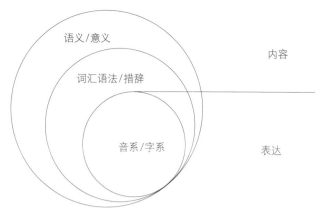

图5. 内容层与表达层

在图5中，"音系/字系"层是"表达"（expression）层，而"语义/意义"和"词汇语法/措辞"则属于"内容"（content）层。这三个层次之间是体现和被体现的关系。就表达层与内容之间的关系而言，"音系/字系"（语音/书写）与词汇语法（措辞）（以及词汇语法所体现的语义/意义）之间基本上是任意关系，而在内容层中，语义（意义）与词汇语法（措辞）之间的关系则是自然的。举例说明：对同一个物体（如汉语中的"雨"），在英语中是"rain"，在意大利语中是"pioggia"，而在俄语中则是"dozhd"（Halliday 1994：xvii）。由此可见，"雨"与"rain""pioggia""dozhd"等的关系是任意的，这是"音系/字系"（语音/书写）与词汇语法（措辞）关系的问题。相反，在内容层中，我们可以用不同的结构来表达某一命题意义。例如：要表达"把门打开"这一基本意义，在英语中我们可以用不同的词汇语法资源，包括祈使句（"Open the door!""Please open the door."）、疑问句（"Can you open the door?""Could you open the door?""Will you open the door?""Would you mind opening the door?""Can someone open the door?"）、陈述句（"I wonder if you can open the door.""I wonder if the door can be opened.""I'd like you to open the door.""I would be very happy if the door would be open."），甚至感叹句（"How nice it would be if the door would be opened!"）。这些不同的结构有着不同的含义和使用限制。由此可见，在内容层中，语义（意义）与词汇语法（措辞）之间的关系不是任意的。

从上面的例子可以看出，从理论上讲，同一意义可以用不同的词汇和语法结构来表达。但是，在实际语言使用中，如何根据特定的使用环境来选择某一特定的结构，这要考虑交际的因素（如交际的目的、交际双方的关系、上下文语境、情景语境、文化语境等）。从实际的交际看，这些不同的结构之间都存在着语义、语域（register）、语篇、语境方面的差异。我们在选用某一特定的结构时，就必须考虑这些因素。在进行语篇分析时，我们关心的是意义是怎样表达的。虽然我们知道，说话人（写作者）并不总是有意识地选择每一个语法结构，但作为语篇分析者，我们要做的是看为什么他在特定的语境中使用了某一结构而不用另一个可供选择的选项。我们的分析就需要从多角度考虑，这就体现了"整合"思想在语篇分析中的应用，同时也表明了系统功能语言学研究的多维视角。

6. 系统和语篇的关系

根据Halliday（1994：xxii）的观点，语法既是系统的语法，也是语篇的语法。欧洲功能语言学派（如布拉格学派、法兰西学派、伦敦学派、哥本哈根学派）之间虽然存在各种不同的观点，但关于系统和语篇的关系的看法是一致的：他们都把系统和语篇作为语言学的研究对象，而不仅仅研究语言系统本身。

Firth（1957）认为，Saussure对"语言"和"言语"的二分法有可能使人们看不到语言是由言语构成的。Firth将"纵聚合关系"称为"系统"，把"横组合关系"称为"结构"，认为语篇就是两者相互作用的结果。Firth认为语言是多系统的，也认为系统的环境（即入列条件）是结构，系统和结构在抽象程度方面没有区别。Halliday（见Martin 2013）指出，因为Firth强调的是横组合关系的重要性，所以他所感兴趣的不是潜势（即语言系统）而是典型的实现形式（即语篇）。在系统和语篇的关系方面，Halliday并不完全同意Firth的看法。Halliday（1966；另见Butler 1985：45）指出，Firth认为结构是系统的入列条件，这实际上是结构先于系统的观点，而Halliday则认为纵聚合关系是首要的，它构成了语言中基本的深层关系，系统功能语法实质上就是纵聚合关系语法。

Halliday（1966）早就说过，系统处于较深的层次上，表示深层纵聚合关系的系统包含了特定环境中可供选择的各个选项，实际上，对系统的描述已经暗示了对结构的表述。系统功能语法区别于其他功能语法的显著特征是：它不是以横组合关系为基础，而是以纵聚合关系为基础。在对语法项目进行描述时，要解释这个（些）项目与其他语法项目之间的联系和关系。

Halliday接受Saussure关于系统（语言）和"示例化"（言语）的区分，但并不认为语篇用来作为系统证据以后就可以置之不理，而是值得研究。这种以牺牲语篇为代价专门研究系统的观点并不能解释系统是怎样产生语篇的，它还有将系统推离语篇的危险，使人看不到语言是由言语构成的，因此也很难表明语言系统是如何演变过来的（Halliday 1994：xxii）。

Halliday & Matthiessen（2004：26-27）认为，系统和语篇应该是相互决定、相互作用的，系统之所以存在是因为它是语言和语篇的潜势，而语篇则是系统的示例化。系统与语篇的关系好比是"天气"与"气候"的关系，天气和气候是同一现象从不同角度看的结果。天气是气候的潜势，气候是天气的示例。Halliday（1994：xvi）对系统和语篇的观点可以这样理解：语言是可以进行语义选择的纵聚合的系统网络或意义潜势，选择的结果产生横组合结构，结构是语篇的底层关系；语篇是产品也是过程；语篇分析必须建立在对语言系统的研究之上，不基于语法分析的语篇分析算不上是分析。

从系统功能语言学对系统和语篇的研究看，语言系统（或"语言能力"）和语篇（或"语言表现"）的关系是非常密切的；在功能语言学者看来，一种语言学理论应该既是语言系统的理论，也是能够解释语言使用的理论。

7. 讨论：语言研究中的整合方法

在上面的讨论中，我们指出，系统功能语言学的研究路径属于"整合派"。它既考虑语言本体与语言使用的关系，即语言系统与和语篇的关系，又考虑语言使用与语言使用的各类环境的关系。无论是要解释语言系统与语篇的关系，还是探讨语言使用与语言使用的各类环境的关系，它的立足点都是"社会的"，因为在 Halliday（见 Thompson 2001）看来，语言学的概念总是"社会的"（the concept of linguistics always was "socio"）。基于这样的认识，我们在前面专门讨论了系统功能语言学的社会学根源。关于语言中的语法与语义问题，一方面它们之间的关系是体现关系，另一方面，它们之间的关系是自然的关系。因此，我们对于语言结构的解释，也是从功能的角度进行的。就系统与语篇的关系而言，系统和语篇是相互决定、相互依赖、相互作用的。系统是语篇的潜势，语篇则是系统的示例。

以上这些讨论表明：系统功能语言学的研究路径是多维的、整合的，而不是单向的、分离的；语言系统中的各个子系统是有机地联系在一起的。下面我们从两个方面讨论系统功能语言学研究中的整合方法。

7.1 以语篇为导向

系统功能语言学注重的是语言的使用，正如 Halliday（1994：xv）所说的，他建构系统功能语法的目的（之一）是为语篇分析提供一个理论框架。对于语言使用的分析，首先就是从语篇入手，所采取的分析路径是"自上而下"，从语篇开始，再往"下"分析语法结构。一方面，我们看意义是怎样被表达的，语义（意义）是怎样被词汇语法（措辞）体现的，而词汇语法（措辞）又是怎样被音系（声音）/字系（书写）体现的。另一方面，我们在语篇层面上要看语言使用的语域问题，也就是说要看"语言的功能变体（functional variety of language）"。

在 Halliday 看来，语篇体裁和语域都位于语义层，在语义层的上面是语境层，语境层包括"文化语境"和"情景语境"。文化语境与情景语境之间的关系是示例关系，这点与语义（意义）、词汇语法（措辞）和音系（声音）/字系（书写）之间的体现关系是不一样的。文化语境是情景语境的系统终端，而情景语境则是文化语境的示例。按照这种观点，文化语境实际上是所有实际的或潜在的情景语境加在一起的总和（如图6所示）。

Halliday（见 Thompson 2001）认为，语域和语篇体裁位于同一平面。如果从该平面的示例这一边看，就会发现属于同一类型的语篇归入同一组；而如果

语境	文化语境 ↓ 情景语境	"↓"表示"示例"关系
语言	语义(意义) ↘ 词汇语法(措辞) ↘ 音系(发音)/字系(书写)	"↘"表示"体现"关系

图6. 语境与语言

从该平面的系统这一边看,语篇类型则成了一个次系统,也就是语域。Halliday 关于语域的理论与 Martin（1984，1992）的观点不一样。Martin 认为语义层——Martin 称之为"语篇语义（discourse semantics）层"——上面还有更高的语篇体裁层面。他将语言视为其他符号系统和符号过程的体现形式,认为语言系统之上有语域和语篇体裁两个层面。

7.2 三股意义的整合

概念功能、人际功能和语篇功能是系统功能语言学中著名的三个纯理功能。对于位于词汇语法（措辞）层的小句的分析,可以从这三个紧密相连但各有侧重的角度开始。这三个纯理功能是三股意义（three strands of meaning）的整合,它们相互作用,有机地联系在一起。从意义的角度看,三个纯理功能表达三种意义,从结构类型、措辞角度看,它们有不同的结构。例如:经验意义的表现结构是"过程+参与者",人际意义的表现结构是"语气+剩余成分",语篇意义的表现结构是"主位+述位"。就语法结构对意义的体现角度看,"过程"由动词体现,不同类型的动词体现不同的过程类型（如物质过程、关系过程、心理过程等）,"参与者"则通常由名词词组体现,"语气"由"主语"和"限定成分"体现,而"主位"则由位于小句开头的主语、状语、补语这些经验成分体现。从语言作为一个系统的角度看,概念功能、人际功能和语篇功能都各有自己的系统,系统中又有子系统;从语言作为语篇的角度看,用于体现语篇意义的小句同时具有这三种纯理功能,而且它们之间存在互相联系、相互作用的互补关系。

8. 结语

在系统功能语言学研究中，整合表现在两个方面：重视语言本体与语言使用的关系（即语言系统与和语篇的关系），重视语言使用与语言使用的各类环境的关系。在上面的讨论中我们说到，系统是语篇的潜势，语篇则是系统的示例。我们还讨论了语言与语境的关系，引用了Halliday这样的观点：文化语境是情景语境的系统终端，而情景语境则是文化语境的示例。就词汇语法与语义的关系而言，它们之间的关系从意义的表达角度来看，一方面是体现关系，另一方面是自然的关系，因此对语言结构要做功能的解释。

Halliday在他的研究中一直强调这里所讨论的"整合"思想，而我们说的整合，就是系统与语篇的整合、形式与意义的整合。Halliday也一直注意语言研究中的"互补"（complementarities）问题。他在 *Complementarities in Language*（Halliday 2008）一书中详细讨论了三种互补：（1）词汇与语法的互补；（2）语言作为系统与语言作为语篇的互补；（3）说话（口语）与书写（书面语）的互补。互补的思想事实上是整合的一个体现。从功能语言学的视角看，语言研究中采用整合的方法是必要的、必须的、必然的。

参考文献

- 韩雪. 课程整合的理论基础与模式述评[J]. 比较教育研究，2002（4）：33-37.

- 胡壮麟. 闲话"整合"[J]. 中国外语，2008（5）：19-23，109.

- 胡壮麟，朱永生，张德禄，李战子. 系统功能语言学概论[M]. 北京：北京大学出版社，2005.

- 黄甫全. 国外课程整合的发展走势及其启示[J]. 比较教育研究，1997（3）：38-41.

- 刘辰诞. 殊途同归，相得益彰——生成语言学和认知语言学WH移动观的互补性[J]. 中国外语，2008（5）：28-34.

- 刘正光. 语言解释的维度——以中动构式为例[J]. 中国外语，2008（5）：35-41，48.

- 钱冠连. 学科设置与研究对象的整合与细分[J]. 中国外语，2008（5）：15-18.

- 徐烈炯. 功能主义与形式主义[J]. 外国语，2002 (2)：8-14.

- 徐盛桓. 语言学研究的因果观和方法论[J]. 中国外语，2008（5）：24-27.

- 朱永生，严世清，苗兴伟. 功能语言学导论[M]. 上海：上海外语教育出版社，2004.

- BATES E. Language acquisition and language breakdown from a functionalist perspective [L]. Presented at University of California Davis Conference on the Interaction of Form and Function in Language, 1987.

- BUTLER C. Systemic linguistics: theory and application [M]. London: Batsford, 1985.

- BUTLER C. Structure and function: an introduction to three major structural-functional theories. Part 1: approaches to the simplex clause [M]. Amsterdam: Benjamins, 2003.

- CHOMSKY N. Aspects of the theory of syntax [M]. Cambridge: MIT Press, 1965.

- CROFT W. Autonomy and functionalist linguistics [J]. Language, 1995, 71: 490-532.

- EGGINS S. An introduction to systemic functional linguistics [M]. 2nd ed. London: Continuum, 2004.

- FILLMORE C J. The case for case [A]//BACH E, HARMS R T H. Universals in linguistic theory [C]. New York: Holt, Rinehart and Winston, 1968.

- FIRTH J R. Papers in linguistics 1934—1951[C]. London: Oxford University Press, 1957.

- HALLIDAY M A K. Some notes on "deep" grammar [J]. Journal of linguistics, 1966, 2: 110-118.

- HALLIDAY M A K. Notes on transitivity and theme in English 1 [J]. Journal of linguistics, 1967a, 1: 37-81.

- HALLIDAY M A K. Notes on transitivity and theme in English 2 [J]. Journal of linguistics, 1967b, 2: 199-244.

- HALLIDAY M A K. Notes on transitivity and theme in English 3 [J]. Journal of linguistics, 1968, 4: 179-215.

- HALLIDAY M A K. Learning how to mean [M]. London: Arnold, 1975.

- HALLIDAY M A K. Language as social semiotic: the social interpretation of language and meaning [M]. London: Arnold, 1978.

- HALLIDAY M A K. An introduction to functional grammar [M]. 2nd ed. London: Arnold, 1994.

- HALLIDAY M A K. Complementarities in language [M]. Shanghai: The Commercial Press, 2008.

- HALLIDAY M A K, MATTHIESSEN C M I M. Construing experience through meaning: a language-based approach to cognition [M]. London: Cassell, 1999.

- HALLIDAY M A K, MATTHIESSEN C M I M. An introduction to functional grammar [M]. 3rd ed. London: Arnold, 2004.

- HYMES D. On communicative competence [A]//Pride J B, Holmes J. Sociolinguistics [C]. Harmondsworth: Penguin, 1972, 269-293.

- KRESS G, HASAN R, MARTIN J R. Interviewing with M.A.K Halliday [C]. Unpublished manuscript, May 1986.

- LABOV W. Language in the inner city [M]. Philadelphia: University of Pennsylvania Press, 1972a.

- LABOV W. Sociolinguistic patterns [M]. Philadelphia: University of Pennsylvania Press, 1972b.

- MALINOWSKI B. The problem of meaning in primitive languages. Supplement to Ogden C K, Richards I A. The meaning of meaning [M]. New York: Harcourt Brace & World, 1923.

- MALINOWSKI B. Coral gardens and their magic, Vol. 2 [C]. London: Allen & Unwin, 1935.

- MARTIN J R. Language, register and genre [A]//CHRISTIE F. Children writing: reader [C]. Geelong: Deakin University Press, 1984.

- MARTIN J R. English text: system and structure [M]. Amsterdam: Benjamins, 1992.

- MARTIN J R. Interviews with M.A.K. Halliday: language turned back on himself [C]. London: Bloomsbury Academic, 2013.

- NEWMEYER J F. Language form and language function [M]. Cambridge: The MIT Press, 1998.

- PARRET H. Discussing language [C]. The Hague: Mouton, 1974.

- ROBINS R H. A short history of linguistics [M]. London: Longman, 1967/Beijing: Foreign Language Teaching and Research Press, 2001.

- SAUSSURE F DE. Course in general linguistics [M]//BALLY C,

七 系统功能语言学研究中的整合

SECEHAYE A. London: Duckworth, 1916 [1983].

- THIBAULT P. An interview with Michael Halliday [A]//STEELE R, THREADGOLD T. Language topics: essays in honor of Michael Halliday, Vol. 2 [C]. Amsterdam: Benjamins, 1987, 602-627.

- THOMPSON G. Introducing functional grammar [M]. London: Arnold, 1996.

- THOMPSON G. Interviewing with M.A.K. Halliday, Cardiff, July 1998 [J]. Delta, 2001, 1: 1-13.

- VALIN R D VAN. Functional linguistics [A]//ARONOFF M, REES-MILLER J. The handbook of linguistics [M]. Oxford: Blackwell/Beijing: Foreign Language Teaching and Research Press, 2001, 319-336.

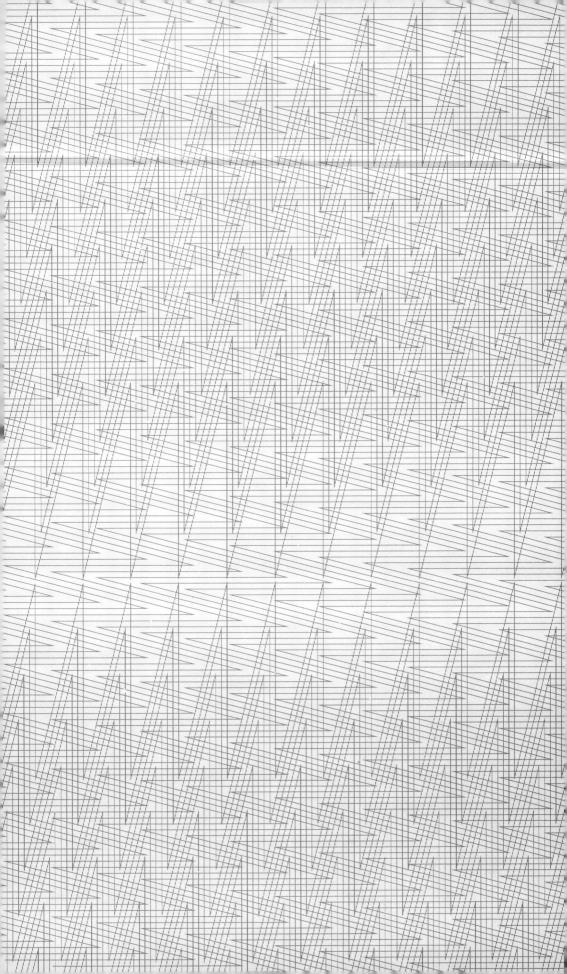

第三部分

功能句法分析

导　言

　　在Halliday系统功能语言学理论中，语法有着核心的位置。Halliday多次强调语法的重要性，并明确指出，没有语法分析的语篇分析根本算不上是分析。在他看来，语篇分析非常重要，但语篇分析不能代替语法分析。系统功能语言学是一种功能导向、意义导向的理论；这个理论强调形式是为意义服务的，认为语法（句法）是表达意义和创造意义的资源，是语言作为意义潜势的一个子系统。

　　系统功能语言学中的句法部分被称为"功能句法"，是因为句法（形式）是为意义（功能）服务的，这个术语也有别于"形式句法"或传统语法书所说的"语法"。在这个理论中，形式是意义的一个部分，它附属于语义和意义，是用来表达、体现语义和意义的语言表现。功能句法研究的主要是"词汇语法"部分的内容。它涉及词素、词汇、词组、短语、小句和小句复合体，大概涵盖了传统语法的"句法"和"词法"两部分。功能句法分析不是无目的地为分析句法而分析句法，而是为意义分析服务的。通过研究词语和结构是怎样体现意义、表达意义的，可以探讨句法研究与语义研究之间的关系，同时探讨句法部分是怎样成为意义研究和语言使用研究的组成部分的。

本部分共由五篇文章组成，围绕着"功能句法分析"这一主题进行讨论。《系统功能句法分析的目的和原则》一文指出，在系统功能语言学理论中，句法有着非常重要的地位；功能句法分析的目的是，探讨形式是怎样体现意义的，形式分析是怎样为意义分析服务的。该文提出了功能句法分析的三条原则：（1）以功能为导向的原则；（2）多功能性原则；（3）以意义为导向的原则。这三条原则是根据系统功能语言学的这一基本假定提出的：系统功能语言学注重的是"功能"而不是"形式"，是"语义"而不是"句法"，形式是为功能服务的，句法是为意义服务的。

语言中存在层次，系统功能语言学研究者确定了三个层次：最高的层次是语义层，它由处于第二层次的词汇语法层体现，而这一层次又由处于第三层次的音系层或字系层体现。《功能句法分析中的分级成分分析》一文突出了层次这一概念，并以层次的思想作为理论基础，探讨系统功能句法分析中的分级成分分析，重点对表达层和内容层的分级成分进行讨论。通过对位于两个不同层次的单位进行确定，进一步明确在系统功能语言学中，形式（表达）与意义（内容）的关系是体现关系，同时对系统功能语言学中的词汇语法层面的级阶进行勾画和解释。

自从 Chomsky（1957）发表《句法结构》以来，英语语法研究界一直有人在探讨"John is easy to please." 和 "John is eager to please." 这些语法结构类型。《英语"John is easy/eager to please." 的系统功能语法分析》一文以 Halliday 的系统功能语法理论为指导，对这两个著名的句子进行功能句法分析。按照结构主义的直接成分分析法，两个例子的语法结构是完全一样的。如果采取这样的分析方法，就不可能发现两者之间在本质上的差别。对于操本族语者来说，这两个句子所表达的意义是完全不同的。该文在系统功能语法框架中分析这对句子的差异，讨论重点主要是：形式与意义的关系、概念功能分析、人际功能分析、功能句法分析和语篇功能分析。研究表明：与形式语法一样，系统功能语法也可以从理论上解释这一对句子的差异。

《英语动词词组复合体的功能语法分析》一文分析的是英语中的"try to do"这类结构，根据传统语法分析，这类结构通常被认为是"动 + 宾"结构。该文以 Halliday 的功能语法理论为基础，把这类结构看作"从属型动词词组复合体"。文章首先讨论这类结构中两个成分之间的关系，并认为"扩展"型与"投射"型中的相互依赖关系是不相同的。接着该文讨论了"扩展"型复合体中次要成分所表示的几种意义，然后就"扩展"与"投射"的差异进行了探讨。最后通过实例分析比较了传统语法和功能语法在句法结构分析方面的差异，从而表明了功能句法分析的特点。

本部分的最后一篇文章《英语比较结构的功

能句法分析》通过对一个特定的句型进行功能句法分析，展示了句法分析的步骤，也揭示了英语比较结构的一些特点。该文认为，传统的语法研究 把"George is quicker than I am." 和"He worked as fast as a skilled worker." 中的"than I am"和"as a skilled worker"看作状语从句并不合适，这是因为它们的句法功能和语义都表明它们的出现与前面的 -er（或 more）或 as 的出现关系密切。没有 -er（或 more）或 as，从句（如"than I am"和"as a skilled worker"）就不会出现，反之亦然。因此，该文把 -er（或 more）和 as 当作调节语，并指出它们的出现与否与后接的小句是相互制约的，它们的出现预示着后面要出现一个表示"意义完成"的成分，这就把 -er（或 more）或 as 与其后的 than-结构或 as-结构的结构关系和语义关系点明了。

八　系统功能句法分析的目的和原则[9]

1. 引言

Halliday 创建的功能语言学理论已经走过了 40 多年的历程。该理论已经从"边缘"语言学成长为"主流"语言学。本文首先对这个理论发展的四个阶段进行勾勒，说明它是从句法（语法）理论发展成为语言学理论的；然后指出，在系统功能语言学理论中，句法有着举足轻重的地位，功能句法分析的目的是要搞清楚，形式是怎样体现意义的，是怎样为意义分析服务的。为了给本研究提供一点研究背景，本文将对国内外功能句法研究的状况进行概述。本文最后提出了功能句法分析的三条原则：（1）以功能为导向的原则（the function-oriented principle）；（2）多功能性原则（the multi-functionality principle）；（3）以意义为导向的原则（the meaning-oriented principle）。这三条原则是根据系统功能语言学的几个假定提出的：从本质上讲，系统功能语言学注重的是"功能"而不是"形式"，是"语义"而不是"句法"，语言是具有多功能性的。

9　原载《外语学刊》2007 年第 3 期，39—45 页。

2. 系统功能语言学述要

到目前为止，Halliday创建的系统功能语言学大致经过了四个发展阶段。

Halliday的理论从句法（语法）理论发展成普通语言学理论，前期主要研究"句法"和"词法"问题，后来主要研究语言、语篇与社会、社会体系的关系以及语言使用者所创建的语篇与语篇使用环境（包括社会文化环境）之间的关系。从Halliday的论著看，也许可以这样说，Halliday个人的发展也是从语法学家开始，最终成为普通语言学家的。最近他（Halliday 2006）说："我是个语法学家和普通语言学家。"这点应该可以说明，他没忘记自己首先还是个语法学家。

Halliday（1985：xv，1994a：xv）明确指出，他建构功能语法的目的是为语篇分析提供一个理论框架，这个框架可用来分析英语中任何口头语篇或书面语篇。在Halliday看来，语篇分析可以帮助揭示人们是怎样在特定的社会文化环境中通过语言使用来做事情的，因为在Halliday看来，语言是做事的一种方式。通过分析语言，我们可以看到意义是怎样建构的，通过分析语言使用，我们可以明确语言、语篇与社会中人与人之间的关系以及语言与社会体系之间的相互关系和相互作用。

系统功能语言学在本质上是"功能的"而不是"形式的"，是"语义的"而不是"句法的"（Halliday 1994b：4505）；形式被看作表达意义的手段，是对意义和功能的体现。Halliday（1994a：xiv）指出，语言是一个意义系统，伴随着这个系统的是用来体现意义的形式。那么，"意义是怎样表达的呢？"Halliday（1994a：xiv）和Matthiessen（1995：i）的观点是：意义通过形式来表达；语言形式是表达和创造意义的手段，而不是目的；意义通过形式的选择来达到建构经验和表达交际的目的。

在系统功能语言学中，多系统和多层次思想非常重要。这些观点表明，语义系统由词汇–语法系统体现，词汇–语法系统又由音系（学）或字位（学）体现。也就是说，从层次的角度看，音系学或字位学体现词汇–语法系统，词汇–语法系统又体现语义系统，而语义系统则体现了行为系统（即更高层次的符号系统）。每个系统中都有子系统，系统都有"选择"，而选择是根据意义的建构和表达来进行的。

正如 Halliday & Matthiessen（2004：19）所说的：系统功能语言学是"一种综合理论"（a comprehensive theory）；语言中的每个部分都是它的研究内容和组成部分，各个部分之间都有密切关系；我们在对语言中某一部分的讨论都会涉及整个语言系统。从这一点看，无论是语义系统、词汇–语法系统，还是音系学或字位学，都是系统功能语言学学者必须研究的内容。

3. 句法在系统功能语言学中的地位

系统功能语言学中的句法部分被称为"系统句法"（Butler 1985：94）或"功能句法"（Fawcett in press）。这里讲的"功能句法"与美国哈佛大学的 Susumo Kuno 所说的"功能句法"不是一回事（有关 Kuno 的理论，可参见朱永生等 2004）。

和其他语言学理论一样，系统功能语言学也包括语义、词汇、语法、音系学几大部分。这些部分在系统功能语言学中被称为：语义、词汇–语法、音系或字位。

功能句法研究的主要是系统功能语言学中的"词汇–语法"部分的内容。它涉及词素、词汇、词组、短语、小句和小句复合体，大概相当于传统语法的"句法"和"词法"两部分。但由于在系统功能语言学中句法被看作是语义和意义的体现，所以句法研究是一定要涉及语义和意义问题的。系统功能语言学认为，语法（句法）是"表达意义和创造意义的资源，是语言作为意义潜势的一个子系统"（Matthiessen 1995：i）。这点与形式语法的观点是完全不同的：在形式语法看来，语法（句法）是"规则系统"，它是作为规则系统的语言的一个子系统。

Halliday（1994a：xv，xvi）在阐明建构功能语法的目的是为语篇分析提供理论框架之后强调了语法的重要性，在他看来，语篇分析不能代替语法分析，没有语法分析的语篇分析根本算不上是分析。在 Halliday 的语言学理论中，句法是一个主要部分。可以这样说，Halliday（Halliday 1985，1994a；Halliday & Matthiessen 2004）讨论的主要是句法（语法）问题。由此可见，在系统功能语言学中，语法占据着非常重要，甚至可以说是核心的位置。

按照我们对系统功能语言学的认识，形式是意义的一个部分，它附属于语义和意义，用来表达、体现语义，是意义的语言表现。我们曾多次指出（黄国文 2004，2006），我们在进行功能句法分析时，遵循"形式是意义的体现"这一功能思想（黄国文 1999：102），也就是说，我们感兴趣的是，形式是怎样为意义的建构和表达服务的。因此，这种分析与传统语法中的句法分析有着本质上的区别。（功能）句法分析是为意义分析服务的，而不是无目的地为分析句法而分析句法（黄国文 1999：115）。通过研究词语和结构是怎样体现意义、表达意义的，我们可以探讨句法研究与语义研究之间的关系，同时探讨句法部分是怎样成为意义研究和语言使用研究的组成部分的。从这一点看，功能句法分析也是语篇分析的内容。正因为我们知道形式的不同会带来意义的不同，我们才要研究语言使用者是怎样通过选择形式来达到意义表达的目的。

4. 功能句法研究概况

文化语境、体裁，情景语境、语域，词汇–语法，以及音系学或字位学都可以成为我们研究的切入点，这些研究涉及语篇语义、句法、惯用法、词汇、语音语调等方面。

纵观系统功能语言学的研究文献，探讨句法理论问题的论著比较少，国际和国内的情况都一样，这点 Fawcett（2000：4）和黄国文（2000）都注意到了。Fawcett（2000：xviii）认为这种忽视深入、细致的句法研究的情况令人不满：作为已经有了40多年历史，并且广泛应用到各个学科的系统功能语言学理论，到目前为止还没有一种得到普遍认同的句法理论，实在令人惊讶。Fawcett（2000）的批评是尖锐的，也有一定的道理。到目前为止，系统功能语言学在国际上已经成为一种主流语言学（Fawcett 2000：xviii；Eggins 2004：xiii），然而从事句法理论研究的人相对来说太少了。

就我们所接触的文献资料看，进行系统功能句法理论探讨的研究中最突出的是 Fawcett（2000）的专著 *A Theory of Syntax for Systemic Functional Linguistics*，该书追溯了系统功能语言学发展各个阶段中句法研究的情况和存在的问题，并提出了一个较为完整的句法理论系统；但是，由于 Fawcett 最后提出的句法理论框架是基于他的"加的夫语法"，所以并不能为大多数系统功能语言学者所接受。

可以这样说，最全面描述功能句法的方方面面的著作的是 Matthiessen（1995）和 Fawcett（in press）；前者属于"悉尼语法"，而后者属于"加的夫语法"，虽然两者都是在系统功能语言学框架下论述句法问题，但它们之间存在的差异也是明显的。这些年来出版的对句法理论与分析综合描述的专著还有 Fawcett（1976/1981）、Young（1980）、Downing & Locke（1992）、Lock（1996）、Morley（2000）等。而就某个句法问题研究的专著而言，有 Collins（1991）、Tucker（1998）、黄国文（2003）、杨炳钧（2003）、曾蕾（2006）等。

在我国，有关系统功能句法研究方面的论文不算多，早期比较重要的有胡壮麟（1990）的《小句与复句》，雍和明（1992）的《系统功能语法与英语句法研究》，雍和明（1993）的《系统功能的句法观》等。1996—2000年，黄国文在《外语教学与研究》《外国语》《现代外语》《外语与外语教学》《解放军外语学院学报》《外语研究》《外语教学》《中山大学学报（社会科学版）》《山东外语教学》等杂志和有关论文集中发表了一组关于系统功能句法研究方面的论文，这些文章后来收录在黄国文的《英语语言问题研究》（1999）一书中。

从21世纪开始，我国系统功能句法研究方面的论文又增加了一些，从文献上看，句法研究方面做得比较多的主要是与中山大学联系紧密的学者。在中山大学最近六年来毕业的"英语语言文学"专业的17位博士中，就有7位（超过40%）的博士论文是研究句法问题的（见于晖等 2006）。从目前情况看，我国的功能句法研究已走上正常轨道。但必须指出，比起研究系统功能语言学热点问题（如功能语篇分析、评价理论、语法隐喻、功能文体学）的队伍，从事系统功能句法研究的学者目前还不太多。

5. 功能句法分析的原则

在进行系统功能句法研究的过程中，我们认为，分析者必须遵循功能的语言观，接受相关思想（如语言的符号性、系统的思想、层次的思想、多功能性和纯理功能思想、语境的思想、盖然率思想，见 Halliday 1978，1994a；Halliday & Matthiessen 1999，2004；胡壮麟等 2005），牢记形式是为语义和意义服务的观点；句法、结构是手段，表达和创造意义才是目的。

简单地说，至少有三条原则应该遵守：（1）以功能为导向的原则；（2）多功能性原则；（3）以意义为导向的原则。事实上，这三条原则有时并不是泾渭分明、互不相干，可以截然分开的，而是相互联系、各有侧重的。

5.1 以功能为导向的原则

"以功能为导向的原则"指的是从功能而不是从形式角度考虑句法分析，这是根据"系统功能语言学在本质上是'功能的'而不是'形式的'"的假定（Halliday 1994b：4505）提出的。在涉及以功能还是形式为主导这个问题时，形式要服从功能，因为形式是为功能服务的。下面我们举些例子对这条原则进行说明。先看一对例子：

（1）She sent Jim a card.

（2）She sent a card to Jim.

按照 Quirk et al（1985：59）的观点，例（1）属于"主语+动词+间接宾语+直接宾语"，而例（2）属于"主语+动词+宾语+状语"结构。很多语法书都是这样描述这类结构的。如果要进行功能句法分析，我们可以从不同的角度来考虑，但在这里我们只谈与 Quirk et al（1985：59）的分析不同的一点。从及物性分析（transitivity analysis）看，例（1）和例（2）都是物质过程（material process），而这个过程期待三个参与者角色（participant role），即动作者（actor）、接受者（recipient）和目标（goal）。就这两个例子而言，she 是动作者，Jim是接受者，a card是目标。这是根据这些成分在表达和创造意义过程中所充当的角色来确定的。因此，无论Jim充当动词补语（宾语），还是与介词to一起构成介词短语，它的功能（参与者角色）是一样的，它都是接受者。那么，例（1）和例（2）中的Jim和to Jim的不同在哪里呢？虽然从及物系统看，它们的功能是一样的，但由于它们的体现形式不一样，它们的句法功能当然就不一样，句法功能不一样，表达的意义也就有差别。首先，例（1）潜在的问题是"What did she send Jim?"，而例（2）潜在的问题则是"Who did she send a card to?"。这两个潜在的问题不能互换。其次，在例（1）中，信息焦点落在card上，而在例（2）中，信息焦点则落在Jim上。如果简单说例（1）属于"主语+动词+间接宾语+直接宾语"，而例（2）属于"主语+动词+宾语+状语"结构，那就没有揭示这两个小句之间在功能方面的内在联系。我们不妨再看一组例子：

（3）Henry killed Helen.

（4）Helen was killed by Henry.

从意义的建构的角度看，无论是例（3）还是例（4），说的都是"Henry killed Helen."。无论Henry是在小句中充当主语还是充当介词补语（介词宾语）、与介词by一起在句中起句法作用，它都是这个物质过程中的动作发起者，这是Henry的参与者角色决定的。

5.2 多功能性原则

多功能性原则来自Halliday关于三个纯理功能的思想。我们可以从概念功能、语篇功能和人际功能三个角度分析一个小句。三种功能体现为三种不同的结构，每一结构都有各自的组成成分，即同一小句是三种不同结构的统一。我们也可以从这三个方面分析小句中的一个成分。上面例（1）(She sent Jim a card.)中的主语she从概念功能的及物性角度看是动作者，从语篇功能的主位结构角度看是主位，从人际功能看则是主语。为了进一步说明多功能性原则，我们不妨用上面例（3）和例（4）做些简单的说明。

从不同的角度看，小句中的同一成分所起的作用（功能）不同。从事件的参与者角色看，无论在例（3）中还是在例（4）中，Helen 都是受害者，而Henry 则都是动作的施动者。如果我们把例（4）中的 by Henry 删去，变成下面的例（5），即动作者不用语言形式体现出来，我们仍然知道在这个过程中有一个动作者。说话人没有用语言形式把它表现出来是出于功能、意义的创建和表达的意图等方面的考虑（如故意不说出动作者、不知道谁是动作者、要强调动作本身等）。这是从概念功能的及物性分析角度考察小句。

（5）Helen was killed.

如果从信息传递的出发点看，例（3）的话题是 Henry（Henry 做了什么），而例（4）的则是 Helen（Helen 被做了什么）。这种出发点、谈论的话题的选择是根据交际需要、交际目的进行的，是有意义的。这是从语篇功能的主位分析角度考察小句。

如果从说话人在交际中的角色看，他是在向别人陈述一件事情、一个情形，他期待对方作为受话者，听他陈述。如果把例（3）和（4）分别改为"Did Henry kill Helen?"和"Was Helen killed by Henry?"，那就表明说话人期待听话人听完话后要做出反应、给予回答，对所问的问题给予肯定、否定回答或进行评论等。从语言形式体现方面看，"主语＾操作词"（＾表示"先于"）结构（例如："*He is* her boyfriend."）体现的是说话人给予信息（giving information），而"操作词＾主语"结构（例如："*Is he* her boyfriend?"）则表示说话人在寻求信息（seeking information），结构成分出现的次序也是具有功能性的。这是从人际功能的角度考察小句。

从这里的分析可以看出，句法分析常常要考虑多功能性原则，因为小句本身就具有多功能性。以功能为导向的原则说的是功能比形式重要，而多功能性原则强调的是语言结构的多功能性。

5.3 以意义为导向的原则

以意义为导向的原则指的是从语义、意义而不是句法角度考虑句法分析，这是根据"系统功能语言学在本质上是'语义的'而不是'句法的'"的假定（Halliday 1994b：4505）提出来的。

下面举一对例子简单说说这条原则。如果我们要给小句中的成分贴上标签，可以从句法角度做，也可以从语义角度做。如前所述，Quirk et al（1985：59）认为例（1）属于"主语＋动词＋间接宾语＋直接宾语"结构，例（2）属于"主语＋动词＋宾语＋状语"结构，这是根据句法标准，从句法角度所做出的成分标签。从意义为导向的原则看，无论是Jim还是to Jim，我们都应把这个成分看作补语（顺便一说，系统功能语言学不用"宾语"这个术语，代之以"补语"），因为无论是在例（1）还是在例（2）中，它的参与者角色都是一样的。

按照以意义为导向的原则，我们认为下面例（6）和例（7）都属于"主语＋动词＋补语"结构。

（6）He went into the room.

（7）He entered the room.

传统语法分析会因为go是不及物动词而把into the room当成是状语。但从以意义为导向的原则出发，上面例（6）和例（7）的基本意义是一样的，都是说一个动作者走进某个地方。它们的不同是语言形式的体现不同而已。我们在这里不妨打个不一定恰当的比方：当气温降到一定程度时，我们既可以用三（"三"只是打比方用）件长袖衣防寒，也可以用两件厚外套或一件毛衣防寒，这里的"三件长袖衣""两件厚外套"和"一件毛衣"起的作用都是"防寒"，从这点来说它们的功能是一样的。我们不能因为它们在数量方面的差别就说它们的功能不一样。通过这个比方，也许我们可以这样说，例（6）和例（7）中的went into和entered都是用来表达"进入"这个意义的，所不同的是，当你选择了went来体现"进入"的意义时，就必须有into和它一起才能表达"进入某个地方"这一意义。当然，如果只表示"走/离开"而不表示动作所涉及的地点或另一个物体或属性，则用 go 来体现就足够了。至于例（6）和例（7）所表达的意义不同的问题，这里的差异是语域方面的：enter 要比 go into 正式些。

6. 结语

《从功能语言学角度看英语句法分析》（黄国文 1999：93-105）一文说到，在进行功能句法分析时，过分考虑功能和意义可能不容易被大家接受，而太注重句法因素，又与传统的语法分析没有多少差别。Fawcett 在进行功能分析时认为，在"He is capable of reading it."一句中，of 是不定式标记（infinitive marker），而 reading 是句中的（主要）动词（过程）。他的这个分析基于这样的考虑：从意义的构建和功能的表达看，"He is capable of reading it."与"He can read it."和"He is able to read it."是基本一样或非常相似的。如果我们把这三个句子中的 can、is able to、is capable of 看作体现一种表示能力意义的形式，那应该还是可以说得过去的。既然句法分析遵循的是意义、功能为导向的原则，那 Fawcett 的分析也不是没有理论根据的。

本文根据系统功能语言学的一些假定，提出了：（1）以功能为导向的原则；（2）多功能性原则；（3）以意义为导向的原则。目的是希望我们在进行功能句法分析时更多考虑功能、语义因素，因为形式是意义的体现，句法分析是为意义分析服务的。最后必须特别强调的是，这三条原则有时是相互依赖和相互作用的，它们之间的关系不一定总是泾渭分明，有时是不容易把它们分开的，但总的说来，它们是各有侧重的。

参考文献

- 胡壮麟. 小句与复句 [A]// 胡壮麟，编. 语言系统与功能 [C]. 北京：北京大学出版社，1990，130-141.

- 胡壮麟，朱永生，张德禄，李战子. 系统功能语言学概论 [M]. 北京：北京大学出版社，2005.

- 黄国文. 英语语言问题研究 [M]. 广州：中山大学出版社，1999.

- 黄国文. 韩礼德系统功能语言学四十年回顾 [J]. 外语教学与研究，2000（1）：15-21.

- 黄国文. Enhanced theme in English: its structures and functions [M]. 太原：山西教育出版社，2003.

- 黄国文. 功能语言学与语篇分析 [J]. 外语艺术教育研究，2004（3）：3-5.

- 黄国文. 功能语言学与应用语言学 [J]. 外语艺术教育研究，2006（2）：3-10.

- 杨炳钧. 英语非限定小句之系统功能语言学研究 [M]. 北京：外语教学与研究出版社，2003.

- 雍和明. 系统功能语法与英语句法研究 [J]. 外国语，1992（1）：13-17.

- 雍和明. 系统功能的句法观 [A]// 朱永生，编. 语言·语篇·语境 [C]. 北京：清华大学出版社，1993：86-97.

- 于晖，等. Synopses of functional linguistics PhD theses completed at Sun Yat-sen University [A]// 黄国文，常晨光，戴凡，编. Functional linguistics as appliable linguistics [C]. 广州：中山大学出版社，2006：273-323.

- 曾蕾. 投射语言研究 [M]. 广州：中山大学出版社，2006.

- 朱永生，严世清，苗兴伟. 功能语言学导论 [M]. 上海：上海外语教育出版社，2004.

- BUTLER C. Systemic linguistics: theory and application [M]. London: Batsford, 1985.

- COLLINS P C. Cleft and pseudo-cleft constructions in English [M]. London: Routledge, 1991.

- DOWNING A, LOCKE P. A university course in English grammar [M]. London: Prentice Hall, 1992.

- EGGINS S. An introduction to systemic functional linguistics [M]. 2nd ed. London: Continuum, 2004.

- FAWCETT R. Some proposals for systemic syntax [M]. Cardiff: Department of Behavioural and Communication Studies, Polytechnic of Wales, 1976/1981.

- FAWCETT R. Cognitive linguistics and social interaction: towards an integrated model of a systemic functional grammar and the other components of a communicating mind [M]. Heidelberg: Julius Groos,

1980.

- FAWCETT R. A theory of syntax for systemic functional linguistics [M]. Amsterdam: Benjamins, 2000.

- FAWCETT R. Functional syntax handbook: analyzing English at the level of form [M]. London: Continuum, in press.

- HALLIDAY M A K. Categories of the theory of grammar [J]. Word, 1961, 17: 241-292.

- HALLIDAY M A K. Some notes on "deep" grammar [J]. Journal of linguistics, 1966, 2: 110-118.

- HALLIDAY M A K. Notes on transitivity and theme in English 1 [J]. Journal of linguistics, 1967a, 1: 37-81.

- HALLIDAY M A K. Notes on transitivity and theme in English 2 [J]. Journal of linguistics, 1967b, 2: 199-244.

- HALLIDAY M A K. Notes on transitivity and theme in English 3 [J]. Journal of linguistics, 1968, 4: 179-215.

- HALLIDAY M A K. Language structure and language function [A]// LYONS J. New horizons in linguistics [C]. Harmondsworth: Penguin, 1970, 140-165.

- HALLIDAY M A K. Language as social semiotic: the social interpretation of language and meaning [M]. London: Arnold, 1978.

- HALLIDAY M A K. An introduction to functional grammar [M]. London: Arnold, 1985.

- HALLIDAY M A K. An introduction to functional grammar [M]. 2nd ed. London: Arnold, 1994a.

- HALLIDAY M A K. Systemic theory [A]//ASHER R E. The encyclopedia of language and linguistics [C]. Oxford: Pergamon, 1994b, 4505-4508.

- HALLIDAY M A K. Some theoretical considerations underlying the teaching of English in China [J].The journal of English studies, 2006(4): 7-20.

- HALLIDAY M A K, MATTHIESSEN C M I M. Construing experience through meaning: a language-based approach to cognition [M]. London: Cassell, 1999.

- HALLIDAY M A K, MATTHIESSEN C M I M. An introduction to functional grammar [M]. 3rd ed. London: Arnold, 2004.

- LOCK G. Functional English grammar: an introduction to second language teachers [M]. Cambridge: Cambridge University Press, 1996.

- MATTHIESSEN C M I M. Lexicogrammatical cartography: English systems [M]. Tokyo: International Language Sciences Publishers, 1995.

- MORLEY G D. Syntax in functional grammar: an introduction to lexicogrammar in systemic linguistics [M]. London: Continuum, 2000.

- QUIRK R, GREENBAUM S, LEECH G, SVARTVIK J. A comprehensive grammar of the English language [M]. London: Longman, 1985.

- TUCKER G. The lexicogrammar of adjectives: a systemic functional approach to lexis [M]. London: Cassell, 1998.

- YOUNG D. The structure of English clauses [M]. New York: St. Martin's Press, 1980.

九 功能句法分析中的分级成分分析[10]

1. 引言

系统功能语言学有几个核心思想，如语言是意义潜势（language as meaning-potential）、语言具有纯理功能（language as metafunctional）、语言是多层次的（language as multi-stratal）等。关于这些重要的功能语言学思想，可参见 Halliday（1994）、Halliday & Matthiessen（2004）、Butler（1985）、Fawcett（2000）、胡壮麟等（2005）、朱永生等（2004）、张德禄等（2005）的有关论述。

就语言的多层次性而言，系统功能语言学者确定了三个层次：最高的层次是语义，或称语篇语义，它由处于第二层次的词汇语法体现，而这一层次又由处于第三层次的音系或字系来体现。语义（或语篇语义，下同）、词汇语法、音系/字系是语言学的专门术语，与它们相对的普通术语分别是意义、措辞（词和结构）、声音/字母。从层次的观点看，语义、词汇语法和音系或字系实际上是指内容、表达和实体三个层次，从三者的关系看，内容由表达形式和实体来体现。Eggins（2004：19）是这样图解这三个层次和它们之间的关系的（见图7）：

---

10 原载《四川外语学院学报》2007年第6期，7—11页。

	Folk Names		Technical Terms	
CONTENT	meanings	↘	(discourse-) semantics	↘
	wordings (words and structures)	↘	lexico-grammar	↘
EXPRESSION	sounds/letters		phonology/graphology	

图 7. 语言的三个层次

在 Eggins（2004：19）的图解中，箭头"↘"表示体现关系，例如：语义是由词汇语法体现的，词汇语法则是由音系（口头语）或字系（书面语）体现的。从图 7 可以看出，语义和词汇语法属于内容层次，而音系或字系则属于表达层次。

形式是意义的体现，因此对意义的研究离不开对形式的讨论，反之亦然。但就研究侧重而言，各个层面有各自的关注点和重点。在系统功能语言学中，很多关于词汇语法的研究都与句法有着密切的关系。也就是说，系统功能句法（简称功能句法，下同）研究的是词汇语法这一层次所涉及的问题（参见黄国文 1999）。

2. 句法分析的原则和两个重要的概念

《系统功能句法分析的目的和原则》（黄国文 2007）提出，在进行功能句法研究的过程中，分析者必须遵循功能的语言观，接受有关的系统功能语言学的思想（如语言的符号性思想、系统的思想、层次的思想、多功能性和纯理功能的思想、语境的思想、盖然率的思想等），坚持形式是为语义和意义服务的观点，明确句法、结构是手段，表达和创造意义才是目的。

我们在该文中明确指出，在进行功能句法分析时，至少有三条原则应该遵守：（1）以功能为导向的原则；（2）多功能性原则；（3）以意义为导向的原则。我们也指出，这三条原则联系紧密但各有侧重。在具体的句法分析中视实际情况有所突出，有所强调，有所侧重。

功能句法分析中有两个非常重要的概念，一个是单位（unit），另一个是成分关系（constituency）。单位最早出现在 Halliday（1956）的阶和范畴语法模式中，主要用来解释含有语法句型（grammatical pattern）的语言片段。单位与级别（rank）联系非常紧密。语法句型指的是一种包括关系（"consist of" relationship），即不同的单位之间存在着级别关系（参见 Fawcett 2000：18-19）。在 "The boys have broken the cups." 一句中，小句（clause）（"The boys have broken the cups."）包括了词组（group）这个下一级单位（the boy，have broken，the cups），词组（the boys，have broken，the cups）又包括了词（word）这个下一级单位（the，boys，have，broken，the，cups），而词（the，boys，have，broken，the，cups）又包括了词素（morpheme）这个下一级单位（the，boy，-s，have，break，-en，the，cup，-s）。从级阶（rank scale）角度看，小句高于词组，词组高于词，词高于词素。正因为如此，级别和单位的关系是紧密的，谈到单位必然要涉及级别方面的问题。

至于成分关系，主要是讲各级单位之间的关系，即小的单位组成了大一级的单位，或者说大的单位由小的单位组成。例如：小句 "The boys have broken the cups." 由三个词组（名称词组 the boys、he cups，动词词组 have broken）构成，而这三个词组则分别由两个单词构成。

本文要讨论的分级成分分析（ranked constituent analysis）涉及表达层（音系或字系）和内容层（即语义和词汇语法）。说这种分析是分级分析，是因为各单位有等级之分；说这种分析是成分分析，是因为各个单位之间有一种包括关系。

3. 表达层的分级成分分析

根据 Eggins（2004：19）的图解，表达层涉及的是音系（声音）或字系（字母）这些实体、形式方面的问题。因此，在进行分级成分分析时，我们关注的是形式而不是内容。按照 Eggins（2004：121-122）的说法，对一个书面语篇，我们可以区分出自然段落（paragraph）、句子（sentence）、逗号单位（comma-unit）、词（word）和字母（letter）。下面这个例子摘自美国纽约市游客指南（*Official NYC Guide*, Winter 2004/Spring 2005）中的市长欢迎辞：

（1）

WELCOME

Dear visitor,

On behalf of all New Yorkers, it is my pleasure to invite you to our city, where there is more to see, more to do, and more to experience than anywhere else on the planet. Whether you're visiting for business, the theater, music, sports, nightlife, fine dining, or all of the above, New York offers the very best.

There has never been a better time to come and find out for yourself why so many people are saying "I love New York."

Michael R. Bloonberg, Mayor

如果从书写形式来考察，例（1）由 Eggins（2004：121-122）所说的五个不同的单位组成，即自然段落、句子、逗号单位、词和字母。这五个单位之间的关系是成分关系，即高一级别的单位由比它低一级的单位构成。

那么，我们是怎样确定这些不同的单位的呢？参照 Eggins（2004：121-122）的说法，如果是自然段落，一种可能是它的起始部分前面都有空格，结尾部分与下一个自然段落是通过另起一行分开的，另一种可能是它与其他自然段落之间有空行或其他类似的标记来表示。从这个标准看，上面这个语篇一共有五个自然段落。衡量句子的标准是看是否有句号、问号或感叹号，同时首单词的第一个字母必须大写。逗号单位的衡量标准是它后面是否跟有逗号。衡量单词的标准是看一个字母（如 I）或一组字母（如 systemic）两边是否有空格。按照这个标准，"systemic-functional linguistics"是两个单词，而"systemic functional linguistics"则是三个单词。字母是最小的单位，英语中有 26 个字母。虽然 Eggins（2004：121-122）的说法还存在可以商榷之处，但由于这不是本文的讨论重点，恕不赘述。

在这里，我们把上面例（1）当作书写形式来分析。如果把它当作口头语篇（如某人把它朗读出来），那我们也可以从音系角度分析出处于不同层次的音系单位。例如：可以区分出语音表达段（verse）、调群（tone group）、音步（foot）、音节（syllable）和音位（phoneme）（见 Eggins 2004：122-123）。确定这些单位当然也是遵循一定的标准的：语音表达段的前后都有较长的停顿或静音（如朗读一首诗歌的前后）；判断调群的标准是声调重音；音步则是由一系列音节组成，其中一个音节必须重读；音节通常比一个音（sound）长但比一个单词短；音位则是指能够区别两个词的最小的语音单位。

如果我们从音系角度分析例（1），那整个语篇是个语音表达段，里面有很多调群，这些调群由音步组成，音步又由音节构成，而每个音节则由音位构成。在这里，各个单位之间同样存在着构成关系，即大的单位由小一级的单位构成。

上面的讨论表明，我们可以从书写形式角度和音系表达角度进行分级成分分析。分析显示，各级单位都有大小、上下关系，它们的关系是包括关系或构成关系，这其实就是系统功能语言学中的级阶表现情况。在对书写形式的分级成分分析中，英语中最小的单位是单词，而在音系分析中，最小的单位则是音位。无论是从书写形式角度还是音系表达角度进行分级成分分析，我们都注重形式而没有涉及严格意义上的内容。

4. 内容层的分级成分分析

如果要从内容、意义的角度分析例（1），那首先必须把该例当作一个语义单位，用 Halliday 的话说就是语篇。比语篇小的单位是命题（proposition）和提议（proposal），再小的单位是事情（thing）、事件（event）和环境（circumstance）。我们认为，内容层的主要单位只有这三个，这种提法与 Eggins（2004：123-125）的观点是完全不同的。下面举个简单的例子说明内容层的三个单位：

（2）The boy has broken your expensive cup, so his

father became very angry about the accident.

从意义的传递角度看，例（2）是个语义单位，表达了一定的交际内容，这个内容由两个（陈述）命题（即 the boy has broken your expensive cup 和 his father became very angry about the accident）组成。

命题与提议是有区别的。先看一个例子：

（3）Have a bar of chocolate, and go away and do what you want to do by yourself! Do you understand me?

作为一个语义单位，例（3）中有三个提议（have a bar of chocolate，go away，do what you want to do by yourself）和一个命题（do you understand me）。在系统功能语言学中，命题和提议的区别是：如果交际双方交换的是信息或消息，小句表达的是陈述（statement）或提问（question），那就是命题；如果交际双方交换的是物品（goods）或劳务（services），小句表达的是命令（command）或提供（offer），那就是提议。命题中的陈述和提问的区别是：如果是给予（giving）信息或消息，那就是陈述（例如："He is kind."）；如果是寻求（seeking）信息或消息，那就是提问（例如："Is he kind?"）。提议中的命令和提供的区别是：如果是给予物品或劳务，那就是提供（例如："Please have a cup of tea." 或 "Let me open the door for you."）；如果是寻求物品或劳务，那就是命令（例如："Give me that box." 或 "Wash the apples for me."）。正因为如此，我们把例（3）中的 "Have a bar of chocolate." 看作提供，把 go away 和 do what you want to do by yourself 看作命令，虽然三个小句从语法上讲都是祈使句（imperative clause）。

一般说来，在每个命题和提议中都有事情和事件。如在例（2）中，the boy，your expensive cup，his father，the accident 是事情，has broken 和 became very angry 是事件。当表示事情的 the accident 与作为表示范围关系的介词 about 一起使用（即 about the accident）时，这个组合表示的是一种环境意义（关于这件事）。

5. 讨论

我们在讨论两个不同层次的分级成分分析时，会涉及功能语言学中一些重要的问题。在这里，我们准备对体现关系和词汇语法中的级阶问题做进一步的探讨，这样一方面可以帮助我们认清功能语言学中的层次思想和分级成分分析的意义，同时进一步明确级阶概念在句法分析中的作用。

5.1 体现关系

在系统功能语言学中，形式（表达）与意义（内容）的关系是体现关系，意义通过形式来表达，形式体现意义。表达层和内容层的关系是体现和被体现的关系。一般说来，小句体现的是命题（例如：The door has been shut for a funny reason.）或提议（例如：Open the door.），词组体现的是事情（例如：the door, a funny reason）或事件（例如：has been shut），（介词）短语体现的是环境情况（例如：for a funny reason）。这里讲的是一般的、一致的体现情况，不一致的情况也是有的。

由于不同等级的单位之间存在着包含关系和成分关系，所以就体现关系而言，不可能有跨等级体现。以小句"He stopped."的句法分析为例：小句"He stopped."由名词词组 he 和动词词组 stopped 体现，名词词组由代词 he 体现，动词词组由动词 stopped 体现，而不是说小句"He stopped."由名词 he 和动词 stopped 体现。这里事实上是遵循这样的规则：上一级单位只能由紧接着的下一级单位体现。严格地讲，上面的说法是有问题的。如果从功能的角度解释"He stopped."这个陈述，应该是这样的：陈述"He stopped."中有一个参与者和一个过程，参与者实施一个行为，通过过程表示。体现这个陈述意义的是一个语法上的直陈句（declarative clause），参与者是由名词词组体现的，过程是由动词词组体现的，名词词组由代词（pronoun）充当（fill），动词词组则由动词充当。

如果出现上一级单位充当下一级单位的成分这种情况，我们称它为嵌入（embedding）或级转移（rank shift）。例如：在 the students who study English 中，小句 who study English 从级阶方面看高于名词词组 the students who study English，但在这里却充当它的一个成分（即后置修饰语）。同样地，在 the students of English 这个名词词组中，介词短语 of English 和名称词组 the students of English 一样，都是低于小句但高于单词的，但在这里介词短语却是名称词组的一个成分（即后置修饰语）。

5.2 词汇语法中的级阶

从上面的讨论可以看出，在系统功能语言学中，级阶是个非常重要的概念。在进行句法分析时，级阶的思想常常贯穿全过程。很多语法流派都认为句子是最大的语法单位，但在系统功能语言学中，最大的语法（词汇语法）单位是小句（clause），接下来是词组（group）、单词（word）和词素（morpheme）。小句与小句可以组成小句复合体（clause complex），词组与词组可以组成词组复合体（group complex）。先看几个例子：

（4）The man is a doctor.

（5）His wife is a nurse.

（6）The man is a doctor and his wife is a nurse.

（7）If you scratch my back, I will scratch yours.

例（4）和例（5）是小句，例（6）和例（7）是小句复合体。在例（7）中，第一个小句（if you scratch my back）是依赖句（dependent clause），第二个小句（I will scratch yours）与例（4）和例（5）中的小句一样是独立句（independent clause）。在例（6）中，两个小句都是独立句，它们之间的相互依赖关系（interdependency）是并列关系（parataxis），而例（7）中两个小句之间的相互依赖关系则是主从关系（hypotaxis）。

在下面例（8）中，the doctor 和 the nurse 都是名词词组，它们结合在一起

（the doctor and the nurse）便成了名词词组复合体；而 are trying to save 则是动词词组复合体，因为 are trying 是个动词词组，to save 在这里也是动词词组（关于动词词组复合体，可参见黄国文 2000）。

（8）The doctor and the nurse are trying to save the patient.

必须特别指出的是，例（8）中的 to save 是动词词组，这是它前面的 are trying 的意义和使用造成的。而在 "He returned home to save their marriage." 中，to save their marriage 则是一个非限定性（non-finite）小句。

就词汇语法中的级阶而言，整个级阶系统总共有四个等级，即小句、词组、单词和词素。短语（phrase）和词组一样都低于小句而高于单词，但按照 Halliday（1994：180，215）的说法，词组是膨胀了的单词（bloated word），短语则是收缩了的小句（shrunken clause）。在词组中只有一个核心（head），是个向心结构（endocentric），而短语则是个离心结构（exocentric），没有核心而且由两部分组成。在很多语法流派中，词组和短语可以互换使用（如 nominal group 和 noun phrase），但在 Halliday（1994：215）看来，这两个术语是必须严格区分开来的。

6. 结语

在 Halliday（1994：xvi）看来，在语篇分析中，语法分析占有非常重要的位置，语篇分析不能没有语法分析，也不能代替语法分析，没有语法分析的语篇分析根本算不上是什么"分析"。因此，我们认为功能句法分析也是语篇分析的内容。

作为一种普通语言学理论的系统功能语言学，它有自己的语言学思想和对语言描述和解释的理论基础和方法，在句法分析方面，有很多与别的语言学流派不一样的地方。以 after the meeting 和 after finishing the meeting 这样的结构为例，传统的语法分析会把它们都当作介词短语，而在系统功能句法分析中，前者是介词短语，后者是小句，把后者当作小句是因为该结构中有表达过程意义的动词finishing。在系统功能语言学中有这么一条规则：如果某一个结构含有动词，那它就是小句（If there is a verb, there is a clause.）。按照这条规则，诸如下面这类结构都是小句：（1）He *heard* the news.（2）*hearing* the news...（3）on *hearing* the news...（4）before *hearing* the news...

众所周知，每一种语法理论都有自己的分析方法、标准、原则、规则，因此对同一个语言现象，不同的学派就可能有不同的分析方法和结果。我们不能用甲流派的规则来衡量乙流派所做出的结论，因为规则不同，结果也就不一样。例如：传统语法说a cat 在 "There *is a cat* on the mat." 中是主语，遵循的是一致关系的原则（试比较："There *are two cats* on the mat."），而系统功能语言学遵循的则是"主语是可以和操作词互换位置来表示给予或寻求信息的成分"，因此就说there（而不是a cat）是主语。按照这条规则，能和操作词（如is或are）互换位置来表示给予信息或寻求信息的成分是there，例如："*Is there* a cat on the mat? / *Are there* two cats on the mat?"（寻求信息），"*There is* a cat on the mat. / *There are* two cats on the mat."（给予信息）。事实上，判断主语还可以有别的规则（通过添加附加问句，和操作词一起被重复的成分就是主语。例如："*There is* a cat on the mat, *isn't there*?" "*There are* two cats on the mat, *aren't there*?"）。Halliday（1994：73）指出：那个在附加问句中用代词来重复的成分就是主语（例如："*The boy* has finished the homework, hasn't *he*?"）（另参见Thompson 1996：42-43；胡壮麟等 2005：122-123；Halliday & Matthiessen 2004：111-114）。如果有人用传统语法的一致关系原则来评说系统功能语言学的分析结果，那他就不懂如何玩游戏了。

最后必须指出，分级成分分析在实际使用中有一些不容易解决的问题，本文限于篇幅无法对这些问题进行探讨，以后有机会再深入讨论。

参考文献

- 胡壮麟，朱永生，张德禄.系统功能语法概论[M].长沙：湖南教育出版社，1989.
- 胡壮麟，朱永生，张德禄，李战子.系统功能语言学概论[M].北京：北京大学出版社，2005.
- 黄国文.英语语言问题研究[M].广州：中山大学出版社，1999.
- 黄国文.英语动词词组复合体的功能语法分析[J].现代外语，2000(3):221-236.
- 黄国文.功能语言学与语篇分析[J].外语艺术教育研究，2004(3):3-5.
- 黄国文.系统功能句法分析的目的和原则[J].外语学刊，2007(3):39-45.
- 张德禄，苗兴伟，李学宁.功能语言学与外语教学[M].北京：外语教学与研究出版社，2005.
- 朱永生，严世清，苗兴伟.功能语言学导论[M].上海：上海外语教育出版社，2004.
- BUTLER C. Systemic linguistics: theory and application [M]. London: Batsford, 1985.
- EGGINS S. An introduction to systemic functional linguistics [M]. 2nd ed. London: Continuum, 2004.
- FAWCETT R. A theory of syntax for systemic functional linguistics [M]. Amsterdam: Benjamins, 2000.
- HALLIDAY M A K. Grammatical categories in modern Chinese [J]. Transactions of the philological society, 1956, 1: 177-224.
- HALLIDAY M A K. An introduction to functional grammar [M]. 2nd ed. London: Arnold, 1994.
- HALLIDAY M A K, MATTHIESSEN C M I M. An introduction to functional grammar [M]. 3rd ed. London: Arnold, 2004.
- THOMPSON G. Introducing functional grammar [M]. London: Arnold, 1996.

十 英语 "John is easy/eager to please." 的系统功能语法分析[11]

1. 引言

自 1957 年 Chomsky（1957）发表《句法结构》起，一直有语法学者在研究英语中 "John is easy to please." 和 "John is eager to please." 这些句型的语法结构。本文试图以 Halliday 的系统功能语法理论（Halliday 1994；Martin et al 1997；Fawcett 2008；胡壮麟等 2005）为指导，对这两个著名的句子进行系统功能句法分析。

按照结构主义的直接成分分析法，下面例（1）和例（2）的语法结构是完全一样的。如果采取这样的分析方法，就不可能发现两者之间在本质上的差别。对于操本族语者来说，这两个句子所表达的意义是完全不同的。前一句说的是"约翰很容易被讨好"（即"让约翰高兴是件容易的事"），而后一句的意思则是"约翰急于讨好别人"（即"约翰急于使别人高兴"）。

（1）John is easy to please.

（2）John is eager to please.

---

11 原载《外语教学与研究》2010 年第 4 期，261—267 页。

从20世纪50年代中期起，Chomsky（1957，1965）开始发展他的语法理论，其中著名的例子就是通过上面这对句子来说明结构主义的研究所存在的问题的。通过这样的例子，Chomsky说明这两个句子的表层结构是一样的，但它们的深层结构却是不一样的。事实上，Chomsky通过这样的例子来提出了更加深刻的问题。他认为，儿童能够造出无数他们从未听到过的句子，这就说明结构主义者所持的通过条件制约进行模仿的说法是有问题的。虽然儿童造出的句子中有些是不符合语法的，但他们不会造出严重违反语法规则的句子。尤其值得注意的是，有些句子的意思虽然是模糊的或有歧义的，但儿童总是能够理解句子的意思。因此，Chomsky认为儿童一定具有某种天生的能力来感受句子的"深层结构"。

Chomsky所提出的语法理论是革命性的，它推翻了多年来语言研究的思路和方法，为语言研究开辟了一条崭新的道路，指出了一个全新的发展方向，使语言学研究以一个新的面貌出现。对语言的研究不仅仅是语言学家的任务，他的研究思路对其他学科的发展也产生了重要的影响。

从文献上看，关于上面例（1）和例（2）的研究很多，主要的研究视角是转换–生成语法（也叫生成语法、形式语法）。一般的解释是，在例（1）中，John是please的深层次宾语，因此，可以这样用这样两个例子来解释例（1）：

（1a）To please John is easy.

（1b）It is easy to please John.

但是，在例（2）中，John是please的深层次主语，因此，不能用同样的方式来解释例（2）：

（2a）*To please John is eager.

（2b）*It is eager to please John.

在形式语法研究框架中，有一个著名的"tough移位"（tough movement）说法（Chomsky 1981；Rezac 2006），讨论的是下面例（3）这样的结构：

（3）This problem is tough to solve.

按照"tough 移位"分析，例（3）中的 this problem 是动词 solve 的逻辑宾语（深层次宾语），因此，通过"tough 移位"，我们就可以产生下面的例（3a）：

（3a）It is tough to solve this problem.

同样地，通过"tough 移位"可以产生上面的例（1b）（It is easy to please John），因为例（1）和例（3）的表层结构和深层结构是一样的。形式语法学者对"tough 移位"结构做了很多的研究，新的研究对以前的研究进行了一次又一次的修正（参见 Rezac 2006）。

尽管有很多语法学者对例（1）和例（2）的不同提出了多种解释，但比较一致的看法是：虽然例（1）和例（2）的表层结构（noun-copula-adjective-infinitive verb）是一样的，但它们的深层结构是不一样的。这些讨论给人很多启示，其中一点是：结构主义的研究方法是存在问题的。

2. 系统功能语法的两个核心思想

系统功能语法中有多个核心思想（参见胡壮麟等 2005：11-210），其中的纯理功能思想和层次思想与本文的讨论联系紧密。

系统功能语法的一个重要核心思想是，语言是有层次的、是多层次的，各个层次之间的关系是体现关系。语义层由词汇语法层体现，词汇语法层则由音系或字系体现。对"意义"（语义层）的选择体现于对"形式"（词汇语法层）的选择。也就是说，意义由形式来体现，形式的选择体现了意义的选择。

根据 Halliday（1994）的观点，语言的发展和变化是根据人们日常生活的需要进行的，语言在人们的日常交际中起到了各种不同的作用。我们可以用语言来描述世界（包括外部世界和内心世界）上发生的任何事情以及与这些事情有关的人、物、环境情况；可以用语言来沟通、交际，保持和建立人际关系；

可以用语言来组织信息、话语；可以用语言来给予或求取信息；还可以用语言来触发行为和实施行动。从这个角度看，语言的功能是多种多样的、千变万化的。但是，从语法角度看，我们可以把这些功能归纳为三个具有概括性的纯理功能，即概念功能、人际功能和语篇功能。这三个功能表达的是三股拧在一起的意义，同时表现在一个小句中。因此，我们可以从概念功能、人际功能和语篇功能角度对一个小句进行功能分析。

在本文的讨论中，系统功能语法的这两个核心思想将是我们讨论的理论基础和理论指导。我们的讨论也是围绕着这两个方面进行的。

3. 系统功能语法分析

关于本文所说的系统功能语法分析，有两点必须说明：一是系统功能语法包括Halliday、Fawcett和Martin等人的有关论述，本文不严格区分这些论述的不同点（因为与本文关系不大）；二是系统功能语法分析与语义和意义分析紧紧联系在一起，语法分析离不开语义分析。

3.1 形式与意义的关系

根据语言是多层次的这一观点，首先我们应该明确，例（1）和例（2）所体现的是不同的意义。虽然它们从形式上看是一样的，都是"nominal group + verbal group + adjectival group + infinitive clause"，但它们的语义是不同的。它们是不同语义的形式体现，它们在形式上的相同并不意味着它们具有相同或相似的深层意义。从意义（语义层）在形式（词汇语法层）上的体现方面看，例（1）和例（2）所表达的是完全不同类型的意义。

在例（1）中，John是过程please的对象，因此我们也可以使用（1a）和（1b）的说法，或者这样说：

（1c）John is easy to be pleased.

与例（1）相反，例（2）中的John是过程please的发出者，因此我们不能使用（2a）及（2b）的说法，也不能说：

（2c）*John is eager to be pleased.

我们可以使用"John's eagerness to please（makes Jane upset）."，但却不能使用"*John's easiness to please（makes Jane upset）."，因为eager/eagerness说的是John的心理状态，而easy/easiness则不是。

从上述分析可以看出，例（1）和例（2）是不同意义的形式体现，它们表面看起来相似，但在语义层面上是没有可比性的。从语言是多层次的这一观点看，相似或相同的表层结构常常是不同的意义的体现。例如："Mary liked John."和"John pleased Mary."都是"名词（词组）+动词（词组）+名词（词组）"，句法结构都是"主语+谓语+宾（补）语"，但无论John充当宾语还是主语，它都表示被喜欢的对象（它也可以是无生命的东西，如the film），而Mary无论充当主语还是宾语，它表示的都是喜欢（别人）的那个人（它不能是无生命的东西，如the film）；相反，无论是"George loved Jane."还是"Jane was loved by George."，它们表示的都是"乔治爱简/简被乔治爱"。因此，对于句子意义的确定，决定的因素是语义，而不是表面的语法结构组合。

3.2 概念功能分析

从经验功能的及物性分析看，例（1）和例（2）属于不同过程类型。例（1）是一个关系过程（relational process），见表5：

表 5. 及物性分析

（1）	John	is	easy to please
（1a）	to please John	is	easy
（1b）	it, to please John	is	easy
（1c）	John	is	easy to be pleased
及物性分析	载体	关系过程	属性

我们把例（1）看作一个关系过程，是因为它表示的意义相当于"John is a person who is easy to be pleased." 或"To please John is easy. / It is easy to please John."。既然例（1）表达的是这样的"关系"意义，那它就是一个归属型（attributive）关系过程，而这个过程所期待的两个参与者就是载体（carrier）和属性（attribute）。从这里的分析可以看出，例（1）的主要过程是一个关系过程，在形式体现上表现为连系动词be。例（1）中的to please是一个心理过程，但这个过程被嵌入属性，补充形容词easy所表达的评价意义。从语义关系和参与者角色的配给角度看，例（1）中的John是please这个心理过程中的感觉者，因此我们可以说（1c）："John is easy to be pleased."。

与例（1）不同，例（2）是一个心理过程（mental process），见表6。

表6. 心理过程分析一

（2d）	John	is eager	to please
及物性分析	感觉者－现象	心理过程	心理过程

从上面的分析可以看出，is eager和to please都表示心理过程。从语义的角度看，is eager与want所表达的意义相近或基本相同，所以我们把它看作一个心理过程的体现形式。我们这里的分析事实上是受到Martin et al（1997）的启发。他们（Martin et al 1997：116-117）在谈到they want to change their library books的及物性分析时指出：既可以把want to change作为一个整体看，把句子分析为"they [Actor/动作者] want to change [Process: material/过程：物质] their library books [Goal/目标]"；也可以对want to change进行细分，把句子分析为"they [Senser/感觉者] want [Process: mental/过程：心理] to change [Process: material/过程：物质] their library books [Goal/目标]"。

例（2）中有两个心理过程（is eager[心理过程]to please[心理过程]），它们都表示情感状态（affection）的意义。

由于例（2）是一个特殊的结构，所以上面的分析还存在问题。说它特殊，是因为句中的John与两个过程都有联系。就它与is eager而言，它是感觉者。试比较：

表7. 心理过程分析二

（6）	John	is eager	for closer relations with them
（7）	Mary	likes	John
（8）	John	wants	the cup
及物性分析	感觉者	心理过程	现象

但就John与另一个心理过程please而言，它是现象：

表8. 心理过程分析三

（9）	John	pleases	Mary
及物性分析	现象	心理过程	感觉者

如果我们比较表7和表8中的例（7）和例（9），就可以看出，就过程类型而言，它们都是心理过程，就参与者角色而言，Mary都是感觉者，而John都是现象。

现在我们回过头来看看上面对例（2d）的及物性分析。我们把该例中的John既标示为感觉者，又标示为现象。这是因为，在is eager这个过程中，John是感觉者〔试比较例（6）中的John〕，但在其后的to please过程中，John则是现象〔试比较例（9）中的John〕。这样看来，例（2）中的John是有两个不同的参与者角色的。

例（2）的第二个心理过程（to please）有两个参与者，一个是现象，另一个是感觉者。现象也是小句的主语John，而感觉者则是隐性的，两个参与者在句法结构上都没有表现出来。但从语义的角度看，这个参与者角色是存在的。

对于例（2），我们可以有另外一种不同的及物性分析和逻辑语义分析：

（2e）	John	is eager	to		please	
及物性分析和逻辑语义分析	感觉者	心理过程		（现象）	心理过程	（感觉者）
				投射句		

图8. 心理过程分析

从图8的及物性分析可以看出，例（2）中的第一个小句的两个成分分别是感觉者（John）和心理过程（is eager），第二个小句的两个参与者是现象（隐性的John）和感觉者（隐性的somebody）。从概念功能的逻辑语义（logico-semantic）分析角度看，第一个小句（John is eager）是领头句（head clause），第二个小句是投射句（projected clause）。

这里的概念功能分析表明，例（1）是一个关系过程，例（2）是一个心理过程。尽管从表层（结构）看它们由相同的词组结构构成，但这些成分之间的关系在这两个句子中不一样，因为它们分别是对两类不同的意义的形式体现。

3.3 人际功能分析

对于例（1）和例（2）的人际功能分析，可以从两个方面进行：一是看小句的评价意义的表达，二是看小句主语的体现情况。

从人际功能的角度看，例（1）中的形容词（easy）是对某一情形（过程）（即to please John）的评估，与它属于同一类型的形容词包括difficult、tough、hard等，它们都是表示评价意义的形容词。

例（2）中的形容词（eager）是对某一有生命的人或动物的状态的描述，所说明的是这一有生命的人或动物的感觉，与它属于同一类型的形容词包括happy、afraid、nervous等，它们所描述的不是某一过程，而是某一个有生命的、有感觉的实体（entity）。

因此，我们可以说例（10）但不能说例（11），因为例（10）中的形容词都是可以用来评估某一情形（过程、行为）的，而例（11）中的形容词是不能这样用的。

（10）To please John is easy / difficult / tough / hard, etc.（或 It is easy / difficult / tough / hard to please John.）

（11）*To please John is eager / happy / afraid / nervous, etc.（ 或 *It is eager / happy / afraid / nervous to please John）

相反，我们可以说例（12），但不能说例（13），因为例（13）中的形容词并不能用来描述有生命的人或动物的感觉。

> （12）John is eager / happy / afraid / nervous to please everyone here.
>
> （13）*John is easy / difficult / tough / hard to please everyone here.

人际功能分析显示，例（1）的主语除了John以外，可以由无实义代词it（即传统语法所说的形式主语it）或嵌入小句（to please John）来充当，但例（2）的主语则只能是John。试比较：

> （14）John is easy to please.（It is easy to please John. / To please John is easy.）
>
> （15）John is eager to please.（*It is eager to please John. / *To please John is eager.）

从这里的分析可以看出：例（1）的主语既可以是有生命的人，也可以是无生命的、无实义的代词it，还可以是一个嵌入小句；相反，例（2）的主语只能是有生命、有感觉的人或动物。之所以出现这样的情况，是因为在语义层面上，例（1）中的John是please的感觉者，而在例（2）中，John是please的现象。

根据Martin等人（Martin & Rose 2007；Martin & White 2005/2008）的评价分析，例（1）和例（2）中easy和eager都用于表达态度（attitude）意义，在表层上easy表达评判（judgement），在深层则是鉴赏（appreciation），而eager在表层和深层都是表示情感（affect）意义。严格地讲，例（1）的easy只能作为其

深层意义的解释，表达的是鉴赏意义，因为评判是用来评价一个人的，而鉴赏才是用来评价一个事件或一个情形的（参见 Thompson 2004/2008：76）。

3.4 功能句法分析

在我们上面的概念功能分析中，例（1）和例（2）分别被看作关系过程和心理过程，各自都有自己期待的参与者角色。在下面的句法分析中，我们将看看句法分析与语义分析（如概念功能分析）是怎样联系的。

例（1）是一个关系过程，即传统语法所说的"系补（表）结构"，主要过程（动词）是 is，它的两个参与者角色分别是载体（John）和属性（easy to please）。John 是主语，is 是操作词（operator）和主要动词（main verb）的重合（当在形成疑问、否定结构时，它是操作词；当在确定小句成分时，它是主要动词），easy to please 是补语，这个补语由形容词词组充当，在该词组中 easy 是中心成分，非限定小句 to please 是中心词的限制成分。

（1d）	John	is	easy	to please.
词类（嵌入结构）	名词	动词	形容词	动词不定式（小句）
词组结构分析	中心成分	操作词/主要动词	中心成分	限制成分
词组	名词词组	动词词组	形容词词组	
小句结构成分	主语	限定成分/谓体	补语	

图9. 心理过程结构分析

图9的分析有一点值得注意：to please 是一个嵌入小句，它有自己语义上的参与者角色，即"somebody（现象，主语）/ nominal group + please（过程，动词、谓体）/ verbal group + somebody（感觉者，补语）/ nominal group"。在例（1）中，这个小句不单独充当例（1）的直接成分，而是用来限制形容词词组的中心成分 easy 所表达的意义，即"在哪方面是容易的"。它的句法功能相当于"He is good at evading his obligations."（他善于逃避责任。）一句中的 at evading his obligations，用于说明"在逃避责任方面他是擅长的"。

我们上面的概念功能分析表明，例（2）是一个心理过程。就句法结构而言，它是一个主从结构，领头句（α）是John is eager，从属句（β）是to please。

如果我们从语义的角度考虑，is eager与want相近或基本相同，因此可以把它看作一个心理过程的体现形式。在图10中，我们把to please这个从属句看作投射句，是参考了Halliday（1994）的处理方法。Halliday（1994：289）认为，she wants to do it是一个主从结构，其中的she wants是领头句，to do it是投射句。如果我们把例（2）中的is eager看作和want一样，都是体现一种情感的意义，那么上面（2f）对例（2）的分析是可行的。

（2f）	John	is eager	to please.
及物性分析	感觉者	心理过程	心理过程
词类（嵌入结构）	名词	动词+形容词	动词不定式（小句）
词组结构分析	中心成分	操作词/主要动词+动词延长成分	主要动词
词组	名词词组	动词词组	动词词组
小句结构成分	主语	限定成分/谓体	补语（嵌入小句）
逻辑语义分析		领头句（α）	从属句（β）/投射句

图10. 概念功能分析

对is eager的分析值得进一步讨论。从词类看，is eager是动词和形容词，is是操作词和主要动词；从及物性分析的角度看，is eager所体现的是一个心理过程。这些都没有什么需要进一步讨论的。但是，为什么我们把is eager看作一个动词词组？两个成分之间的关系是什么？谓体是由哪个（些）成分构成的？这是我们需要回答的问题。

首先，我们把is eager当作一个动词词组是因为它们共同体现了一个心理过程（从这一点看，它们表达的意义与单个动词want相同）。由于它们体现了一个过程，所以这个组合就是一个动词词组。既然是动词词组，那它的中心词应该是is，而不是eager，因为is和其他限定动词一样受到人称、数、时、体等的限制，这个中心词在构成疑问和否定等结构时还起着操作词的作用（如 "Is John easy to please?" "John is not easy to please."）。从小句结构成分的划分看，is是限定成分（因为它受时、体、人称、数等的影响），同时又是谓体（predicator），这点与 "John is a teacher." 中的is是一样的："John [主语] is [限定成分/谓体] a teacher [补语]"。我们在上面（2f）的分析中把eager看作动词词组中的动词延长成分（main verb extension），这种做法是受到Fawcett（2008）的启发和影响的。

Fawcett（2008）认为，在进行功能句法分析时，有一类结构成分不能忽视，那就是动词延长成分。这个成分作为动词的延长部分，与动词一起表达一个过程。Fawcett（2008：184）的原话是这样说的："The Main Verb Extension has this name because it functions as an 'extension' of the Main Verb（M），so that the two elements JOINTLY express a Process."。Fawcett（2008：183-194）对动词延长成分进行了详细的讨论，并明确指出，在"I'm very pleased that they are here." 一句中，very pleased是动词延长成分（Fawcett 2008：188）。在这里，我们根据Fawcett（2008）的观点把例（2）中的eager当作动词延长成分，是有依据的，应该是合理的。

在图10中，作为操作词/主要动词的is和动词延长成分eager一起构成了动词词组，is一方面是操作词/主要动词，另一方面又是谓体的主要部分。（2f）的谓体由作为主要动词的is和动词延长成分eager一起构成，如图11所示：

（2g）	is		eager
词组结构分析	操作词	主要动词	动词延长成分
词组	动词词组		
小句结构成分	限定成分	谓体	

图11. 动词词组分析

这里的分析表明，功能句法分析与语义分析（如概念功能分析）是紧密联系的，这是因为，功能句法分析遵循以下原则：（1）以功能为导向的原则；（2）多功能性原则；（3）以意义为导向的原则。这些原则是根据系统功能语法的有关假定提出的，因为从本质上讲，系统功能语法注重的是"功能"而不是"形式"，是"语义"而不是"句法"。语言具有多功能性，形式是为意义服务的（参见黄国文 1999，2007）。

3.5 语篇功能分析

从语篇功能角度看，我们可以对例（1）和例（2）进行多维分析。在这里，我们主要从主位结构（thematic structure）和信息结构（information structure）两个方面做些讨论。

先看例（1）：从主位结构分析角度看，John充当主位，剩下的is easy to please是述位，话语的起点是John，信息的内容是由John展开的。从信息结构角度看，已知信息和新信息分布的情况一般应该是这样的：

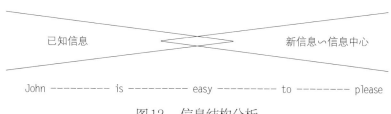

图12. 信息结构分析

根据图12，从信息的分布情况看，一个信息单位由已知信息和新信息构成，从已知信息逐渐转向新信息。位于句首的John传递的是已知信息，位于小句后半部的成分传递的是新信息。位于新信息部分的最后一个实义词（lexical verb）是信息中心所在，表达的是语义中心。就例（1）而言，新信息从is开始，信息中心落在最后一个实义词please上。

如果我们把例（1）改为例（1a）（To please John is easy.）或例（1b）（It is easy to please John.），那主位结构和信息结构就发生了变化。例（1a）的主位是to please，例（1b）的主位是it；例（1a）信息中心落在表示评价意义的easy上，例（1b）的信息中心落在John上。因此，例（1）、例（1a）和例（1b）的主位结构和信息结构是不一样的。

现在看看例（2）："John is eager to please."。例（2）的主位结构和信息结构与例（1）的一样，也是John充当主位，传递已知信息，剩下的部分is eager to please是述位，传递新信息，信息中心也是落在最后一个实义词please上。

但如前所述，例（2）不能改为例（2a）（*To please John is eager.）或例（2b）（*It is eager to please John.），因此例（2）的结构在本质上与例（1）的是

不一样的。我们在上面的讨论中也表明了这一点。

有一点特别值得指出，关于例（1b）（It is easy to please John）的主位结构分析问题，根据Halliday（1994）的观点，主位是it，但根据Thompson（2004/2008：153）的观点，主位部分应该是it is easy（to please John则是述位）。从文献上看还有第三种分析方法：加的夫语法把it is看作主位引发成分（thematic build-up），把easy当作强势主位（enhanced theme）。这里的强势主位属于"评价型"强势主位（参见黄国文1999）。

4. 结语

半个多世纪以来，英语语法研究者对"John is easy to please."和"John is eager to please."的研究兴趣从来没有间断过，他们从不同的角度对这两个结构进行分析，探讨出它们之间在深层结构的差异，绝大多数学者都是在形式语法理论框架中探讨问题的。

Chomsky的形式语法与Halliday的系统功能语法有很多不同的地方，这是众所周知的。但在句法与语义的关系方面，它们有一些相同点。例如：就"John is easy to please."和"John is eager to please."而言，形式语法讨论的是深层结构与表层结构的关系和不同，系统功能语法讨论的是语义与句法的关系和不同。但是系统功能语法是以意义和语义为重点的，形式与意义的关系是体现和被体现的关系，形式是为意义服务的。这点是系统功能语法与形式语法的主要差别之一。

本文的讨论表明，系统功能语法与形式语法一样都是解释性的理论，它们都有别于注重"描述"的语法理论。从本文的讨论可以看出，解释性的语法理论通过现象看本质，从深层的语义角度区分表面相似的语法结构，并做出理论的解释。

英语的"John is easy to please."和"John is eager to please."这一对句子是形式语法的领头人Chomsky在1957年创造出来的，他的目的之一是说明结构语法的表层分析所存在的问题，同时也用这对例子来说明句子有表层结构和深层结构。多年来，形式语法研究者从不同的角度、采用不同的研究方法来说明这对句子的差异，同时也展示形式语法的解释力。

就我们所接触到的文献而言，还没有见到在 Halliday 的系统功能语法框架中讨论这两个结构的文章。因此，本文试图从系统功能语法角度进行探索。虽然讨论是试探性的、初步的，但有一点是必须肯定的，那就是：作为解释性理论的系统功能语法，它可以用来分析和解释一般的描述性语法无法解释的语法问题。本文的讨论也表明，功能句法分析是以语义分析为基础的，句法分析与语义分析紧密相连。

参考文献

- 胡壮麟，朱永生，张德禄，李战子. 系统功能语言学概论 [M]. 北京：北京大学出版社，2005.

- 黄国文. 英语语言问题研究 [M]. 广州：中山大学出版社，1999.

- 黄国文. 系统功能句法分析的目的和原则 [J]. 外语学刊，2007（3）：39-45.

- CHOMSKY N. Syntactic structures [M]. The Hague: Mouton, 1957.

- CHOMSKY N. Aspects of the theory of syntax [M]. Cambridge, Mass: MIT Press, 1965.

- CHOMSKY N. Lectures on government and binding [M]. Dordrecht: Foris, 1981.

- FAWCETT R. Invitation to systemic functional linguistics through the Cardiff grammar [M]. 3rd ed. London: Equinox, 2008.

- HALLIDAY M A K. An introduction to functional grammar [M]. 2nd ed. London: Arnold, 1994.

- MARTIN J R, MATTHIESSEN C M I M, PAINTER C. Working with functional grammar [M]. London: Arnold, 1997.

- MARTIN J R, ROSE D. Working with discourse: meaning beyond the clause [M]. 2nd ed. London: Continuum, 2007.

- MARTIN J R, WHITE P R R. The language of evaluation: appraisal in English [M]. London: Palgrave，2005/北京：外语教学与研究出版社，2008.

- REZAC M. On tough movement [A]//BOECKX C. Minimalist essays [C]. Amsterdam: Benjamins, 2006, 288-325.

- THOMPSON G. Introducing functional grammar [M]. 2nd ed. London: Arnold, 2004/北京：外语教学与研究出版社，2008.

十一　英语动词词组复合体的功能语法分析¹²

1. 引言

最近几十年来，越来越多的语言学者认识到语篇分析的重要性，越来越多的人都从句子研究跨越到超句研究。功能语言学者在语篇分析方面做出了不懈的努力，系统功能语言学的创始人 Halliday（1994：xv）明确指出，他建构系统功能语法的目的是为语篇分析提供一个理论框架。他在《功能语法导论》的前言（1985：xvi-xvii）中说了一段有关语法分析与语篇分析之间的关系的话，大意如下：

20年前，当语言学研究的主流是句法时，有必要反对语法分析，因为语法分析既不是语言研究的开始，也不是结束，人们不用借助语法分析也完全可以很好地了解语言的性质和功能。但是，今天却有必要持相反的观点，并明确指出语法分析在语言学研究中的重要性。我现在之所以持这样的观点，不是因为我对这个问题改变了看法，而是因为问题本身已改变。目前人们关注的是语篇分析，有人认为语篇分析不需要语法分析，还有人认为语篇分析可以代替语法分析。这些看法是错误的。没有语法分析的语篇分析谈不上是分析。

---

12 原载《现代外语》2000年第3期，221—236页，为纪念桂诗春教授而作。

Halliday在该书正文的最后一段（1985：345）也说了一句与上述观点相似的话，其大意是：因为语篇是构成语言系统的语义潜势的实际体现，所以它是有意义的；正因为这一点，语篇研究不能与存在于语篇中的语法研究分隔开来。在该书的第2版上，Halliday（1994：xvi-xvii，366）仍然保留了上面这两段话。

我们在研读Halliday语言理论的过程中受到启发，认为语篇分析不能没有语法分析，也认为语法分析是语篇分析的基础。但是，我们所推崇的是功能语法（句法）分析，所进行的语法分析遵循"形式是意义的体现"（黄国文1998，1999a）这一功能原则。因此，我们这里所说的句法分析与传统的语法分析有实质性的差别。

本文从系统功能语言学的角度分析英语中的从属型动词词组复合体（hypotactic verbal group complex），目的在于展示功能句法分析的一些方法，同时把分析结果与传统的分析做些比较，希望本文的研究给句法研究带来一些启示。

2. 复合体概说

根据Halliday（1994）的观点，英语中有三类主要词组，即名词词组、动词词组、副词词组。在Halliday这个分类中，传统语法所说的形容词词组（如"You're very lucky."中的very lucky）被当作名词词组中的一个小类。此外，Halliday把even if，if only这些结构称为连词词组，把right behind，not without称为介词词组。但Halliday的这种分类法并不被所有系统功能语法学者所接受。此外，很多语法学者不区分介词短语和介词词组，但Halliday认为，介词短语与介词词组应严格分开。

传统语法所说的介词短语，英文名称为prepositional phrase，有人也称介词词组，英文名称为prepositional group。这个概念与上面所说的词组在结构上是完全不一样的，因为介词短语至少应由两部分（介词和介词的补足成分）组成。词组可由一个单词充当，而短语不行，因此，Halliday（1994：180）认为，词组是单词的扩展，而短语则是小句的紧缩。

有些系统功能语法学者（如Thompson 1996，可比较Bloor & Bloor 1995；

Fawcett in press）认为，英语中有四类词组，即名词词组、动词词组、形容词词组和副词词组。这几类词组有同样的组合结构：如果词组只由一个词充当，那它本身就是中心语（head）；如果词组由两个或更多的词构成，则其中一个是中心语，如表9。

表9. 词组结构分析

名词词组		scholars
	young	scholars
动词词组		work
	are	working
形容词词组		young
	very	young
副词词组		hard
	very	hard
组合结构	修饰语	中心语

这里所说的中心语和修饰语（modifier）是从语义的角度出发来描述的，这些词组的一个特点是中心语在语义表达方面起着决定性作用。

根据系统功能语法的级阶分析，英语语法中有四个层次的语法单位，称为级/级别，即小句、词组、单词和词素，这四个级形成了级阶。词素与词素的结合形成词素复合体（如pro- and anti-marketeers），单词与单词的结合形成单词复合体（如"These play an essential though unexplained role."），词组与词组的结合构成词组复合体（如"Those shoes are wrecking my feet and ankles."），而小句与小句的结合便构成了小句复合体（如"I left my hometown when I was 15."）。在语言使用中，词素复合体和单词复合体较少见，而词组复合体和小句复合体则非常普遍。

从词组复合体中词组之间相互依赖情况的角度看，可以区分出并列型词组复合体和从属型词组复合体两大类，例如：

（1）Unfortunately she got killed, got run over, by one of those heavy lorries.（并列型动词词

组复合体）

（2）She began to cry.（从属型动词词组复合体）

在例（1）中，got killed 和 got run over 是互不依从、地位平等的两个动词词组，我们可以把其中一个删去而不影响句子的结构。但是，在例（2）中，began 和 to cry 并不是地位平等的两个动词词组，我们不能随便把其中一个删去而保证小句结构上的完整性。本文准备讨论的是例（2）这类从属型动词词组复合体。为了叙述方便，下面除明确说明外，都把"从属型动词词组复合体"简称为"复合体"。

3. 复合体中成分之间的关系

3.1 相互依赖情况

从相互依赖情况看，动词词组复合体中的两个成分之间存在着主从关系。Halliday（1994：278）认为，第一个成分是主要成分，第二个成分是次要成分。用希腊字母表示便是：α^β（＾表示顺序关系）。Halliday 在说明这两个成分的主从关系时举了 tried to do 作例子，认为 tried 是主要成分（α），to do 是次要成分（β）。

我们认为，像 try to do 这类复合体中的两个成分确实存在着主从关系，但主要成分不是第一个成分，而是第二个，所以用希腊字母表示的公式应该是 β^α。这是因为，在各类复合体中（如 start to do，appear to do，try to do，regret to do，happen to do，详见下面的讨论），第二个动词词组表示的意义比第一个要重要得多，第一个成分表示的是"附加"意义，如表示"时间""努力""方式""情态"等（见下面§4）。Thompson（1996：191）明确指出，第一个成分的功能是从某个方面对第二个成分所表示的事件（event）进行修饰、说明、补充。我们不妨通过比较一些例子来说明这一点：

（3a）He tried to open the door.

（3b）He opened the door.

（3c）? He tried the door.

（4a）She happened to be there.

（4b）She was there.

（4c）? She happened there.

在上面这两组句子中，（3b）和（4b）两句在意义方面显然比（3c）句和（4c）更接近（3a）和（4a）句。在上面这些例子中，两个动词词组的逻辑–意义关系是扩展（expansion）（见下面§5）。

但是，如果复合体中两个动词词组的逻辑–语义关系不是扩展，而是投射，那它们的关系就是：第一个成分是主要成分，第二个成分是次要成分。用希腊字母表示便是：α^β（见下面§5）。

3.2 及物性分析

从及物性角度看，扩展型复合体中的两个动词词组体现的是一个过程，而这个过程类型是根据第二个动词来确定的（见 Martin et al 1997：117）。这点也可证明第二个动词比第一个重要。

从限定形式方面看，第一个动词可以是限定的，也可以是非限定的，而第二个动词则总是非限定的。句子的语气意义只可能由第一个动词来表达，因为第二个动词总是非限定成分。如果第二个动词采用不定式形式（Halliday 称之为 perfective），则它表示的是"未发生事件"（unreal），如果用-ing 形式（Halliday 称为 imperfective），则它表示"已发生事件"（real）。

从形式上看，上面例（4a）中含有两个动词词组，但由于这两个动词词组构成了动词词组复合体，而不是两个小句，所以例（4a）只是一个简单小句。下面例（5）看起来和例（4a）很相似，但它却是两个小句的结合结果，因此是小句复合体。

（5）He left to show his anger.

说例（5）是一个小句复合体，是因为它含有两个小句，He left 是首级（primary）句，to show his anger 是次级（secondary）句。我们可以通过主位化（thematisation），增加环境成分或增加（环境）成分标记等方法来检验是否是小句复合体，见例（5a）（5b）（5c）。

（5a）To show his anger, he left.（主位化）

（5b）He left suddenly（或 without saying "good-bye"）
　　　to show his anger.（增加环境成分）

（5c）He left in order to show his anger.（增加环境成
　　　分标记）

我们用同样的方法来检验例（2）：

（2a）? To cry, she began.

（2b）? She began suddenly to cry.

（2c）? She began in order to cry.

从例（2a）（2b）（2c）可以看出，例（2）并不是小句复合体，而是含有两个动词词组复合体的简单小句。

根据及物性分析，例（2）这类小句中只有一个过程，而决定过程类型是要看第二个动词词组的。这样，因为例（2）中的第二个动词是 cry，所以它是行为过程。像例（5）这样的小句复合体共有两个过程，动词 left 表示物质过程，show 表示言语过程。例（2）和例（5）的不同可以用图 13 表示：

She		began　　to cry.	
主语	"过去"；限定成分	谓体：begin + cry β ———————— α	
行为者		行为过程	

图 13.　行为过程分析

He	left			to show	his anger.
主语	"过去"；限定成分		谓体：leave	谓体：show	补足语
动作者	物质过程			言语过程	讲话内容
α ----------------------- β					

图14. 物质过程分析

从图13和图14可以看出：例（2）虽然含有一个动词词组复合体，但它只有一个过程，因此不是个小句复合体；而例（3）由两个过程组成，它是一个小句复合体。

4. 复合体中的语义关系

在扩展型复合体中，第一个动词词组可以表示不同的意义，如"时间"（time）、"现实"（reality）、"努力"（effort）、"方式"（manner）、"情态"（modality）。下面我们分别对这几类意义进行讨论。

4.1 "时间"意义

用于表示"时间"意义的动词主要有（1）begin, start, get；（2）go on, continue, carry on, keep on；（3）cease, end up, finish, stop这三类词。（1）类表示开始，（2）类表示继续，（3）类表示终止。表示时间的词指的是第二个动词词组所表示的意义的起点、进行状态或终点，例如：

（6）We'll start to enjoy the vacation next week.

在这里，start 指的是enjoy的开始点。在下面例（7）中，go on 指的是talking这一行为的继续：

（7）He went on talking for hours.

但下面例（8）中，cease 表示后接的动词词组所表示的意义的结束：

（8）The factory has ceased making bicycles.

在讨论表示时间的复合体时，有四点值得注意：

第一，有些动词词组既可后接不定式形式，也可后接-ing形式，意义区别不大或没有什么差别，如 begin to do —— begin doing, continue to do ——continue doing，cease to do —— cease doing。而有些虽然可以后接两种形式，但它们表示不同的意义，如 go on to do 表示做完了某事后继续做另外的事。例如：

（9）Having read Chapter One, he went on to read Chapter Two.

如果复合体中的第二个成分采用-ing形式，则表示某一动作继续进行，例如：

（10）There's no need to go on arguing about it.

第二，有些复合体的第一个成分在习惯用法上要求第二个成分采用-ing形式，动词 end up 就属于这一类（如 We ended up taking a taxi there.）。

第三，有些虽然在结构上既可以后接不定式，也可以后接-ing，但事实上只有当它后接-ing的结构时才是复合体，带有 stop 的结构就属于这种情况：

（11）（The meal was finished.）We two stopped talking.

例（11）中的 stopped talking 是个复合体，但下面例（12）中的 stopped to have 却不是：

（12）We stopped to have a rest.

例（12）是个小句复合体，we stopped 是控制句，to have a rest 是依赖句，它们之间存在的是增强关系。从及物性分析角度看，例（11）只有一个过程，它由一个构成动词词组复合体的结构体现，而例（12）有两个过程，分别由 stopped 和 have a rest 体现。例（11）和例（12）的不同可以用图 15 和图 16 表示出来：

We two	stopped talking.	
主语	"过去"；限定成分	谓体：stop + talking β ---------- α
说话者	言语过程	

图 15. 言语过程分析

We	stopped		to have	a rest.
主语	"过去"；限定成分	谓体：stop	谓体：have	范围
动作者	物质过程		物质过程	
α --------------------- β				

图 16. 物质过程分析

第四，当 stop 用于肯定式时，它表示的是"结束"意义，但当它用于否定式时，则表示"不结束"（即"继续"）意义。试比较：

（13）The meal was finished. But we didn't stop / went on / continued talking.

4.2 "现实"意义

用于表示"现实"意义的动词主要有 appear，seem，prove，turn out。这些词的使用表明了发话者对复合体中第二个动词词组所表示意义的可能性程度的表达。

（14）George seemed to have a high opinion of Lisa.

（15）He appears to have travelled quite a lot.

在例（14）（15）中，seemed和appears都表示讲话人对句子表示的意义的猜测程度，用了复合体就表明讲话人对所陈述的内容的把握性有保留。试比较：

（16）George had a high opinion of Lisa.

（17）He has travelled quite a lot.

在例（16）（17）中，过程只由一个动词词组体现，讲话人对句子所陈述的内容有充分的把握，原先的复合体，即例（14）和（15），所表示的猜测意义也随着seemed和appears的删除而消失了。

像turn out和prove这类词与seem和appear在表示"现实"意义方面有些不同，seem和appear主要是表达讲话人对所陈述的内容把握程度，而turn out 和prove的意义则是"成为现实"（becoming real）。例如：

（18）Though it looked like rain in the morning, it has turned out to be a fine day.

在例（18）中，turn out 的意义是"把……变为现实"，所以句子的意义是："尽管上午看起来要下雨，结果却是个好天。"在意义和结构上，prove与turn out很相似，例如：

（19）The play proved to be very good.

说turn out和prove在意义上相似，是因为它们表示的意义都是"结果是"或"原来是"，即"把……变为现实"，说它们结构上相似是因为它们后边的动词通常都是 to be。

很多传统的语法都会把例（18）和（19）中的 turn out 和 prove 当作不及物动词或联系动词（link verb）。按照这种观点，"It has turned out to be fine." 和 "The play turned out to be fine." 都是系表结构，不定式结构 to be ... 是表语（主语补足语）。但是，系统功能语法学者认为，to be 和 turn out 或和 prove 都构成动词词组复合体结构，to be 是小句中的主要动词，而不是主语补足语的一个部分。下面我们比较两种不同的分析法。

表 10. 传统语法分析法

It	has turned out	to be a fine day.
主语	系动词	主语补足语

It	has	turned out to be	a fine day.
主语/载体	"现在"；限定成分	谓体：turn out + to be	补语/属性
	β ――――――――――― α		

图17. 功能语法分析法

从表10和图17的分析可以看出，has turned out to be 被看作一个表示从属关系的动词词组复合体，它体现的是一个关系过程。从及物性分析角度看，it 是载体（carrier），a fine day 是属性（attribute）。比较表10和图17可以看出，根据传统语法所作出的分析，to be a fine day 是动词不定式结构充当补语，而根据功能语法分析，to be 是首级动词，而不是补语中的一个部分，它决定了整个小句的过程类型。

4.3 "努力"意义

用于表示"努力"意义的动词主要有 attempt，try，succeed，manage。这些词表示通过努力最终做到（或没做到）某事，例如：

（20）I attempted to explain but they wouldn't listen.

这些表示"努力"意义的词在结构上有些限制，例如：succeed通常只能后接in + -ing形式（而不能是不定式形式）。

（21）She succeeded in getting（*to get）the job.

按照传统语法分析，succeed在例（21）中是个不及物动词，in getting...是个介词短语（in 是介词，getting 是动名词），在句中充当状语。但是，按照功能语法分析，这里 succeeded in getting 是一个复合体，getting 是首级动词、主要动词。顺便一说，在系统功能语法中，含有"介词 + 动词 -ing"结构的形式是非限定小句，而不是介词短语。例如：在 He left without saying good-bye 一句中，without saying good-bye 是一个表示伴随（accompaniment）意义的小句，它表示一个言语过程。

例（21）可以用图18分析：

She	succeeded in getting		the job.
主语	"过去"；限定成分	谓体：succeed + get	补语
	β ------------------------- α		

图18. 复杂谓语的结构分析

在含有try的复合体中，第二个成分既可以是不定式，也可以是 -ing形式，但它们表示的意义有所不同。试比较：

（22）He tried to stand on his head but couldn't.

（23）We tried growing our own vegetables but soon
found it was harder than we'd imagined.

从例（22）和例（23）可以看出：try to do说的是"尝试去做"，相当于attempt to do，可能可以做到，也可能做不到；try doing则是说"做做看结果是怎样"，"做"这个动作肯定可以做到，但做后的结果是怎样就很难说。顺便一说，Lock（1996：98）认为，try to do 属于"努力"类，try doing 属于"方式"类。

　　动词 fail 和 avoid 也可作复合体的第一个成分，因为 fail 的意思相当于 not succeed in，而 avoid 则等于 manage not to。既然 succeed 和 manage 都属于这些成分，那 fail 和 avoid 也可以归入这一类动词。试比较：

（24）They all managed not to mention that name.

（25）They all avoided mentioning that name.

　　在这里，例（24）说的是他们经过努力而没有提及那个名字，（25）讲的是他们避免了提及那个名字，"努力"这一语义在例（24）中比例（25）中要明显些。

　　严格地讲，只有当 fail 被否定时才明显与"努力"这一意义有关。试比较：

（26）Don't fail to write when you arrive.

（27）He failed to understand its real significance.

　　在例（26）中，由于 fail 被否定，所以它表示的意义是"设法不要不"，而在例（27）中，肯定形式的 fail 并没有"努力"这一含义。

　　这里的讨论表明，表示"努力"含义的 fail 应用小句否定式，如像上面例（26）那样用 don't fail 或用 never fail，而 manage 用于表示"努力"意义时，它既可采用肯定式（如 He managed to finish the work on time），也可以采用部分否定形式，如上面例（24）的 managed not to mention，但不能采用小句否定式，因为用了小句否定后，"努力"这一含义就会消失。这点对于 try to do 这一结构也是一样的，不赘述。

4.4 "方式"意义

用于表示"方式"意义的动词主要有 regret，venture，hesitate，hasten。例如：

（28）I regret to say that Mr John Brown has died.

在例（28）中，复合体 regret to say 在意义上相当于 say with regret。所以在语义上 regret to 表示"方式"意义。事实上，复合体中的第二个动词词组通常由 to say，to tell，to inform 这类表示言语过程的动词充当。如果第二个动词词组采用 -ing 形式，则 regret 并不表示"方式"意义（参见下面的讨论）。

上述其他动词所构成的复合体在意义上也相当于"方式 + 过程"，例如：

（29）We ventured to question the decision.

（≈We questioned the decision tentatively.）

（30）I hesitated to ask him this favour.

（≈I asked him this favour reluctantly.）

（31）He hastened to remark that he was not against television.

（≈He remarked immediately that he was not against television.）

我国很多语法书或词典都会认为上面例（29）（30）（31）中的 venture，hesitate，hasten 是不及物动词（如张道真 1994：1657，652，632；陆谷孙 1993：819，797）。如果把这些词看作不及物动词，那它们后接的动词在句中的句法功能是什么呢？如果说成是状语，那可能会牵强些。如果不是状语，那又是什么呢？在这里，我们采用功能语法的做法，把它们看作复合体中的第一个成分，这样可能会合理些。

4.5 "情态"意义

用于表示"情态"意义的动词主要包括 tend，chance，happen，decline。这里所说的情态意义，主要是指这些动词表达一种与"机会"（chance）、"经常性"（usualness）和"意愿"（willingness）有关的意义。例如：

（32）She happened to see the accident.（≈She saw the

accident by chance.）

（33）I chanced to overhear their conversation.（≈ I heard their conversation by chance.）

（34）I tend to wake up early in the morning.（≈ I usually wake up early in the morning.）

（35）Mr Brown declined to comment on the news.（≈ Mr Brown was not willing to comment on the news.）

根据张道真（1994：727，189，1518）和陆谷孙（1993：792，285，1947），例（32）—（34）中的happen，chance和tend都是不及物动词。按照这种观点，不知道它们后面的不定式结构在句中充当什么句法成分？

5. 扩展与投射

如前所述，从属动词词组复合体中的两个动词词组存在着主从关系，这两个成分之间的逻辑–语义关系既可以是扩展，也可以是投射。

5.1 扩展

在复合体中，扩展指第一个动词词组在意义上对第二个成分的意义做补充说明，或做解释（elaboration），或表示延伸（extension），或表示增强（enhancement）。

Halliday（1994：278-291）对从属型动词词组复合体中两个成分之间的逻辑–语义关系作了比较细致的论述。他认为，如果第二个成分表示"解释"意义，那这个从属动词词组复合体事实上是一个联结（phase）结构。但是，如前所述（见§3.1的讨论），如果复合体中的两个成分的逻辑–意义关系是扩展，那么第二个成分是主要成分，而第一个成分是次要成分。表示"时间"和"现实"的结构都属于这一类。

如果复合体的第一个成分表示"延伸"意义，则两个成分之间形成了"意图"（conation）语义关系，用于表示"努力"意义的结构就属于这一类。

如果复合体的第一个成分表示"增强"意义，则两个成分之间形成了"意态"（modulation）语义关系，用于表示"方式"和"情态"意义的结构就属于这一类。

如前所述，我们不同意Halliday把扩展型复合体中第一个动词词组当作首要成分的看法。在我们看来，第二个动词词组才是首要成分。

表示扩展意义的"解释""意图"或"意态"关系的结构虽然由两个动词词组构成，但它表示的是一个单一行为。例如：例（2）表示的不是"开始"，也不是"哭"，而是"开始哭"；例（20）表示的单一行为是"试图解释"，而不仅仅是"试图"或"解释"；例（28）和例（32）分别表示的是"抱歉地说"和"碰巧看到"，而不是"抱歉和说"和"碰巧和看到"。

Halliday（1994：288）用"时间参考点"（time reference）来检验表示扩展意义的动词词组复合体。他认为，由于这类词组复合体表示单一行为，所以只有一个时间参考点。如果时间参考点是"明天"，则第一个动词词组要用将来时态，例如：

（36）He will start to do it tomorrow.（而不是He starts to do...）

（37）He will try to do it tomorrow.（而不是He tries to do...）

Halliday还指出，虽然 want to do 看起来与 start to do 和 try to do 十分相似，但它们实际上并不属于同一结构。我们既可以说"He will want to do it tomorrow."，也可以说"He wants to do it tomorrow."，因为"想"（wanting）和"做"（doing）有不同的时间参考点。正因为这一点，我们甚至可以这样说："Yesterday I wanted to do it tomorrow."，但是我们是绝对不能说＊"Yesterday I started to do it tomorrow."或＊"Yesterday I tried to do it tomorrow."。

虽然我们同意Halliday关于表示扩展意义的复合体的两个动词词组表示单

一行为的看法，但用是否只有一个时间参考点来检验不同结构的做法不一定总是适用的。Halliday 所举的例（36）和（37）的情况是正确的，但我们也不能否认，下面这类句子也是应该注意的：

（38）I happen to be free tomorrow.

例（36）中的复合体与例（32）的属于同一类，它们都是表示"意态"的结构。在例（38）中的 happen 和 be 如果是共有同一个时间参考点，那应像例（36）和（37）那样，用 will... tomorrow。但事实上，如果在例（38）的 happen 前面加上表示将来时间的 will，句子反而不正常。因此用时间参考点来检验某个结构表示扩展还是投射意义并不总是合适的。

5.2 投射

为了解释 want to do 中两个动词词组的关系，Halliday（1994：289）提出，它们之间存在着"投射"关系，to do 是被投射，它表示一种想法。want to do 中的 do 因为是一种想法，所以它并不一定意味着动作一定要发生，这点与表示扩展意义的结构相反。如在 start to do 中，do 所表示的动作是会发生的。如前所述（见§3.1），如果复合体中的两个动词词组的逻辑—语义关系是投射，则第一个词组是主要成分，第二个是次要成分。

Halliday（1994：289-290）认为，want to do 与 want somebody to do 有相似之处，两者都可看作小句复合体。下面我们对 Halliday 所举的两个例子作图解（参见 Halliday 1994：289）。

（39）
（40）

She	wants			to do	it.
She	wants		him	to do	it.
α ---------------------------------- `β					
主语	"现在"；限定成分	谓体：want		主语	谓体：to do	补语
感觉者	心理过程			动作者	物质过程	目标

图19. 心理过程与物质过程

从图19可以看出，she wants to do it 和 she wants him to do it 都是小句复合体，控制句是 she wants，依赖句（即投射句）分别是 to do it 和 him to do it。希腊字母 β 前的单引号 "'" 表示被投射的是"想法"（idea）。需要指出的是，Halliday（1994：290）也认为，she wants to do it 和 she wants him to do it 这类结构也可看作含有动词词组复合体的小句，但它们所表示的投射意义仍然是存在的。

和 want to do 属同一结构的情况还有一些。例如：

（41）They like to come by bus.（α—'β）

（42）They claim to know your father.（α—"β）

在例（41）中，被投射句和（39）—（40）的一样，都是"想法"，因此投射句（they like）与被投射句（to come by bus）之间的关系也是 α—'β。而在例（42）中，被投射的是"话段"（locution），即 "know your father" 是说出来的话，所以 β 之前要用双引号表示：α—"β。图20是例（42）的图解：

They	claim			to know	your father.
主语	现在：限定成分	谓体：claim		谓体：to know	补语
说话者	言语过程			心理过程	现象
α --------------------"β					

图20. 言语过程与心理过程

充当被投射句的非限定小句（不定式结构）除了例（39）（41）（42）中的有关结构外，下面例子中的斜体部分也是被投射句。例（43）中被投射的是"想法"，例（44）中的则是"话段"（见图21、图22）：

（43）

He hopes	*to be her boyfriend.*
He wishes	*to become the Director.*
α --------------------'β	

图21. 心理过程与投射

He threatened He promised	to blow up the city. to make her happy.
α --------------------" β	

图22. 言语过程与投射

上面的分析事实上已经把含有want to do这种结构看作小句复合体。Halliday（1994：289-290）认为，例（39）和（40）这类例子中的两个动词也可以看作投射动词词组复合体。图23和图24是他（Halliday 1994：290）的图解：

Mary		wanted	to go	
Mood		Residue		
Subject	"past" Finite	want Predicator		
			α --- →'β	
Actor	Process: material			

图23. 两个过程的小句之一

Mary		wanted	John	to go
Mood		Residue		
Subject	"past" Finite	want Predi-	Comp. -cator	
		α -------→ β		
Initiator	Process Material		Actor	

图24. 两个过程的小句之二

从图23、图24看，wanted to go和wanted John to go都是动词词组复合体。根据Halliday（1994）的观点，例（39）和（40）这类例子中的动词词组既可以看作复合体，也可看作小句复合体中的两个简单动词词组。

6. 复合体的语法分析

在功能句法分析中被当作动词词组复合体的结构在传统语法（如Quirk et al 1985，章振邦1997）中分别属于不同的结构，下面我们做些简单讨论。

6.1 两个动词的语法关系

根据传统语法分析，本文所说的复合体中的第一个动词充当谓语，第二个动词充当宾语。宾语可能采用不定式形式，也可能采用-ing形式，这要根据习惯用法（usage）和意义来决定。像decline，hope，manage，promise，threaten，want，wish这样的动词，它们要求充当宾语的动词采用不定式形式，而像avoid，finish这类动词，充当其宾语的动词要采用-ing形式。而attempt，being，start，cease，continue既可用不定式，也可用-ing形式充当宾语，意思上没多少区别。但像try，go on这类动词，充当其宾语的动词采用不定式或-ing形式表示的意义有明显的不同。这点在前面的有关地方已举例说明。

像stop这种动词，当它后接的成分是不定式时，在传统语法分析和功能句法分析中都是充当状语。像regret这种动词，当它后接不定式（如regret to say）时，在传统语法分析中是"动词＋宾语"结构，在功能句法分析中是扩展型动词词组复合体，但当它后接-ing形式（如regret saying）时，在传统分析中仍然是"动词＋宾语"结构，但在功能句法分析中则是投射型动词词组复合体。

表 11. 传统语法分析法

(45)	I	regret	to tell you that his father is ill.
(46)	I	regret	telling you that his father was ill.
	主语	谓语	宾语

(47)

I	regret to tell		you	that	his father	is	ill.
主语/讲话者	"现在";限定成分	谓体:regret + tell	补语/受话者		主语/载体	"现在";限定成分/关系过程	补语/属性
	× β ------ α				补语 / 讲话内容		
	言语过程						
投射句 α --------------- 被投射句 "β							

图25. 功能句法分析法之一

(48)

I	regret		telling	you	that	his father	was	ill.
主语/感觉者	"现在"限定成分	谓体:regret	谓体:言语过程	补语/受话者		主语/载体	"过去"限定成分/关系过程	补语/属性
	心理过程					补语/讲话内容		
			现象					
			投射句 α --------- 被投射句 "β					
投射句 α -------- 被投射句 "β								

图26. 功能句法分析法之二

上面的表11和图25、26说明，传统分析法在句法分析方面把regret to tell和regret telling都看成"动词＋宾语"结构，而功能句法分析则根据两个结构的不同语义关系做出不同的分析。例（47）和例（48）都是小句复合体。下面我们对图25和图26的分析做些解释。

图25说明，从及物性角度看，例（47）是一个言语过程，它涉及三个参与者角色，分别是讲话者（sayer）、受话者（receiver）和讲话内容（verbiage）。言语过程由一个动词词组复合体体现，复合体中的两个成分（即α和β）之间的逻辑–语义关系是"增强"（用×表示）。I regret to tell you是投射句（用α表示），that his father is ill是被投射句（用β表示）。由于被投射句属于"话段"，β前面有""。从句法层次看，I是主语，限定成分表示"现在"，并被嵌入在动词regret的现在式中，动词regret（除去表示"现在"的限定成分）和to tell在句中充当"谓体"，you充当补语，that his father is ill也充当补语。顺便一说，从

及物性角度看，his father is ill 是一个关系过程，his father 是载体，is 是关系过程，ill 是属性。

图中的 / 表示"重合"（conflation），即从句法角度看，I 是主语，但从及物性角度看，它是讲话者，所以用 / 表示 I 在不同的分析中是不同的成分。其他地方的情况也是这样。还有一点值得注意，Halliday（1994：79）认为，如果关系过程由动词 be 体现，在句法分析时只把 be 当作限定成分，而不把它当作限定成分与谓体的重合。因此在图 25 中，我们只见到"is:'现在'；限定成分"，而不是"is:'现在'；限定成分 / 谓体"。

如果我们比较图 25 和图 26，便可看出它们之间是存在明显的差异的。图 26 表明，I regret telling you that his father was ill 是一个心理过程，它涉及两个参与者角色，即感觉者和现象，感觉过程由一个简单动词 regret 体现。在例（48）中，regret 是表示"现在"的限定成分和充当谓体的 regret（即动词除去它的限定成分）的合成物，感觉者由 I 体现，现象由 telling you that his father was ill 体现。从逻辑—语义关系方面看，I regret 是投射句（α），telling you that his father was ill 是被投射句（β），是话段，所以用""表示。充当现象的 telling you that his father was ill 也是个含有投射的小句复合体，投射句是 telling you，被投射句是 that his father was ill，由于被投射的是话段，所以用"表示。在这个低一层的小句复合体中，telling 表示言语过程，它的讲话者是隐性的（covert），在这里没有形式上的体现，它的受话者是 you，而它的讲话内容则是 that his father was ill。从句法角度看，这个低一层的小句复合体没有显性（overt）主语，它的过程是由不含限定成分的 telling 来体现，两个补语分别由 you 和 that his father was ill 充当。体现讲话内容的 his father was ill 是个关系过程，它的情况与图 25 中的同一结构基本一样（只是 was 所表示的是"过去"，限定意义），不赘述。

6.2 链接结构

本文所说的一些复合体的第一个动词在传统语法中称为链接动词（catenative verb）（Quirk et al 1985: 146-147；章振邦 1997：413）。这些词包括：appear to，happen to，manage to，seem to，tend to，turn out to。Quirk et al（1985：

146）认为，这类动词表示的意义与"体态"（aspect）和"情态"（modality）有关，它们比半助动词（semi-auxiliary）更像主要动词，在否定和疑问时要借助操作词do（例如：Sam didn't appear to realize the importance of the problem. Did Sam appear to realize the importance of the problem?）。Quirk et al还认为，像appear这种动词是不能后接直接宾语的，而像attempt这种主要动词则可以。他们还举了例子（John attempted an attack on the burglar. *John appeared an attack on the burglar）进行比较。按照Quirk et al的观点，在appear to do结构中，两个动词构成一个链接结构，这点与功能语法把它当作动词词组复合体的看法基本相同。但像attempt to do这种结构，在Quirk et al的分析中，谓语动词只由attempt充当，to do是动词宾语，这点与本文的分析相去甚远。

一般的词典（如陆谷孙1993；张道真1994）都会把appear这种词当作不及物动词，而把attempt这种词当作及物动词。Quirk et al（1985：146-147）的分析反映了这种普通的看法。

6.3 特殊复合体结构

Downing & Locke（1992：330）认为，be able与attempt和manage一样，可以用于表示"努力"的复合体结构中。根据这一观点，例（49）中的斜体部分是本文所说的复合体：

（49）He *was able to finish* the project before the end of the year.

从语义角度看，was able to finish与managed to finish或succeeded in finishing非常相近。如果我们的句法分析是从语义出发，那把例（49）中的斜体部分当作动词词组复合体也是可以接受的。

从功能句法角度看，上面例（49）可以这样分析：

He	was	able	to finish	the project	before the end of the year.
主语/ 动作者	"过去"; 限定成分	限定成分 延续部分	谓体: finish	补语/目标	状语/环境成分（时间）
	β ———————————— α				
	物质过程				
名词词组	动词词组（复合体）			名词词组	介词短语

图27. 动词词组复合体

　　图27与前面一些图解大致相同或相似，只是对able的分析前面并没有出现过。在这里，我们参考Fawcett（in press）的做法，把able当作限定成分的"延续部分"。所谓延续部分，是指这个成分在意义上对限定成分进行补充，并与它一起构成新的意义。

　　如果我们可以把be able to do 当作一个动词词组复合体，那我们也可把be likely to do，be sorry to do，be eager to do结构也看成复合体，因为这些结构在语义上分别与上面讨论过的有关结构相同或相近：

　　　　be likely to do ⟷ appear to do，seem to do

　　　　be sorry to do ⟷ regret to do，regret doing

　　　　be eager to do ⟷ hasten to do

　　由于appear to do和seem to do 在意义上相近，所以be likely to do与这两个结构也相近。值得注意的是：be sorry to 在意义上既可能与regret to do相近，又可能与regret doing相近，这要视具体情况而定。例如：

　　　　（50）I am sorry to tell you that his father is seriously ill.

　　　　　　（ → I regret to tell you that his father is seriously ill. ）

　　　　（51）I am sorry to have been so foolish.

　　　　　　（ → I regret being so foolish. ）

从动作发生的顺序角度看，在 regret to do 这一结构中是先有 regret 才有 do，而在 regret doing 结构中，是先有 doing 后才有 regret。在上面例（51）中，由于 have been so foolish 用的是完成体态，所以它表示的时间比 "am sorry" 早出现，在意义的表达方面它与 regret doing 结构相近。

6.4 复杂复合体分析

在前面的分析中，所涉及的复合体都仅由两个动词词组构成。在本节中，我们试图分析一个由四个动词词组构成的复合体，目的在于揭示它们之间的关系。先看例子：

（52）He seemed to begin to try to study hard.

这个例子中的 seemed to begin to try to study 是一个动词词组复合体，由于它含有四个动词词组，我们称它为复杂复合体。这四个动词词组之间的关系是"从属：扩展"。try 表示"努力"意义，begin 表示"时间"意义，seemed 表示"现实"意义。这三个动词与主要动词 study 的关系紧密程度由它们的位置决定，try 最紧密，seemed 最疏远。这四个动词词组之间的逻辑－语义关系见图28：

seemed	to begin	to try	to study
δ =	γ =	β +	α

图28. 动词的逻辑－语义关系之一

标示为 α 的 study 与标示为 β 的 try 之间存在延伸（用 + 表示）的扩展关系，而 try 与标示为 γ（gamma）的 begin 之间的扩展关系是解释（用 = 表示），begin 与标示为 δ（delta）的 seem 之间也存在着解释关系。

下面看看例（52）的图解：

He	seemed to begin		to try	to study	hard.
主语/ 动作者	"过去";谓体：seem + begin + try + study 限定成分				状语/ 环境成分
	δ	γ	β	α	
名词词组	动词词组复合体				副词词组

图29. 动词的逻辑－语义关系之二

从图29可以看出，例（52）是个物质过程，he是动作者，hard是环境成分。

7. 结语

本文从系统功能语法的角度对英语从属型动词词组复合体进行分析，目的在于演示功能句法分析的方法，同时把功能句法分析与传统句法分析进行一些比较。如前所述，我们所进行的句法分析是以功能语言学为基础的，所做的语法分析遵循"形式是意义的体现"这一功能原则。在我们看来，这种句法分析是语篇分析的一个重要组成部分，因为"没有语法分析的语篇分析谈不上是分析"（Halliday 1994：xvi）。

从本文的讨论可以看出，功能句法分析由于以意义为出发点，所以有些分析与传统的分析相差甚远。我们在进行功能句法研究时碰到这样的难题：如果过分注重意义，所做的分析就不易被不熟悉功能语法的人接受；但如果不根据语义原则来进行分析，则与以形式为起点的分析没多少不同。关于这一难题，黄国文（1999b）曾提及。黄国文还以"He is capable of reading it."一句的功能句法分析为例讨论了形式与意义的关系。对于这个问题，他的结论是"在考虑意义方面，功能句法分析有传统语法所没有的特点，但从形式上看，有的功能分析又不易被人接受"。

本文讨论的要点归纳如下：

动词词组复合体有并列型和从属型之分，本文讨论的是从属型。

在从属型复合体中，各个成分之间存在着"主从"关系；在语言体现方面，表示主从关系的主要成分和次要成分的顺序要根据扩展型和投射型的不同来确定。

如果一个过程由动词词组复合体体现，在扩展型中，过程类型主要根据第二个成分来确定，在投射型中，过程类型则主要根据第一个成分来确定。

扩展型复合体中的次要成分有可能表示"时间""现实""努力""方式""情态"等意义。

复合体中的两个（或更多的）动词词组之间存在的逻辑–语义关系既可以是扩展，也可以是投射。在扩展型中，主要成分在后，次要成分在前；在投射型中，主要成分在前，次要成分在后。

以系统功能语法为基础的句法分析与传统语法分析存在着差异，主要原因是功能句法分析是以语义为基础的。

本文的理论基础是 Halliday（1994）的功能语法，但在具体分析中我们对 Halliday 的一些做法和观点进行重新审视，并提出了自己不成熟的看法。关于动词词组复合体中两个成分之间的互相依赖情况问题，本文不同意 Halliday 的看法，并从几个方面进行了论证。

参考文献

- 黄国文. 形式是意义的体现 [J]. 外语与外语教学，1998(9): 47-51.
- 黄国文. 英语语言问题研究 [M]. 广州：中山大学出版社，1999a.
- 黄国文. 从功能语言学角度看英语句法分析 [J]. 中山大学学报（社会科学版），1999b(4): 62-69.
- 陆谷孙. 英汉大词典 [Z]. 上海：译文出版社，1993.
- 张道真. 现代英语用法词典 [Z]. 北京：外语教学与研究出版社，1994.
- 章振邦. 新编英语语法（第三版）[M]. 上海：上海外语教育出版社，1997.
- BLOOR T, BLOOR M. The functional analysis of English [M]. London: Arnold, 1995.
- DOWNING A, LOCKE P. A university course in English grammar [M]. London: Prentice Hall, 1992.
- FAWCETT R. Syntax: a handbook for the functional analysis of English [M]. London: Continuum, in press.
- HALLIDAY M A K. An introduction to functional grammar [M]. London: Arnold, 1985.
- HALLIDAY M A K. An introduction to functional grammar [M]. 2nd ed. London: Arnold, 1994.
- LOCK G. Functional English grammar: an introduction to second language teachers [M]. Cambridge: Cambridge University Press, 1996.
- MARTIN J R, MATTHIESSEN C M I M, PAINTER C. Working with functional grammar [M]. London: Arnold, 1997.
- QUIRK R, GREENBAUM S, LEECH G, SVARTVIK J. A comprehensive grammar of the English language [M]. London: Longman, 1985.
- THOMPSON G. Introducing functional grammar [M]. London: Arnold, 1996.

十二　英语比较结构的功能句法分析[13]

1. 引言

在国外学术界，著名学者的同事、学术朋友、学生或崇拜者会在特别的时候为某位学者编纪念论文集（festschrift），以表示对他的敬意。这类论文集的论文通常由这位学者的同事、学术朋友、学生、崇拜者等撰写，论文集要么直接在标题上点明是为某人而编（如 *Studies in English Linguistics for Randolph Quirk*），要么在副标题上说明为某人而编（如 *Data, Discourse and Description: Essays in Honour of Professor John Sinclair* 和 *Principle and Practice in Applied Linguistics: Studies in Honour of H. G. Widdowson*）。出这样的纪念文集通常都有一个特别的理由（如某人大寿、退休、庆祝某项活动等）。系统功能语言学创始人 Halliday 要退休时，他的同事、学术朋友、学生、崇拜者便着手为他编了四种纪念论文集，作者分别是（1）Steele & Threadgold（1987），Vol. 1 and Vol. 2；（2）Hasan & Martin（1989）；（3）Fries & Gregory（1995）；（4）Berry, Butler, Fawcett & Huang（1996）。在国际应用语言学界，像 Sinclair, Widdowson, Candlin, Hoey 等人也都有这样的纪念论文集。

---

13 原载董燕萍、王初明编，《中国的语言学研究与应用》，上海：上海外语教育出版社，2001年，438—460页。

广东外语外贸大学的学者也为桂诗春先生编辑纪念论文集，以致敬桂先生在语言学与应用语言学方面所做出的贡献，这是一件非常值得做的事。就桂先生在国内外的学术地位和学术影响而言，这样的专集早就应该出版。我能有机会为这个专集献上一篇习作，感到十分荣幸。我要感谢纪念文集编者给我这个机会。

在此之前我曾两次为我所敬仰、崇拜的师长的纪念论文集献上习作。第一次是1994年，我将 *Experiential Enhanced Theme in English* 献给 Halliday（见 Berry，Butler，Fawcett & Huang 1996：52-112），第二次是三年后的1997年，所写的《从方式原则看广告语篇中的语码转换》（见黄国文、张文浩 1997：240-252）献给了王宗炎先生，那部论文集是为了庆贺王宗炎先生85岁寿辰及从教55年而特编的。这一次献给桂诗春先生的习作是1997年的三年后，是一次令人高兴的巧合。

我在广东外语外贸大学工作期间曾先后两次正式修过桂诗春先生讲授的五门课，课程的名称分别是：英语词汇学、应用语言学、普通语言学、心理语言学、实验设计与统计学。虽然我不是个出色的学生，但也从桂先生那里"拿"走了这些课的学分。不过，我觉得我从桂先生那里学到的东西远远不止于他的授课内容和他所发表的学术论文和所出版的专著内容（见陈建平 1998：30-32）。在有幸与他在一个系工作的十余年里，桂先生的为人和治学深深地影响了我。我想，先生的学术思想影响的不仅仅是我们这些有幸亲耳聆听他的教诲的人，而是整整一代人，一代有志于把应用语言学的理论与中国的教学实践结合起来的千千万万中国外语教师。

最近几年来本人的研究兴趣主要是系统功能句法（见黄国文 1998a，1998b，1998c，1998d，1999，2000），这篇习作是这个研究课题的一部分。本文准备讨论的是英语比较结构的功能句法分析，主要目的是试图从一个新的视角对一个旧的题目进行探讨，从而证明功能句法分析有助于我们对一些熟悉的结构重新审视。

一般的语法书（如 Close 1975；Quirk et al 1985；张道真 1980）在讨论形容词和副词时都会论及这两个词类的比较级问题，并认为由 than 和 as 引导的从句是状语从句的一种。我国出版的大多数语法书也采用这种观点。根据这种做法，下面例（1）和例（2）中的斜体部分是状语从句：

（1）George is quicker *than I am.*（Close 1975：62）

（2）He worked as fast *as a skilled worker.*（张道真 1980：493）

Quirk et al（1985）虽然没有明确说上述这类例子中的斜体部分是状语从句，但他们认为 than 结构和 as 结构是从句这一点是无疑的（见 Quirk et al 1985：1127-1146）。

本文准备讨论的问题是：把例（1）和例（2）中的斜体部分看作状语从句是否合适？例（1）中的形容词比较级形式 -er 与后接的 than I am 之间存在什么关系？例（2）中的第一个 as 与 as a skilled worker 之间的关系又是如何？本文的理论基础是系统功能语言学（Halliday 1994；Fawcett 1976/1981，1995，in press；Bloor & Bloor 1995；Downing & Locke 1992；Lock 1996；Thompson 1996），句法分析所遵循的原则是"形式是意义的体现"（黄国文 1998a，1999）。

2. 比较结构的初步句法分析

Quirk et al（1985：1144-1146）指出，对含有比较结构的句子目前有两种分析。第一种是传统的分析法，把比较从句当作状语（A-adjunct），如下面例（3）中的 than Bill is，把比较成分（comp-element），如下面例（3）中的 more intelligent，当作主语补足语（Cs-subject complement）：

```
      S    V     Cs              A
（3）John  is  more  intelligent  than  Bill  is（Quirk et al 1985:1144）
```

第二种分析法是把比较从句连同其前面的比较项（comparative item），如例

（1）中的-er和例（3）中的more，当作程度修饰语（degree modifier）。按照这一观点，下面例（1a）（2a）和（3a）中的斜体部分就是这种程度修饰语：

（1a）George is quick*er than I am.*

（2a）He worked *as fast as a skilled worker.*

（3a）John is *more* intelligent *than Bill is.*

至于比较项与比较从句之间的关系，Quirk et al（1985：1145）认为：比较从句充当比较项的补足成分。具体地说，在例（1a）中，than I am充当-er的补足成分，在例（2a）中，as a skilled worker充当它前面的as的补足成分，在例（3a）中，than Bill is是more的补足成分。

根据这个分析，例（1）中的quicker，例（3）中的more intelligent和比较从句这些比较成分都不单独充当句子的直接成分，而是两者结合在一起时才成为句子的直接组成部分。例如：

（3）John is more intelligent than Bill is.
　　　S　　V　　　　　Cs

（1b）George is quicker than I am.
　　　　S　　V　　　　Cs

Quirk et al（1985：1145）对例（3b）中的主语补足语（Cs）中各个部分之间的关系是这样分析的：

（3b）John is more intelligent than Bill is.
　　　　S　　V　　　　　Cs

（1b）George is quicker than I am.
　　　　S　　V　　　　Cs

Quirk et al（1985：1145）对例（3b）中的主语补足语（Cs）中各个部分之间的关系是这样分析的（见图30）：

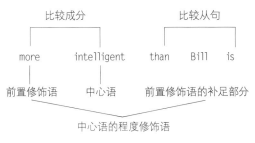

图30. 比较成分与比较从句之一

按照Quirk et al（1985：1145）的观点，上面例（1b）中的主语补足语可以这样分解（见图31）：

图31. 比较成分与比较从句之二

Quirk et al（1985）对英语的比较结构所做出的句法分析比传统的分析要深入和细致得多，这对探讨比较结构中各个成分之间的语义关系有很大帮助。但对英语比较结构的研究还可以深入，有些问题还可以进一步探讨。

3. as从句和than从句的性质

如前所述，很多语法学者（如Close 1975；张道真 1980）都认为例（1）和例（2）中的as从句和than从句是表示比较的状语从句，即比较状语从句（adverbial clause of comparison）。

在对从句的宏观分类上，黄国文和肖俊洪（1996）没有根据从句在小句中的语法功能（如主语、宾语、定语、状语等）把从句分为主语从句、宾语从句、定语从句等，而是从从句与句子其他成分之间的关系角度把英语的从句分为三大类，即小句成分从句（clause as clause element）、短语（词组）成分从句（clause as phrase/group element）、独立成分从句（clause as independent element）。他们把传统语法书中所说的比较状语从句当作短语（词组）成分从句。这种做法是基于这么一个认识：例（1）和例（2）中的从句并不充当小句的直接成分，这种小句是用来修饰或说明短语（词组）并与短语（词组）一起充当小句成分的。顺便指出，很多传统语法书不区分词组和短语，因此既可以说名词词组，也可以说名词短语，二者没什么区别。但在Halliday（1985，1994）的系统功能语法中，词组和短语是两个不同的概念。

把传统语法所说的比较状语从句当作短语（词组）成分从句，而不是小句成分从句，这表明黄国文等对这类小句的性质有了与传统语法学者不同的看法。

根据黄国文、肖俊洪（1996：179-180）所提出的分析方法，例（1）中的George is quick和例（2）中的he worked fast是主句，他们称为matrix clause（母句），-er than I am和as ... as a skilled worker是从句。这种分析法的优点是能够把more（或-er）、as与than/as从句之间的结构关系明确表示出来，但缺点是没有揭示"more（或-er）... than"从句或"as ...as"从句与形容词（或副词）之间的结构关系。

根据章振邦等（1997：1442-1443）的观点，例（1）中的than I am修饰其前面的-er，例（2）中的as a skilled worker修饰其前面的as。这种做法与Quirk et al（1985）的观点是一致的。这种分析法的优点在于把比较从句看作修饰成分，而缺点则是：一方面把-er（或more）和as当作带修饰成分的核心，另一方面又没有把这个核心成分与小句中其他成分的关系明确表示出来。因此也许这样可以说，无论是章振邦等（1997），还是黄国文和肖俊洪（1996），他们对比较结构的研究还有很多改进的余地。

4. 早期的系统功能学者对比较结构的看法

早期的系统语法学者便对比较结构中比较成分和从句之间的关系作了有益的探讨。Sinclair（1972：207）指出，在例（4）中，as cheap as yours是个以形容词充当中心语的词组（adjective-head group）：

（4）They're as cheap as yours.

Sinclair 认为，as 是前置修饰语（modifier），cheap 是中心语（head），as yours 是后置修饰语（qualifier）。

Young（1980：290-291）对比较成分与从句的结构关系的描写基本与 Sinclair 一样，但他所举的例子与 Sinclair 有所不同。在涉及形容词和副词词组时，他举的是含有 than 从句的比较结构，而且比较成分都是由一个单词体现（即通过在形容词或副词后面加上后缀 -er，而不是采用"more + adjective"结构）。下面的两个例子是 Young（1980：290）举的：

（5）（This cup is）　<u>bigger</u> | <u>than that one is.</u>
　　　　　　　　　　　　H　　　　　　Q

（6）（Bill runs）　<u>faster</u> | <u>than Jack does.</u>
　　　　　　　　　　H　　　　　　Q

按照 Sinclair（1972）的观点，上面例子中的 bigger 和 faster 实际上是"head+ modifier"（即 big + ger，fast + er）结构。试比较：

（7）（This story is）<u>more interesting</u>　<u>than that one is.</u>
　　　　　　　　　　M　　　　　　　H　　　　　　Q

我们认为，Young（1980：290）对例（5）和（6）的形容词和副词词组的结构描写不够准确，因为句中的 bigger 和 faster 是形容词和副词的比较级，它们是由形容词和副词与其比较项构成的复合物。

Sinclair（1972）和 Young（1980）都注意到，比较从句除了出现在形容词词组和副词词组中以外，还出现在名词词组之中。下面例（8）是 Young

（1980：291）举的：

（8）（I've read）<u>longer</u>　<u>books</u>　<u>than that one is.</u>
　　　　　　　　　　M　　　　H　　　　Q

在我们看来，例（8）中的longer不能简单看作books的前置修饰语，因为严格地讲，后缀-er的出现与than结构的出现有关，没有than从句就不能用形容词的比较级（即longer），反之亦然。此外，把than从句和as从句简单看作名词中心语的后置修饰语是不合适的。

Sinclair虽然也注意到名词词组中的比较从句，并举了例作说明，但他也没有对含有比较从句的名词词组进行详细的描述。因此，Sinclair（1972）和Young（1980）对含有比较结构的词组中各个成分的结构描写还存在着改进的余地。

5. 比较结构的功能分析

加的夫语法是系统功能语法中的一种"方言"，是以Fawcett为首的语言学者建构的一个系统功能语法模式（见黄国文1995，1999）。关于这个语法模式的一些理论和方法，可参见Fawcett（1976/1981，1980，1995，in press），Fawcett & Huang（1995），Fawcett，Tucker & Lin（1993），Tucker（1998），黄国文（1999），Huang & Fawcett（1996），冯捷蕴（Feng 2000）。

我们所见到的用加的夫语法模式的理论分析英语比较结构的公开发表的论文来自Tucker（1992）。但分析最全面的是Fawcett（1995）。下面我们根据Fawcett（1995）的分析对英语的比较结构做些讨论，同时对Fawcett的一些做法做些评论。

5.1 质词组中的比较结构

在加的夫语法中，没有一般语法书所说的形容词词组和副词词组，这两类词组被看作质词组（quality group，如 very young、very frequently 等），与之并列的还有量词组（quantity group，如 very much、much more、a large number、five kilos 等）、名词词组和介词词组。顺便指出，很多系统功能学者（见 Thompson 1996）都认为英语中有四类词组和一类短语，即名词词组、动词词组、副词词组、形容词词组和介词短语。但值得注意的是，Halliday（1994）并不是这样划分的，他（1994：211-212）甚至把 even if、just as、if only 这类组合称为连词词组（conjunction group），把 right behind、not without 等组合称为介词性词组（preposition group）。此外，对大多数系统功能学者来说（Halliday 1985，1994；Thompson 1996），介词性词组与介词短语是两个完全不同的概念。但是，Fawcett（1995）把 Halliday（1985，1994）等所说的介词短语说成是介词词组（prepositional group），他不区分短语（phrase）和词组（group）。Downing & Locke（1992）也用 prepositional group（介词词组）来指 Halliday 等所说的介词短语。

在质词组中，必选的（obligatory）成分称为主体（apex），它表示的是某一物体（thing）的质（如 "She is nice." 和 "She is a nice girl." 中的 "nice"）或某一情形（situation）的质（如 "She speaks nicely." 中的 "nicely"）。在含有比较从句的质词组中，除了有充当主体的成分外，还有一个表示主体所带的质的数量多少的成分，这个成分同时也表示某种关系（reference）。前面例（3）中的 more 就属于这种成分。在加的夫语法中，这个成分被称为调节语（temperer），这个调节语预示着主体后面要出现某一表示完成（finishing）意义的成分，这一成分称为完成语（finisher）。下面我们用加的夫语法来解释例（9）：

（9）Henry is more careful than George is.

在这个例子中，充当补足语的 more careful than George is 是一个质词组，careful 是主体，more 是调节语，than George is 是完成语。Careful 表示某一物体（即 Henry）的 "质"，即特性，more 表示 careful 这一特性的数量，即 "多"，它同时也预示着主体后面会出现一个表示 "比哪一个多" 的成分，这个成分就是完成语 than George is。无论从结构还是从意义的角度看，有了调节语就会有完成语。当然，在实际语言体现方面，完成语有时因有特定的语境也可以不出现（体现）。例如：

（10）A: I think George is careful.

B: I agree, and Henry is more careful.

在这里，B 的话段 and Henry is more careful 所表示的意义是 and Henry is more careful than George is，但由于比较范围明确，所以在语言体现时完成语（than George is）便没有出现。

值得指出的是，调节语既可以表示主体所带的质的"多"，如上面例（9）中的 more，也可表示主体所含的质的"少"，例如：

（11）George is less careful than Henry is.

在这个例子中，调节语 less 表示的是主体所带的质的"少"。无论是"多"还是"少"，这种意义的表达都要根据完成语的意义才能确定比较范围。

在例（3）（7）（9）（10）和（11）中，调节语都由一个单词充当（如 more、less）。在例（2）和例（4）中，调节语也是由一个单词充当（即 as）。在例（1）（5）和（6）中，调节语在语言体现方面成了充当主体的形容词或副词的后缀。因此例（1）中的 quicker，例（5）中的 bigger 和例（6）中的 faster 体现的都是主体和调节语的合成体。在下面例（12）中，调节语由一个含有两个单词的量词组（即 much more）充当：

（12）Helen is much more beautiful than Mary.

根据加的夫语法的分析，much more 在例（12）中是一个量词组，其中 more 是量额（amount），much 是调整项（adjustor），这个量词组在质词组中充当调节语。

从功能句法角度看，例（1）（3）（4）（5）（7）（9）（11）和（12）都属于"主语+操作词/主要动词+补足语"结构，其中操作词和主要动词由一个动词（即is、are）体现，因此属于重合（conflation）现象。补足语都是由含有调节语和完成语的质词组充当，其中有些质词组的主体和调节语只由一个单词体现，如例（1）中的quicker，有一个质词组的调节语则由一个量词组体现，即例（12）中的much more。在例（2）和（6）中，质词组（即as fast as a skilled worker, faster than Jack does）在小句中充当状语，表示方式。

5.2 名词词组中的比较结构

在前面例（8）中，比较结构出现在名词词组中。从Young（1980：291）对例（8）的分析看，他和Sinclair（1972）一样认为than从句和as从句是名词中心语的后置修饰语，见（8a）：

（8a）... yonger   books   than that one is.
        M   H   Q

虽然名词词组可以由"M（modifier）+ H（head）+ Q（qualifier）"构成，如下面例（13）中的young girls who are blonde，但这种组合与例（8a）在本质上是有区别的。

（13）（He likes）   young   girls   who are blonde.
                 M   H   Q

如果我们比较例（8a）和（13），便可看出，例（13）中的who are blonde是补充说明young girls，它的出现与否并不影响小句的语法结构和意义。我们既可以说例（13），也可以说He likes young girls。与此相反，例（8a）中的than that one is的出现与否与longer有关。有了形容词的比较级（er或more）就必须有than结构，尽管有时在语言体现方面这个结构并不一定要出现。无论than结构是否出现，用了形容词（或副词）的比较级形式就表达了语义上的比较，这点是例（13）这种结构中所没有的。从这一点看，把例（8a）和（13）看作同类结构是不合适的，因为功能句法分析的一条原则是"形式是意义的体现"（黄国文1998a，1999）。形式相同，所体现的意义就相同；而当意义不同时，所采用的体现意义的形式也就不同。

按照加的夫语法，例（8a）中的longer ... than that one is是个质词组，它充当books的前置修饰语。在这个质词组中，long是主体，-er是调节语，than that one is是完成语。下面再分析一个例子：

（14）It was a more beautiful view than I had ever seen before.（Sinclair 1972：160）

这是一个"主语+操作词/主要动词+补足语"的例子，补足语由一个带有比较结构的名词词组充当。这个名词词组由几个成分组成：view是中心语，more beautiful ... than I had ever seen before是修饰语，a是指示语（deictic）。充当修饰语的质词组由三个部分组成：主体（beautiful），调节语（more）和完成语（than I had ever seen before）。

在例（14）中，在名词词组中充当修饰语的more beautiful ... than I had ever seen before 属于一个非连续（discontinuous）结构。如果我们把例（14）改为（14a），则修饰语中没有出现非连续现象：

（14a）It was a view more beautiful than I had ever seen before.

同理，我们也可把例（8）改为（8b），这样充当修饰成分的结构也就不出现非连续现象：

（8b）（I've read）books longer than that one is.

从例（8b）可以看出，充当名词中心语的修饰成分只有一个，即 longer than that one is。从这一点看，Young（1980：291）把它当作两个修饰成分，即前置修饰语（modifier）和后置修饰语（qualifier），是不合适的。从结构的角度看，例（8）与例（8b）和例（14）与例（14a）是不完全一样的。

现在我们再来看例（8）和（14）中的修饰成分，看应该把它们当作前置修饰语还是后置修饰语。我们认为：如果我们承认这两个例子中都出现了非连续现象，则应把这个修饰语当作前置修饰语；如果把例子分别改成（8b）和（14a），则这个修饰语是后置修饰语。值得注意的是，如果 longer than that one is 是后置修饰语，则可认为（8b）和下面（8c）相近：

（8c）（I've read）books which are longer than that one
is.

根据传统语法，例（8）中的 than that one is 是整个句子的状语从句，而在（8c）中它则是句子的定语从句中的状语从句。但从系统功能语法角度看，无论在例（8）还是例（8c）中，than that one is 都是词组成分。

5.3 量词组中的比较结构

上面 §5.1 和 §5.2 中所讨论的质词组和名词词组中的比较结构，实际上都是质词组中的比较结构，所不同的是，在 §5.1 中，质词组单独在小句中充当补足语，而在 §5.2 中，质词组在名词词组中充当前置修饰语。

本节准备讨论的是含有比较结构的量词组。它的作用既可以是名词词组中的前置修饰语，如下面例（15）中的 more ... than she wanted；也可以是状语，如下面例（16）中的 more than he loved her；还可以是补足语，如例（17）中的 more than he wanted to 等。

（15）She had eaten more ice-cream than she wanted.

（16）Gladys loved Keith more than he loved her.

（17）John didn't say more than he wanted to.

根据加的夫语法，例（15）（16）和（17）中的 more than ... 都是量词组，其中 more 是量额，than 从句是完成语，more 体现的是调节语和数量。顺便指出，根据传统语法，例（17）中的 more than he wanted to 是宾语，但在系统功能语言学中，它被称为补足语。

试把例（15）与下面例（15a）作比较：

（15a）She ate much ice-cream.

在（15a）中，much 说的是数量，more 是 much 的比较级，它也可以是 many 的比较级（例如：She has many books. → She has more books than John. ）。在例（15）中，more 不但体现了数量 much，而且也体现了用于比较结构的调节语。也就是说，much 加上调节语便成了 more。如果只有表示数量的 much，那就没有比较；但当我们通过把 much 改为 more 而同时加入调节语成分时，也就预示着 more 后面会出现完成语，这样才有比较可言。当然，在语言体现方面，有时完成语不一定要出现，但从语义角度看，比较还是存在的。这点与前面例（9）和（10）的情况一样，不赘述。

如果我们在例（15）中的 more 前面加上 rather，那该句中的量词组就由三个成分构成：调整项（rather），量额（more）和完成语（than she wanted）。

5.4 质词组中的范围语
在加的夫语法中，下面例（18）中的 at tennis 被分析为质词组中的范围语：

（18）He is good at tennis.

在这里，at tennis用来确定主体good所表示的意义的范围（即"在某方面有本事"）。在含有比较结构的质词组中，同样可以有表示范围意义的成分范围语。例如：

（19）Helen is better at tennis than I am.

在这个例子中，better体现了主体和调节语（即形容词good+比较级），than I am体现了完成语，而at tennis则体现了范围语。有时，一个质词组中还可以有不止一个范围语，例如：

（20）Mary is more angry with me about the new plans than Amy is.

在这里，with me和about the new plans都是范围语，分别用来确定"对谁生气"和"关于哪方面的事"。

在含有比较结构的名词词组中，用来充当修饰语的质词组同样可以有用来确定主体所表示的意义的范围语，例如：

（21）She is a more important person around here than he is.

在这里，around here是质词组中的范围语。充当补足语的名词词组共由三个成分构成：指示语a，中心语person，修饰语more important ... around here than he is。这个修饰语共由四个部分组成：调节语more，主体important，范围语around here，完成语than he is。

5.5 完成语的结构分析

在大多数情况下，充当完成语的成分在结构方面或多或少都出现省略现象，这点一般的语法书（如 Quirk et al 1985：1130-1131；章振邦等 1997：1448-1453）都会谈到，不赘述。

本节想讨论的是，怎样判定比较结构是从句还是短语？一个最常用的办法是通过填补被省略的成分来判断。试比较：

（22a）John is taller than I.

（22b）John is taller than me.

我们可以在例（22a）的 I 后面补上 am，但却不能在例（22b）me 的后面加上 am 或 is。有些语法书（如 Close 1975：63；章振邦等 1997：1449）认为用than I 是正式语体，用 than me 是非正式语体。从语法结构看，例（22a）中的than I（人称代词以主格形式出现）是从句，而例（22b）中的 than me（人称代词以宾格形式出现）是介词短语。但是，如果把 I 和 me 换成名词词组 George或 my brother，那就无法确定了。不过，根据我们的观察，大多数语法书都会把 than George / my brother 当作从句。例如：我们前面所举的例（2）是张道真（1980：493）举的一个例子，他认为 as a skilled worker 是个从句。

Tucker（1992）认为，例（23）中的 than would fit under the stairs 是一个从句：

（23）It was bigger than would fit under the stairs.

他认为从句中省略了几个成分。下面我们把 Tucker 认为省略了的成分补上，并把它们放在中括号中：

（23a）It was bigger than [anything] [that] would fit under the stairs [was] [big].

从例（23a）可以看出，被认为省略了的成分是：从句主语的中心语anything，它的后置修饰语（即关系从句）中的主语 that，than 从句的动词 was

和补足语big。这一分析实际上表明了这么一种理解：比较从句中的省略成分可以填补。基于这种理解，很多人都会认为"John is taller than Mary."的完整式是"John is taller than Mary is tall."。但在实际交际中，人们是不会使用这种完整式的。当然，如果所比较的是不一样的性质（物品），则不存在省略式和完整式问题。例如：

（24）He is more intelligent than he is rich.

在这里，所比较的可能是同一个人的两种不同的性质（intelligent 和 rich）。如果把rich省去，则两个he不可能是同指一个人，所比较的也只是一个性质（intelligent）。

Tucker在分析例（23）时也指出，than would fit under the stairs 也可看作介词短语，它的完整式应该是：than anything that would fit under the stairs。我们认为，这个分析比例（23a）更容易接受。

如果than引导的是从句，它本身就是从属连词，如果引导的是短语，那它就是介词。当than结构是从句时，大多数情况下都会出现省略，当然也有不省略的情况，上面例（24）便是一例。当than结构是短语时，则通常没有省略，但例外的情况是把前面例（23）中的than结构看作介词短语。

由as引导的比较结构的情况与由than引导的一样，既可以是从句，也可以是介词短语，省略的情况也基本一样，不赘述。

5.6 小句与小句复合体问题

很多语法书（如张道真1980；黄国文、肖俊洪1996；章振邦等1997）根据句子的结构分出简单句、并列句和复合句，系统功能语法（如Halliday 1985，1994；Bloor & Bloor 1995；Lock 1996；Thompson 1996）区分出小句和小句复合体。小句复合体由两个或更多的小句构成，这两个（或更多）小句之间既可能是并列关系，也可能是从属关系。系统功能语法中的并列关系和从属关系与传统语法中的并列句和复合句中小句之间的关系有相似之处，但不尽相同。限于篇幅，本文不作进一步的讨论。

很多传统的英语语法书都会把含有比较从句的句子，如前面例（1）、例（2）等，看作"复合句"，因为一般的看法是含有从句的句子便是复合句。系统功能语法在对小句结构的划分等方面有很多做法与传统语法不一样。例如：大多数传统语法书都会把含有限制性定语从句（关系从句）的句子看作复合句，但在系统功能语法中，这种句子不是小句复合体，而是简单小句。这一观点也被Quirk et al（1985：719-720）所接受。

如果我们从小句之间的逻辑依赖情况（即"并列"和"主从"角度）和小句之间的逻辑–语义关系角度（即扩展和投射，见Halliday 1994；Thompson 1996）来考察含有比较结构的例子，便可发现，这类例子更像简单小句，而不像小句复合体。主要原因是大多数比较结构无论从结构方面还是语义方面看都在局部上起作用。因此，它们所涉及的问题很难从逻辑依赖情况或逻辑–语义关系方面加以解释。正因为这一点，我们认为，把含有比较结构的例子看作简单小句可能更合适。如果我们从传统语法的角度解释这一看法，那就是说，我们认为最好不要把含有比较结构的句子看作复合句，因为在大多数情况下，比较结构所涉及的只是词组（短语）成分的结构（见黄国文、肖俊洪 1996：167-182）。

5.7 图解一个比较结构的功能句法

下面我们对前面讨论过的例（20）"Mary is more angry with me about the new plans than Amy is." 进行功能句法图解。在这个例子中，含有比较结构的质词组在句中充当补足语。

从图32可以看出，例（20）是个小句（Cl, clause），它由三个部分（componence）构成：主语（S, subject），操作词（O, operator）兼做（conflation，用 / 表示）主要动词（M, main verb），补足语（C, complement）。主语由名词词组（ngp, nominal group）填充（filling，用"—"表示），这个名词词组只由领头（h, head）构成，领头由单词Mary体现（exponence，用"△"表示）。操作词兼主要动词由is体现。补足语（C）由质词组（qlgp, quality group）填充，这个质词组由五个部分构成：调节语（t, temperer），主体（a, apex），范围语（s,

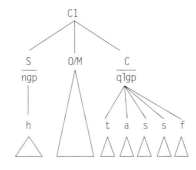

图32. 比较成分与比较从句分析

scope），范围语（s），完成语（f, finisher）。这五个部分的体现情况如下（"↘"表示"体现"）：

（1）调节语↘单词 more

（2）主体↘单词 angry

（3）范围语↘介词短语 with me

（4）范围语↘介词短语 about the new plans

（5）完成语↘比较从句 than Amy is

从功能句法图解方面看，两个范围语和完成语因为不是由一个词项体现，所以还可以做进一步的图解：

图33表明，质词组（qlgp）中的两个范围语（s，s）都由介词词组（pgp, prepositional group）充当。第一个介词词组由介词p（preposition）和补充成分（cv, completive）构成，介词由with体现，补充成分由名词词组（ngp）填充，这个名词词组由领头（h）构成，由me体现。第二个介词词组同样由介词和补充成分构成，介词由about体现，补充成分由名词词组填充，这个名词词组由限定语（d, determiner）、前置修饰语（m, modifier）和领头（h）构成，限定语由the体现，前置修饰语由new体现，领头由plans体现。完成语（f）由从句（C1）填充，从句由三个成分构成：从属连词（B, binder）、主语、操作词兼主要动词。从属连词由than体现，主语由Amy体现，操作词兼主要动词由is

体现。

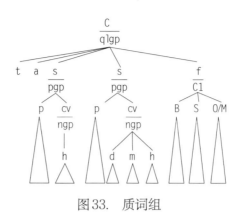

图33. 质词组

必须指出的是，上面的分析还不是穷尽的，因为我们还可对一些成分作进一步分析。例如：在第二个介词词组中，充当补充成分的名词词组中的前置修饰语（m）事实上可以进一步分析。

图34表明，前置修饰语由质词组（qlgp）填充，质词组由主体（a）构成，主体由new体现。另外，完成语中的主语实际上由名词词组填充，而名词词组由领头构成，领头由Amy体现。

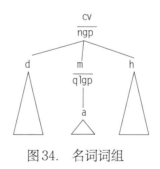

图34. 名词词组

6. 结语

本文是关于英语比较结构的句法分析，讨论的重点是对该结构的功能句法探讨。我们在导言中曾谈到本文准备讨论的几个问题，下面简单做一小结。

本文的讨论表明，把"George is quicker than I am."和"He worked as fast as a skilled worker."中的than I am 和as a skilled worker看作状语从句并不合适。它们的句法功能和语义都表明它们的出现与前面的more（或-er）或as的出现关系密切，没有more（或-er）或as，它们就不会出现，反之亦然。功能语法把more（或-er）和as当作调节语，并指出它们的出现就预示着后面要出现一个表示"完成"的成分，这就把more（或-er）或as与其后的than结构或as结构的结构关系和语义关系点明了。

本文的讨论还表明，无论than结构或as结构是否以"从句"的形式出现，它们所在的小句通常都不是小句复合体，因为这种比较结构无论在语法结构方面还是语义关系方面在大多数情况下都只涉及词组成分的结构，它们大多数都不直接充当小句成分。当然，也可以根据比较结构所出现的句子（小句）的实际情况决定该结构是小句还是小句复合体。

最后我们想强调的是：功能句法分析是语篇分析的一个重要组成部分，没有语法分析的语篇分析根本谈不上是分析，这点Halliday（1985：xvi-xvii，1994：xvi-xvii）说得很清楚（参见黄国文1999，2000）。因此，在某种意义上说，本文的分析不但对句法研究有启发，而且对语篇分析研究也有帮助。

参考文献

- 陈建平.舌耕春秋[C].广州：广东外语外贸大学出版社，1998.
- 黄国文.功能主义者的大集会[J].国外语言学，1995（4）：40-44.
- 黄国文.形式是意义的体现[J].外语与外语教学，1998a（9）：4-7.
- 黄国文.英语使役结构的功能分析[J].外国语，1998b（1）：12-16.
- 黄国文."Wh-继续分句"的功能句法分析[J].现代外语，1998c(1):1-9.
- 黄国文.递归、级转移与功能句法分析[J].外语教学与研究，1998d(4):47-51.
- 黄国文.英语语言问题研究[M].广州：中山大学出版社，1999.
- 黄国文.英语动词词组复合体的功能语法分析[J].现代外语，2000（3）：222-236.
- 黄国文,肖俊洪.英语复合句——从句子到语篇[M].厦门：厦门大学出版社，1996.
- 黄国文，张文浩.语文研究群言集[C].广州：中山大学出版社，1997.
- 张道真.实用英语语法（第二次修订本）[M].北京：商务印书馆，1980.
- 章振邦.新编英语语法（第三版）[M].上海：上海外语教育出版社，1997.
- BERRY M, BUTLER C, FAWCETT R, HUANG G W. Meaning and form: systemic functional interpretations—studies for M. A. K. Halliday [M]. Norwood: Ablex, 1996.
- BLOOR T, BLOOR M. The functional analysis of English [M]. London: Arnold, 1995.
- CLOSE R A. A reference grammar for students of English [M]. London: Longman, 1975.
- DOWNING A, LOCKE P. A university course in English grammar [M]. London: Prentice Hall, 1992.
- FAWCETT R. Some proposals for systemic syntax [M]. Cardiff: Department of Behavioural and Communication Studies, Polytechnic of Wales, 1976/1981.
- FAWCETT R. Cognitive linguistics and social interaction: towards an integrated model of a systemic functional grammar and the other components of a communicating mind [M]. Heidelberg: Julius Groos, 1980.
- FAWCETT R. Handbook for the analysis of sentences in English text [M]. Cardiff: Computational Linguistics Unit, University of Wales, Cardiff (mimeo), 1995.

- FAWCETT R. Syntax: a handbook for the functional analysis of English [M]. London: Continuum, in press.
- FAWCETT R, HUANG G W. A functional analysis of the enhanced theme construction in English [J]. Journal of applied linguistics, 1995, 1: 113-144.
- FAWCETT R, TUCKER G, LIN Y. How a systemic functional grammar works: the role of realization in realization [A]//HORACEK H, ZOCK M. New concepts in natural language generation [C]. London: Pinter, 1993, 114-186.
- FENG J Y. A preliminary study of functional syntax in the Cardiff grammar [D]. Unpublished MA dissertation, Zhongshan University, 2000.
- FRIES P H, GREGORY M. Discourse in society: systemic functional perspectives [C]. Norwood: Ablex, 1995.
- HALLIDAY M A K. An introduction to functional grammar [M]. London: Arnold, 1985.
- HALLIDAY M A K. An introduction to functional grammar [M]. 2nd ed. London: Arnold, 1994.
- HASAN R, MARTIN J R. Language development: learning language, learning culture [C]. Norwood: Ablex, 1989.
- HUANG G W, FAWCETT R. A functional approach to two "focusing" constructions in English and Chinese [J]. Language Sciences, 1996, 1-2: 179-194.
- LOCK G. Functional English grammar: an introduction to second language teachers [M]. Cambridge: Cambridge University Press, 1996.
- QUIRK R, GREENBAUM S, LEECH G, SVARTVIK J. A comprehensive grammar of the English language [M]. London: Longman, 1985.
- SINCLAIR J. A course in spoken English: grammar [M]. London: Oxford University Press, 1972.
- STEELE R, THREADGOLD T. Language topics: essays in honour of Michael Halliday, Vols. 1 & 2 [C]. Amsterdam: Benjamins, 1987.
- THOMPSON G. Introducing functional grammar [M]. London: Arnold, 1996.
- TUCKER G. An initial approach to comparatives in a systemic functional grammar [A]//DAVIES M, RAVELLI L. Advances in systemic linguistics [C]. London: Pinter, 1992, 150-165.
- TUCKER G. The lexicogrammar of adjectives: a systemic functional approach to lexis [M]. London: Pinter, 1998.
- YOUNG D. The structure of English clauses [M]. New York: St. Martin's Press, 1980.

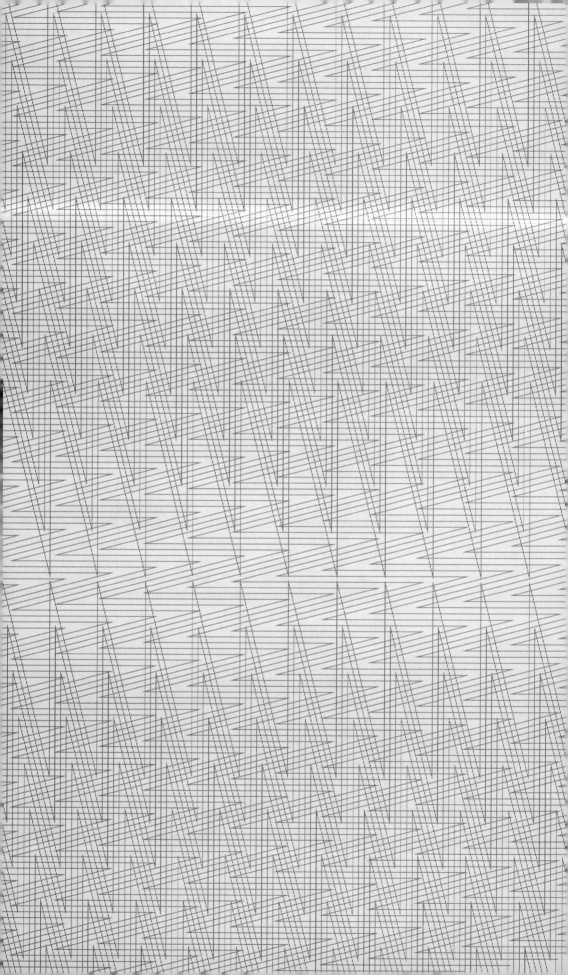

第四部分

介词结构研究

导　言

　　本部分由三篇文章组成，都与英语介词有关。在很多语法书和语法学术论著中，短语与词组没有被严格区分开来。因此，名词短语和名词词组往往被用来指同一结构。在系统功能语言学中，短语与词组是被严格区分开的。根据Halliday的观点，从层次看，尽管词组与短语都低于小句、高于单词，但词组和短语的来源是不同的：词组是"膨胀了"的词，是词的"扩展"，而短语则是"缩小了"的小句，是小句的"缩减"。

　　《英语介词短语的系统功能语法分析》一文认为，对于英语介词短语的分析，可以从形式入手，也可以从意义入手。该文以系统功能语法为理论指导，从意义的角度探讨介词短语，主要涉及两个方面的问题：一是对介词短语进行纯理功能分析，二是探讨英语介词短语与非限定小句的差异。该文的分析表明，通常用于分析小句的概念功能、人际功能和语篇功能也可以用于介词短语的分析。此外，英语的介词短语与非限定小句的差异在于是否有过程和动词，而不在于领头的成分是不是介词。该文的分析主要基于系统功能语法的功能思想，通过对介词短语的分析表明：句法分析要考虑意义和语义因素，意义和语义是中心，语法和句法是对内容的体现。

传统语法把"介词+名词词组"和"介词+-ing"结构都看作"介词短语"。《两类英语介词短语的功能语法分析》一文从功能句法分析入手，遵循功能句法分析的原则，以意义的表达为中心，对英语介词短语进行功能句法分析，区分出两类不同的结构。该文讨论的具体问题有三个：（1）为什么"on his way home"是介词短语而"on returning home"和"after returning home"是小句？（2）"with the kids away"是介词短语还是小句？（3）如果说"after returning home"和"when returning home"都是小句的话，那"after"和"when"是什么类型的词？该文基于系统功能句法分析的理论框架对这三个问题提出了自己的答案。

对某一语言现象进行语法分析，既可以从形式入手，也可以从意义入手。在对"介词+-ing"结构的处理上，传统语法主要根据形式的标准，把它当作"介词短语"。《英语"介词+-ing"结构的功能语法分析》一文指出，在传统语法中，"介词+-ing"结构（如"after having the meal"）被称为"介词短语"，因为它被认为是由"介词"和"介词宾语"构成的。该文对这个结构进行功能句法分析。该文的分析表明，英语中的"介词+-ing"结构是非限定小句，而不是一般的语法书所说的介词短语。该文的分析表明："after they had the meal""after having the meal"和"after the meal"是有区别的，它们分别是限定小句、非限定小句和介词短语。

这一部分的三篇文章都是讨论与英语介词有关的问题。文章以意义为导向，以意义为出发点，从系统功能语言学角度解释传统语法所说的两类"介词短语"（如"after the meal"和"after having the meal"），并加以区分。三篇文章的讨论表明：功能句法分析有其自己的特点、原则和方法，这种基于系统功能思想的学术探讨有其深远的学术意义和理论价值。

十三　英语介词短语的系统功能语法分析[14]

1. 引言

一般的英语语法书和语法论著都会从词性、句法功能等角度讨论英语的介词和介词短语。本文以 Halliday 的系统功能语法作为理论指导，从意义的角度出发，对英语的介词短语进行系统功能语言学的分析和解释。具体地说，本文讨论的重点有两个：一是对介词短语进行系统功能语法的纯理功能分析，二是讨论英语介词短语与非限定小句的差异。为了方便讨论，首先简单回顾介词的分类，并根据 Halliday 的观点对短语与词组做些区分，同时表明本文遵循 Halliday（1994）关于短语与词组的定义和观点。

2. 介词的分类

传统的英语语法书都会对英语的"词"进行分类，所给的标签是"词类"（word classes 或 parts of speech）。黄国文、肖俊洪（1999：302-303）列出了 8 种词类（名词、代词、形容词、动词、介词、连词、副词、感叹词），并指出，有

---

14 原载张维友编，《外国语言文学文化论丛》，武汉：华中师范大学出版社，2009年，1—10页。

些语法书还把the和a另列为冠词，把first和one等另列为数词。如果是这样做，那英语就有10个词类。Halliday（1994：214）把英语的词类分为3组：（1）名词性成分（nominals），包括名词、形容词、数词、限定词；（2）动词性成分（verbals），包括动词、介词；（3）副词性成分（adverbials），包括副词、连词。

就介词而言，可以分为简单介词、复杂介词和介词词组三种。简单介词只是一个词（如after、at、behind、in、on）；复杂介词由多个词构成，作用相当于一个简单介词，各个词之间存在着搭配关系，整个复杂介词结构形成一个语块（block）（如in front of、for the sake of、on behalf of）；介词词组包含介词（简单介词和复杂介词）和介词的修饰成分（如right behind、immediately after、immediately in front of）。介词（简单介词和复杂介词）或介词词组与它的补足成分构成了介词短语。

按照上面这样的区分，可以这样分析shortly after the meeting和immediately in front of the house which was built in 1974：

（1）shortly after the meeting

这是一个介词短语，after是简单介词，shortly after是介词词组，介词词组和它的补足成分（名词词组the meeting）一起构成介词短语。

（2）immediately in front of the house

这是一个介词短语，in front of是复杂介词，immediately in front of是介词词组，介词词组和它的补足成分（名词词组the house which was built in 1974）一起构成介词短语。

有些语法书和语法专著（如Downing & Locke 2002；Fawcett 2000）把这里所说的介词短语称为介词词组，所用的英语术语是"prepositional group"。他们说的"prepositional group"与Halliday（1994：212）所说的"preposition group"是不一样的：前者相当于Halliday说的介词短语（介词＋补足成分），后者指的是一个相当于介词的成分。因此，两个术语不可混淆。

3. 短语与词组

在很多语法书和语法学术论著中，短语与词组没有被严格区分开来。因此，名词短语和名词词组往往被用来指同一结构。Halliday（1994）严格区分了短语和词组，并认为两者不可混淆。他指出（Halliday 1994：180，215），从层次看，尽管词组与短语都低于小句、高于单词，但词组和短语的来源是不同的：词组是膨胀了（bloated）的词，是词的扩展，而短语则是缩小了（shrunken）的小句，是小句的缩减。他（Halliday 1994）认为，词组中成分之间的关系是中心成分与修饰成分的关系，因此词组可以缩减为一个词。短语中的成分之间的关系不是"中心成分+修饰成分"关系，而是像小句成分之间的关系。因此，短语像小句（clause-like），短语不能缩减成为一个词。

按照这一区分，英语中有四类词组：名词词组、动词词组、形容词词组、副词词组，以及介词短语。词组是词的膨胀、扩展，可以通过增加修饰关系来扩展词和词组，也可以把词组缩减为一个词。例如：

（3）men → the men → the young men → the handsome young men → the very handsome young men → the very handsome young men over there → the very handsome young men over there who came from Greece ...

（4）the very handsome young men over there who came from Greece → the very handsome young men over there → the very handsome young men → the handsome young men → the young men → the men → men

至于"短语是缩小了的小句、是小句的缩减"，Halliday 没有做过解释。Fawcett（2000：205）认为，最可能的原因是：当介词短语在名词词组中充当后置修饰语时，我们常常可以把它扩展成一个小句，例（5）中的介词短语 from Hell 就可以扩展成为一个小句：

（5）neighbours from Hell → neighbours who come from Hell

但 Fawcett（2000：205）接着说，Halliday 这样看是有问题的，因为前置修饰语也可以扩展成为一个小句，例如下面例（6）中的 friendly：

（6）friendly neighbours → neighbours who are friendly

对于这个问题，笔者有不同的理解。虽然 Halliday 没有明确说明他持"介词短语是缩小了的小句"或"介词短语像小句"这一观点的理由，但可以从另一角度探讨这个问题。说介词短语像小句，主要是说它至少有两个成分，就像一个小句至少有两个成分一样。短语不能缩减为一个词，就像小句不能缩减成为一个词组或短语一样。例如：

（7）shortly after the meeting → after the meeting → after it

（8）Later she cried very sadly. → She cried very sadly. → She cried sadly. → She cried.

很明显，在例（7）中，shortly after the meeting 缩减到最后还是一定要有两个成分：介词和补足成分。如果再往下，缩减成 after 或 it，那就变成词了。在例（8）中，小句的四个成分（later [状语：时间]，she [主语]，cried [动词／谓语]，very sadly [状语：方式]）最终只能缩减为两个成分：主语（she）和谓语

（cried）。我们无法再缩减例（7）的after it和例（8）的she cried，因为再缩减就不是介词短语和小句了。从这里的分析可以看出，Halliday所说的"介词短语是缩小了的小句"或"介词短语像小句"是有道理的。

就介词短语的内部结构（the internal structure）而言，我们可以从不同的角度进行探讨。有些介词短语很像非限定小句的"动词+补语（宾语）"结构。我们先看下面的例子（引自 Halliday 1994：212）：

> （9）across the lake（介词短语）↔ crossing the lake
> （非限定小句）
>
> （10）near the house（介词短语）↔ adjoining the
> house（非限定小句）
>
> （11）without a hat（介词短语）↔ not wearing a hat
> （非限定小句）

这两种结构的相似之处在于，它们都由两个部分组成，缺一不可，但两个部分中有一个是领头成分：介词和动词。但是，介词短语与非限定小句的区别也是明显的。根据Halliday（1994：213）的说法，原则上非限定小句有一个潜在的主语，而介词短语没有。由于非限定小句是小句的一种，所以它可以进行扩展，而介词短语就常常不能这样做。从Halliday（1994：213）所举的例子可以看出，虽然in his wife's car和taking his wife's car与he left the city一起使用时意义相近，但前者（介词短语）不能进一步扩展，后者可以（例如：He left the city taking his wife's car quietly out of the driveway.）。下面这对例子也可用来支持Halliday的观点。试比较：

> （12）On arrival in Edinburgh, she found the city very
> attractive.
>
> （13）Arriving in Edinburgh, she found the city very
> attractive.

（12a）? On arrival in Edinburgh with her best friend at
midnight, she found the city very attractive.

（13a）Arriving in Edinburgh with her best friend at
midnight, she found the city very attractive.

上面的分析表明，短语与词组是不同类型的语法范畴，不能互换使用。因此，在Halliday的系统功能语法中，是没有"名词短语"这样的说法的。虽然Halliday严格区分短语和词组，但也有一些系统功能语言学者（如Downing & Locke 2002）把Halliday所说的"介词短语"说成是"介词词组"，并认为介词与其补足成分的关系和名词词组一样，是"中心成分+修饰成分"关系（参见杨炳钧2001）。

此外，介词短语和非限定小句有相似之处，但也有很多不同的地方。下面我们从两个方面探讨它们之间的异同。

4. 介词短语的纯理功能分析

在系统功能语言学理论中，有三个著名的纯理功能：概念功能（经验功能+逻辑功能）、人际功能、语篇功能。我们在谈论纯理功能时，主要用它来描述、分析小句的三个互相区别但又有联系的意义。我们认为，用于分析小句的纯理功能也可以用来描述、分析和解释介词短语。

Halliday（1994：213）认为，从经验功能的角度讲，在介词短语中，介词的功能像小句中的过程，而其后的补足成分则像小句中的范围等参与者。因此，Halliday（1994：213）是这样分析"The boy stood on the burning deck."的：

The boy	stood	on	the burning deck.
Actor	Process: material	Place	
		"Process"	"Range"

图35. 介词短语分析

从图35可以看出，在"The boy stood on the burning deck."这个例子中，过程是stand，是物质过程，the boy是参与者、动作者，on the burning deck是环境成分，表示地点。Halliday把表示环境（地点）意义的介词短语on the burning deck当作一个"次过程＋范围"（a minor process + range）。因此，在上面这个例子中，在小句的层面上，有（主要）过程（物质过程）（stood）、参与者（the boy）和表示地点的环境成分（on the burning deck），在介词短语层面上，则有次过程（on）和范围（the burning deck）。这两个成分特别标注，目的是说它们不是小句层面上的过程和范围，而是短语层面上的次过程和次范围。

从形式、句法层面看，像on the mat这样的结构（介词短语）由介词和其补足成分构成，在意义、语义方面，介词的功能相似于小句的过程，补足成分相似于小句的参与者。因此，Halliday把介词看作次过程。从句法、措辞对语义的体现角度看，介词是次动词（minor verb），是次谓体（minor predicator），而补足成分则是次补语（minor complement）。根据Halliday（1994: 213）的观点，当我们把介词看作次动词和次谓体时，我们事实上是把介词短语当作一种次小句（minor clause）。英语中的次小句指的是那些没有语气（"主语＋限定成分"）和没有"过程"（动词）的小句，但这类小句不是一般语法书（如Quirk et al 1985）所说的"无动词句"（verbless clause）。

在系统功能语法中，概念功能由经验功能和逻辑功能组成。把介词短语当作介词词组的学者（如Downing & Locke 2002）也对Halliday所说的介词短语进行了逻辑功能分析，认为right into the policeman's arm这样的结构共有三个成分：修饰成分、中心成分、补足成分。我们认为，把介词短语中各个成分的关系分析为修饰关系是不合适的，因为修饰关系的基本要求是可以把整个结构缩减到剩下一个成分。而对于介词短语，我们是不能这样做的。从逻辑功能的角度看，介词短语中两个成分（即"介词＋补足成分"）之间的关系有点像是并列关系，但充当补足成分的语言结构范畴受到介词的制约。

从人际功能的角度考察一个小句时，我们可以分析它的语气结构：语气（mood）＋剩余成分（residue）；同时还分析出主语、限定成分、谓体、补语、状语等。例如：

The boy	was	standing	on	the burning deck.
Subject	Finite	Predicator	Adjunct	
Mood		Residue		
			Predicator	Complement

图 36. 语气分析

在图 36 中，小句"The boy was standing on the burning deck."的语气是主语（the boy）+限定成分（was），剩余成分则由谓体（standing）和状语（on the burning deck）构成。就这个例子中的介词短语 on the burning deck 而言，我们在上面分析它的经验功能时说它由"次过程 + 范围"构成，这个次过程由介词 on 体现，范围由补足成分 the burning deck 体现。因此，在图 36 中，我们分别把它们标示为谓体和补语。在这里，两个成分特别标注，目的是说它们不是小句层面上的谓体和补语，而是短语层面上的次谓体和次补语。

虽然 Halliday 把介词短语当作次小句，但他在分析次小句的主位结构时（如 Halliday 1994：63）没有考虑像 on the burning deck 这样的介词短语。我们认为，介词短语也可以进行主位结构分析，像 on the burning deck 这种介词短语，信息的起点就是介词，所以也就具有主位的特征。因此，我们可以有表 12 这样的分析：

表 12. 介词结构的主位结构之一

（14）	on	the burning deck
（15）	in front of	the house
（16）	right behind	the door
（17）	immediately in front of	the house
Thematic structure	Theme	Rheme

如前所述，right behind 和 immediately in front of 是介词词组，句法作用相当于一个简单介词。它们由两个成分构成，如果一定要进一步分析，也可以采用图 37 的方式。

(14)		behind	the door
(15)		in front of	the house
(16)	right	behind	the door
(17)	immediately	in front of	the house
Thematic structure	structural	topical	Rheme
	Theme		

图37. 介词结构的主位结构之二

我们把介词本身当作次主题主位（minor topical theme），如上面例（14）和（15）中的behind, in front of，是因为它像及物性系统中的过程或小句中的动词，是介词短语中的第一个次经验成分（minor experiential element），而这个成分之前的非次经验成分right或immediately，也像小句中的结构成分，所以在这里我们把它当作次结构成分。试比较图38：

介词短语	right	behind	the door
小句	but	he	was late
主位结构	结构成分	主题成分	述位
	主位		

图38. 介词结构的主位结构之三

从上面的主位结构分析可以看出，介词短语right behind the door中的right和小句but he was late中的but是结构成分，behind和he是主题成分，这两个成分（即right behind和but he）在一起分别构成了多项主位（multiple theme），而the door和was late则分别是述位。

5. 介词短语与非限定小句

在传统的语法中，例（18）和（19）都是介词短语，两者的区别是：例（18）的结构是"介词＋名词词组"，而例（19）的则是"介词＋动名词词组"。例（20）是现在分词词组，也有人称它为"现在分词小句"，"-ing小句"或

"非限定小句"。

（18）across the lake（例如：He helped a blind man across the lake.）

（19）on crossing the lake（例如：On crossing the lake, he heard a strange sound.）

（20）crossing the lake（例如：Crossing the lake, he heard a strange sound.）

在系统功能语法（Halliday 1994；Halliday & Matthiessen 1999；Fawcett 2000；Eggins 2004；Thompson 2004）中，例（18）是介词短语，例（20）是非限定小句，例（19）也是非限定小句，而不是一般认为的介词短语。

传统语法把例（19）这样的结构看作介词短语，理由是该结构的中心成分是介词，它的结构与例（18）的是一样的，都是"介词+补足成分"。传统语法根据这个标准，把例（19）看作介词短语是无可非议的。

与传统语法不同，系统功能语法强调的是"意义是怎样表达的"和"意义是怎样被体现的"。在系统功能语法中，有意义、语义层与形式、语法层之分，意义由形式体现。就例（20）的crossing the lake而言，中心成分是过程，这一过程涉及两个参与者：一个是动作者，另一个是范围，这是从意义、语义角度看的。如果我们从形式、语法的角度看，crossing the lake的中心成分是动词cross，它体现的是意义、语义层上的过程，两个参与者则分别是动作者和范围。动作者与主句he heard a strange sound的感觉者属于同一个人。在语言形式体现方面，crossing the lake的动作者没有出现，而范围则由名词词组the lake体现。参与者he无论出现与否，在意义、语义层都是存在的。从形式、语法的角度讲，含有（主要/实义）动词的单位就是小句，而从意义、语义角度讲，含有过程的单位就是情形，小句是语法术语，情形是语义术语。在系统功能语法中，如果一个交际（信息）单位中含有一个过程，那它就是一个情形，如果一个语言单位含有一个（主要/实义）动词，那它就是一个小句，这是系统功能语法中的一个基本原则（参见黄国文等 2008：218-221）。根据这个观点，前面的例（19）和（20）都是小句。由于例（19）和例（20）中的 crossing 是主要（实义）动词，所以包含它们的结构是小句而不是短语。

例（19）的 on crossing the lake 不受人称、数、时态等的限制，我们称它为非限定小句。例（20）中的 crossing the lake 也是非限定小句。在系统功能语法中，"On crossing the lake, he heard a strange sound." 是个小句复合体（大致相当于传统语法的主从复合句），因为 on crossing the lake 是个小句。同样地，"Crossing the lake, he heard a strange sound." 也是小句复合体。相比之下，"He helped a blind man across the lake." 是个简单（小）句，因为在意义、语义层上它只有一个过程，在形式、语法层上它只有一个（主要/实义）动词。

从这里的分析可以看出，判断一个结构是介词短语还是非限定小句，我们不是看它的领头成分是否是介词，而是看它是否含有语义层面上的过程和句法层面上的主要动词。这个标准与传统语法的差别很大。

这里遵循以意义为中心（meaning-centred）的功能句法分析原则（Halliday 1994；Halliday & Matthiessen 1999；Fawcett 2000；黄国文 1999，2007a，2007b），这个原则是根据系统功能语言学的思想建立起来的。因为有了这样的理论指导，所以系统功能语言学者坚持"形式是意义的体现""形式为语义和意义服务"的观点，把句法、结构看作手段，表达意义和创造意义才是目的。

6. 结语

本文从系统功能语法的角度探讨英语的介词短语，主要是对介词短语进行纯理功能分析，我们认为系统功能语法的概念功能、人际功能和语篇功能可以用于对介词短语的分析。本文还按照 Halliday 的观点，严格区分词组与短语，并同意 Halliday 关于介词是次过程的说法。此外，本文还分析了介词短语与非限定小句的差异。我们认为，判断一个结构是介词短语还是非限定小句，标准不是看它的领头成分是否是介词，而是看它是否含有语义层面上的过程和句法层面上的主要动词。本文的分析主要是基于系统功能语法的功能思想，通过对介词短语的分析表明：句法分析要考虑意义和语义因素，意义和语义是中心，语法和句法是对内容的体现。本文是对英语句法问题进行系统功能语言学研究的尝试，希望我们的讨论会给读者提供一个与传统语法不同的视角。

参考文献

- 黄国文.英语语言问题研究[M].广州：中山大学出版社，1999.

- 黄国文.系统功能句法分析的目的和原则[J].外语学刊，2007a（3）：39-45.

- 黄国文.功能句法分析中的分级成分分析[J].四川外语学院学报，2007b（6）：7-11.

- 黄国文，何伟，廖楚燕，等.系统功能语法入门：加的夫模式[M].北京：北京大学出版社，2008.

- 黄国文，肖俊洪.大中学生简明英语语法词典[M].广州：广东教育出版社，1999.

- 杨炳钧.介词的功能语言学解释[J].外国语，2001（1）：47-53.

- DOWNING A, LOCKE P. A university course in English grammar [M]. London: Prentice Hall, 2002.

- EGGINS S. An introduction to systemic functional linguistics [M]. 2nd ed. London: Continuum, 2004.

- FAWCETT R. A theory of syntax for systemic functional linguistics [M]. Amsterdam: Benjamins, 2000.

- HALLIDAY M A K. An introduction to functional grammar [M]. 2nd ed. London: Arnold, 1994.

- HALLIDAY M A K, MATTHIESSEN C M I M. Construing experience through meaning: a language-based approach to cognition [M]. London: Cassell, 1999.

- QUIRK R, GREENBAUM S, LEECH G, SVARTVIK J. A comprehensive grammar of the English language [M]. London: Longman, 1985.

- THOMPSON G. Introducing functional grammar [M]. 2nd ed. London: Arnold, 2004.

十四 两类英语介词短语的功能语法分析[15]

1. 引言

关于英语介词短语与小句的区别，一般的英语语法书都有讨论。介词短语和小句属于不同的语法范畴，从级阶角度看，介词短语比小句低一个级阶。按照系统功能语法的分析（Halliday 1994；Halliday & Matthiessen 2004；Thompson 2004），小句位于级阶的最高层，接下来是词组和短语，再接下来是词，位于最低层的是词素。

本文要讨论的是英语介词短语与小句的区别，在进行讨论之前，有必要对一些问题进行回顾。传统的英语语法书一般认为下面例（1）—（4）都是介词短语，而例（5）—（8）则是小句；根据动词的限定性，例（5）和（6）是省略句的小句（从句），其动词是非限定动词，而例（7）和（8）则是完整的限定小句。

> （1）on his way home
>
> （2）on returning home
>
> （3）with the kids away

---

15 原载《外语教学与研究》2012年第6期，815—821页。

（4）after returning home

（5）when returning home

（6）while returning home

（7）after they returned home

（8）when they returned home

黄国文（2009a，2009b）曾对英语的介词短语进行功能语言学分析，也对诸如例（4）这样的例子进行功能句法探讨。从系统功能语言学角度看，例（2）和（4）都是小句，而不是介词短语。本文要探讨的核心问题是介词短语与小句的差异，具体准备讨论的问题有三个：为什么例（1）是介词短语而例（2）和例（4）是小句？例（3）是介词短语还是小句？如果说例（4）和例（5）都是小句的话，那 after 和 when 是什么类型的词？本文以系统功能语法为理论指导，所做的分析是功能句法分析（参见 Halliday 1994；Halliday & Matthiessen 2004；Thompson 2004；Fawcett 2000）。

2. "有过程／动词就是情形／小句"原则

在系统功能语法学中，功能句法分析是为意义分析服务的，意义通过形式来体现，形式用于表达意义。在对语言使用单位（如 §1 的八个例子）进行分析的过程中，可以从意义层（语义层）和形式层（语法层）两个方面进行。就一个具体的语言使用单位而言，如（1）on his way home 和（2）on returning home，如果在意义层（语义层）中有"过程"，那在形式（词汇语法层）上就有动词，如果在意义层上有过程，那它就是一个"情形／图形（figure）。意义层上的过程和情形在形式层上就体现为动词和小句。过程是意义层（语义层）的中心成分，而动词则是形式层（词汇语法层）的中心成分（参见 Fawcett 2008：48）。因此，如果一个语言单位（如 on returning home）含有一个（主要）动词，那它就是小句；相反，一个语言单位（如 on his way home）不含动词，那它就不是小句。（见 Fawcett 2008：48；另参见黄国文等 2008：218-221）

这里所说的其实就是"有过程／动词就是情形／小句"原则（If there is a Process, there is a Situation; if there is a Main Verb, there is a Clause. 参见 Fawcett 2008：48）。根据这条原则，例（1）就明显不是一个小句。因为它是由介词 on 加名词词组 his way home 组成的结构，所以我们称它为"介词短语"。相反，上面例（2）是一个小句，因为它含有一个过程（主要动词）returning。

从形式（词汇语法）层看，例（3）没有动词，但是，在意义层（语义层）上，它是否有过程呢？这里要考虑的问题是：词汇语法层上的形式缺失是否意味着意义的不存在？这就要从形式与意义的体现关系来讨论。

3. 意义与形式体现

系统功能语法是一个"语义驱动的"语法，它的每一个范畴都是以意义为基础的，它强调的是"意义是怎样表达的？"和"意义是怎样被体现的？"从层次的角度看，意义（位于语义层）由措辞（位于词汇语法层）体现，措辞则由字母／语音（位于字系／音系层）体现。在语言的实际使用中，由于交际环境（涉及文化语境、情景语境、上下文语境）因素的作用，有些体现意义的语言形式可以不出现（或甚至不宜出现），这样在句法层上就是隐性的。不妨举个简单的例子进行说明：killing（不是动词"杀"，而是"杀"这一意义）这个过程通常要求两个参与者（即"杀的动作者"和"被杀的对象"），并通常要求一定的环境成分（如时间、地点）。例如：

（9）His uncle was killed by a Japanese soldier during World War Two.

在这个例子中，过程 killing 要求（涉及）了两个参与者，his uncle（被杀的人）和 a Japanese soldier（杀的动作者），还有一个环境成分（during World War Two）。但是，在下面这样的语境中，杀人者（如 a Japanese soldier）和环境成分（如 during World War Two）在形式上都没有出现，但在意义层面上是清楚的：

（10）His uncle served in the Chinese army during World War Two. In fighting against the Japanese invaders he was killed.

　　在例（10）中，尽管第二个小句中没有出现a Japanese soldier和during World War Two，但读者是可以理解"谁是杀人者"和"被杀的时间"。Fawcett（1987：134）曾举过这样一个例子：在某人正准备给某一机构捐赠时，有人说了这么一句话：

（11）Give generously.

　　在这里，尽管"捐赠人""受捐人"和"捐赠物"都没有出现，但特定的交际环境可以让听话人和在场的人明白在形式上没有出现的三个参与者。从意义角度看，例（11）涉及了三个过程的参与者，形式（句法）上它们都没有出现，但在语义上它们是存在的，对于交际的双方来说也是清楚的。由此可见，在有些特定的语境中，形式上不出现的成分在意义上并非不存在。

　　从这里的分析可以看出，功能句法分析遵循的是以意义为中心的原则（Halliday 1994；Fawcett 2000；黄国文 1999，2007a，2007b），句法（结构）是语义（意义）的体现形式，表达意义和创造意义才是语言使用的真正目的。

　　有了这个以意义为中心的功能句法分析原则，现在回头来看看例（3）（with the kids away）。这个例子在形式层是没有动词的，但是在语义层是否存在一个表示关系的过程（如be）呢？也就是说，从意义的角度看，例（3）所表达的是不是with the kids being away这样的意义呢？再进一步说，它在意义上是否相当于since/while/when the kids be（are/were）away呢？对于这个问题，Martin等（2010：186）的观点是肯定的。正因为如此，他们认为例（3）是个归属型关系过程（attributive relational process），只是在形式上表示过程的动词be没有出现而已。根据Martin et al（2010：186）的说法，可以这样分析例（3）：这是一个关系过程小句，the kids是载体，away是属性；从句法角度看，the kids是主语，

away是补足语（即一些传统语法所说的表语）。

上一节说到了"有过程/动词就是情形/小句"原则，根据这里的分析，例（3）在语义也是个情形，因此在句法上也是个小句。它与一般的小句不同的是，语义层的过程be在句法层没有被形式体现出来。

上面例（3）是个比较特殊的例子，它有两个特点：（1）引导词是with；（2）充当with补足语的是两个语法成分，它们之间存在着主语–补足语的关系，这种关系可以用be来测试，另外，充当补足语的成分只能在该结构的补足语的位置上。例如（引自陆谷孙 2007：2345）：

（12a）sleep with *the window open*

（12b）stand with *one's hands in one's pockets*

（12c）The king came in, with *all his servants following him.*

（12d）There had been a riot with *twenty injured.*

一般的语法书都认为，这个"with结构"表示的是一种伴随的情况或结果。从功能句法分析的角度看，充当with补足语的两个语法成分之间存在着载体和属性的关系，它们之间的关系是由潜在的be归属型关系过程来连接的。

必须指出的是，虽然像the friendly neighbour这样的结构可以转换成一个小句（如"The neighbour is friendly."），但friendly和neighbour之间不存在主语–补足语关系。像"The woman, with her two lovely daughters, arrived."中的with her two lovely daughters是一个介词短语，lovely和daughters之间不存在主语–补足语关系，因此不是小句。With her two lovely daughters与上面例（12a）中的with the window open是不一样的，不能混淆。

根据上面的分析，例（3）的the kids away不是词组，而是小句，例（3）不是介词短语，而是小句，从句法角度看，它是个省略的非限定性小句。

4. 小句的引导词

上面的讨论认为例（2）—（4）都是小句，因为在语义层中它们都有过程。这就回答了本文"引言"中提到的前两个问题。为什么例（1）是介词短语而例（2）和例（4）是小句？例（3）是介词短语还是小句？这一节将回答第三个问题：如果说例（4）和例（5）都是小句的话，那 after 和 when 是什么类型的词？

从词类的角度看，例（1）—（4）中的引导词（on、on、with、after）是介词，这点传统语法都是这样看的。根据传统语法，例（5）—（8）中的引导词是从属连词。为什么例（4）的 after 是介词，例（7）的 after 是从属连词，而例（5）和（8）中的 when 都是从属连词？传统语法的解释是：由于 after 既可以是介词又可以是从属连词，所以当它引导一个 -ing 结构（动名词结构）（如 returning home）时，它就是介词，而当它引导一个限定性小句（从句）（如 they returned home）时，它就是从属连词。而像 when 和 while 这一些词，它们通常只能做从属连词。因此，无论它们引导的是例（8）中的 they returned home 那种限定性小句，还是例（5）中的 returning home、例（6）中的 returning home 那种"-ing 结构"（现在分词结构，是省略式），它们都是连词。这种解释是绝大多数学者认同的。

系统功能语法对例（1）—（8）的句法分析主要取决于这些结构是否存在过程。有过程的就是小句，没有过程的就不是小句。只有例（1）没有过程，因此它不是小句，而是一个介词短语，其他例子都是小句。

Huddleston & Pullum（2005/2008：128-130）认为，传统语法对英语的介词、从属连词和副词的分类存在问题。他们通过对比 before 和 know 来说明传统语法分析存在的问题（见表 13）：

表 13. 作为中心词的 before 和 know

	补足语的类型	作为中心词的 before	作为中心词的 know
i	名词词组	We left *before* the last act.	We *know* the last act.
ii	小句	That was *before* he died.	I *know* he died.
iii	没有补足语	I had seen her once *before*.	Yes, I *know*.

从上面的对比可以看出，在（i）中，before 和 know 的补足语是名词词组（the last act，他们称为"NP/名词短语"），在（ii）中充当补足语的是小句（he died）；在（iii）中，它们都没有带补足语。但值得注意的是，像 know 这样的词，无论它是否带有补足语，都被看作动词，而 before 则不是这样，在（i）中它被看作介词，在（ii）中是连词，在（iii）则是副词，这显然是有问题的。因此，他们（Huddleston & Pullum 2005/2008：129）认为，如果把上面三种情况的 before 都看成介词，那就简单多了（"It is much simpler to give *before* a uniform analysis, treating it as a preposition in all three, just as *know* is a verb in all three."）。

根据这样的想法，他们进一步提出，英语中很多公认的连词（如 although，because，lest，provided，though，unless）和既可用作连词又可用作介词的 after，before，since，till，until 等应该全部被当作介词，因为它们并不是表示从属关系的语法标记。

他们还认为，在"I think（that）she's probably right.""I don't know whether they have received our letter yet."中，that 和 whether 这样的词是从属连词，因为它们是从属关系的语法标记，而 although，because，lest，provided，though，unless，after，before，since，till，until 这些词的功能是它们所引导的结构的中心词。像 that 这样的词自己是没有词汇意义的，它只有语法意义，而 although 这一类词是有独立的词汇意义的。对于像 although he was late 这样的结构，although 这类词不是从属小句的一个部分，单独的 he was late 是从属小句，它充当 although 这类词所引导的短语中的补足语。根据他们的分析，在 although he was late 这样的结构中，although 是介词，he was late 是从属小句，它充当介词短语 although he was late 中介词 although 的补足语。

5. 讨论

传统语法书会把例（1）—（4）中的引导词（即 on，with，after）看作介词，把例（5）—（8）中的（即 when，while，after）当作从属连词。但是，按照

Huddleston & Pullum（2005/2008）的观点，例（1）—（8）中的引导词都是介词。关于这些引导词的词类确定问题，目前的系统功能语法主要采用传统语法的分析方法。这种做法实际上并没有真正反映出系统功能语法是语义驱动、以意义为中心的语法。因为在特定的语境中，例（4）（即 after returning home）和例（7）（即 after they returned home）的深层语义是一样的，它们的差异在于它们在具体语境中的体现情况。黄国文（2009a）曾从正式性（formality）、使用频率（frequency）和解码（decoding）三个角度讨论"After having the meal, they left immediately."和"After they had the meal, they left immediately."之间的不同，与这里例（4）和例（7）的差异属于同一类情况，不赘述。

如果系统功能语法坚持把例（1）—（4）中的引导词当作介词，把例（5）—（8）中的引导词看作从属连词，那这样的分析就是以表层的形式为标准，而不是遵循"形式是意义的体现"的功能语言学思想。因此，我们认为，Huddleston & Pullum（2005/2008）关于把 after，although，because，before，lest，provided，since，though，till，unless，until 等当作介词的观点更能够反映句法分析的功能性，也更能反映"形式是意义的体现"的功能语言学思想。

因此，如果一定要给这些引导词确定词类，可以根据 Huddleston & Pullum（2005/2008）的观点，把这些引导词都当成介词。尽管其他系统功能语法学者并不一定同意这个看法，但有一点大家都会认同：例（1）是"介词 + 名词词组"，构成介词短语；例（2）是"介词 + -ing 小句"，构成非限定小句。根据这样的分析，"On his way home he met his old classmate."是个简单小句，而"On returning home he met his old classmate."是个小句复合体（小句 + 小句，"复合句"）。

6. 结语

本文是系统功能句法分析的一种尝试，探讨的核心问题是介词短语与小句的差异。本文的分析表明，由介词引导的结构既可以是介词短语，也可以是非限定小句，两者的区别主要是看该结构中是否有语义层上的"过程"。如果有过程，那就是语义层上的情形，在词汇句法层上就是小句。本文讨论的具体问题有三个：为什么例（1）是介词短语而例（2）和例（4）是小句？例（3）是介词短语还是小句？如果说例（4）和例（5）都是小句的话，那after和when是什么类型的词？本文在系统功能句法分析的理论框架中对上面三个问题给出了自己的答案。

参考文献

- 黄国文. 英语语言问题研究 [M]. 广州：中山大学出版社，1999.

- 黄国文. 系统功能句法分析的目的和原则 [J]. 外语学刊，2007a(3)：39-45.

- 黄国文. 功能句法分析中的分级成分分析 [J]. 四川外语学院学报，2007b(6)：7-11.

- 黄国文. 英语"介词+ -ing"结构的功能语法分析 [J]. 外语教学与研究，2009a(4)：243-249.

- 黄国文. 英语介词短语的系统功能语法分析 [A]// 张维友，编. 外国语言文学文化论丛 [C]. 武汉：华中师范大学出版社，2009b：1-10.

- 黄国文，何伟，廖楚燕，等. 系统功能语法入门：加的夫模式 [M]. 北京：北京大学出版社，2008.

- 陆谷孙. 英汉大词典（第2版）[Z]. 上海：上海译文出版社，2007.

- FAWCETT R. The semantics of clause and verb for relational processes in English [A]// HALLIDAY M A K, FAWCETT R. New developments in systemic linguistics, Vol.1: Theory and description [C]. London: Pinter, 1987, 130-183.

- FAWCETT R. A theory of syntax for systemic functional linguistics [M]. Amsterdam: Benjamins, 2000.

- FAWCETT R. Invitation to systemic functional linguistics through the Cardiff grammar [M]. 3rd ed. London: Equinox, 2008.

- HALLIDAY M A K. An introduction to functional grammar [M]. 2nd ed. London: Arnold, 1994.

- HALLIDAY M A K, MATTHIESSEN C M I M. An introduction to functional grammar [M]. 3rd ed. London: Arnold, 2004.

- HUDDLESTON R, PULLUM G K. A student's introduction to English grammar [M]. Cambridge: Cambridge University Press, 2005/ 北京：外语教学与研究出版社，2008.

- MARTIN J R, MATTHIESSEN C M I M, PAINTER C. Deploying functional grammar [M]. Beijing: The Commercial Press, 2010.

- THOMPSON G. Introducing functional grammar [M]. 2nd ed. London: Arnold, 2004.

十五 英语"介词+-ing"结构的功能语法分析[16]

1. 引言

本文的理论指导是Halliday的系统功能语法（Halliday 1994；Halliday & Matthiessen 1999，2004；Fawcett 2000，2008；Eggins 2004；Thompson 1996，2004），研究重点是英语的句法问题，具体的研究对象是"介词+-ing"结构（如after having the meal）。该结构在传统语法中称为介词短语（即介词+动名词短语），因为它被看作是由"介词+介词宾语"构成的。

为了清楚地讨论问题，我们将首先对英语中的限定小句与非限定小句进行简单区分，然后对非限定小句与介词短语的一些普遍的说法进行简单回顾，最后根据功能句法分析原则从几个方面对"介词+-ing"结构进行系统功能语法的分析和解释。

本文的分析表明，英语中的"介词+-ing"结构是个非限定小句，而不是一般的语法书所说的介词短语。

16 原载《外语教学与研究》2009年第4期，243—249页。

2. 限定小句与非限定小句的简单区分

一般的英语语法书都区分了限定小句和非限定小句。两者的主要区别是：限定小句中有限定成分，受到人称、数、时态等的限制，而非限定小句则没有限定成分，不受到这种限制。试比较下面的句子：

（1）He *is/was/will* be reading the book.

（2）They *are/were/will* be reading the book.

（3）I *am/was/ will* be reading the book.

在上面三个限定小句中，限定成分（即 is，was，will，are，were，am）的选择受到限制，而在下面的三个句子中，两个非限定小句（即 reading the book，forget the trouble）不像例（1）—（3）中的限定成分（操作词）那样受诸如人称、数、时态等的限制。

（4）*Reading the book* makes him *forget the trouble.*

（5）*Reading the book* made us *forget the trouble.*

（6）*Reading the book* will make them *forget the trouble.*

除了例（4）—（6）中出现的两类（即 -ing 小句和不定式小句）非限定小句外，另外一类是"-en（-ed）小句"（如"*Seen from the back*，John was a young man."中的 seen from the back）。

一般的语法书还区分了 with the door locked 和 with his help 这两类结构，并认为前者是非限定小句，后者是介词短语。

3. 关于非限定小句与介词短语的普遍观点

本文下面的讨论将涉及非限定小句与介词短语的区别，因此有必要在这里简单谈谈对如何区分二者的普遍看法。非限定小句与介词短语是两类完全不同的语法范畴，非限定小句主要指 -ing、-en（-ed）或带 to 或不带 to + 动词为核心的结构，而介词短语则由"介词 + 名词性词组"构成。在传统语法中，例（7）和例（8）中的斜体部分都是介词短语：两个结构都是由介词 after 引导，例（7）的结构是"介词 + 动名词短语"，而例（8）的则是"介词 + 名词词组"：

(7) *After having the meal*, they left immediately.

(8) *After the meal*, they left immediately.

如果把例（7）改为例（9），则句中的斜体部分不再是介词短语，而是一个限定小句（从句）：

(9) *After they had the meal*, they left immediately.

与 after 相同情况的有 before、since 等词。例如：

(10) Wash your hands *before having your meal*.（介词短语）

(11) Wash your hands *before your meal*.（介词短语）

(12) Wash your hands *before you have your meal*.（限定小句）

传统语法对上述情况的解释是，在例（7）（8）（10）和（11）中，after 和 before 都是介词，而在例（9）和（12）中，after 和 before 是连词。说 after 和 before 在例（9）和（12）中是连词，是因为它们引导的是限定小句；说 after 和 before 在例（7）（8）（10）和（11）中是介词，是因为它们后面的结构是动名词短语或名词词组，充当介词的宾语。由于从词类角度看，after 和 before 既可以是介词也可以是连词，所以当它们引导的是一个限定的小句时，就把它们看作连词；如果它们引导的成分是名词词组或动名词短语，则被看作介词。当然，如果它们后面没有"宾语"，则把它们看作副词。

但是，在例（13）（14）和（15）中，斜体部分都被看作小句。它们之间的不同是，例（13）和（15）的斜体部分是省略小句，而例（14）的则是完整小句：

（13）*While talking with him*, I found him very pleasant.

（14）*While I was talking with him*, I found him very pleasant.

（15）*While at college*, he was a member of the dramatic society.

为什么例（13）中的斜体部分是小句，而例（7）和例（10）中的却是介词短语？一般的解释是，after 和 before 既可以是连词，也可以是介词。当它引导的是一个限定小句时，它就是连词；如果它引导的是一个名词词组或动名词短语，它就是介词。而 while 则不同，它是连词，不是介词，所以无论是在例（13）（14）还是在例（15）中，它都是连词。

一般的语法书和词典都把 while 看作连词，所以上面的解释得到普遍认同。因此，对于例（13）和（15）中斜体部分结构的理解，一般认为是省略句，省去了主语和限定成分。试比较：

（13a）While *I was* talking with him, I found him very pleasant.

（15a）While *he was* at college, he was a member of the dramatic society.

有趣的是，假设有一天某本影响较大的语法书或词典认为 while 与 after 和 before 一样，既可以充当连词，又可以充当介词，那么对例（13）中的 while talking with him 的解释就有可能与对例（7）和（10）相对应部分的解释一样：while talking with him 是介词短语。从这里的讨论可以看出，传统语法对上述例子的解释考虑了形式因素，而未考虑意义因素和语义因素。

特别需要指出的是，在系统功能语法中，介词短语指的是由介词和名词词组构成的结构（见 Halliday 1994：212；Halliday & Matthiessen 2004：360；Thompson 1996：189），不包括"介词 + -ing / -en"结构（非限定小句）。这种做法是有其功能思想根源的。

4. 系统功能语法的解释

传统语法对上面例（7）和（10）中的斜体部分的分析和解释考虑了形式因素，采用的是形式方面的标准。具体地说，传统语法的做法是：如果 after 和 before 引导的是一个限定小句，那整个结构就是小句（从句）（如 after they had the meal）；如果它引导的是一个名词词组或动名词短语，那它就是介词，整个结构就是介词短语（如 after having the meal）。本节将对这两个结构进行系统功能语法的分析和解释。

4.1 形式是意义的体现

系统功能语法是功能主义的一个语言流派，它是"语义驱动"的语法；在系统功能语法中，每一个范畴都是以意义为基础的。因此，笔者（黄国文 1999，2007a，2007b）多次强调，在进行功能句法分析时，要坚持功能的语言观和功能进化论，遵循有关的系统功能语法的思想（如语言的符号性思想、系统的思想、层次的思想、多功能性和纯理功能的思想、语境的思想、盖然率的思想等），明确意义与形式之间的"体现"关系，坚持形式是意义的体现、形式为语义和意义服务的观点，明确句法、结构是手段，表达和创造意义才是目的。如果有了这样的认识，在进行句法分析时，就有了新的视角，就可能对旧的问题进行新的解释。

在系统功能语法中，有三个纯理功能（即概念功能、人际功能、语篇功能），其中的概念功能涉及及物性问题。在进行及物性分析时，要考虑三个方面的问题：（1）这是什么过程？（2）这个过程要求有多少个参与者？（3）有什么环境成分出现？先看一组例子：

（16）My aunt was killed by his father in World War II.

（17）My aunt was killed in World War II.

（18）His father killed my aunt in World War II.

上面这三个例子的过程都是kill，这个过程有两个参与者（一个是动作的发起者，另一个是动作的承受者），还有一个表示动作发生时间的环境成分。一旦确定了过程类型，就可以确定参与者角色。在例（16）（17）和（18）中，kill表示的是一种动作意义，是一个物质过程；在这个物质过程中，有两个参与者：动作发起者的参与者角色是动作者，动作的承受者的参与者角色是目标。表示环境意义的成分指的是动作发生的时间。从意义、语义角度看，例（16）（17）和（18）中都有两个参与者——虽然在例（17）中动作者没有在形式上表达出来，但也是存在的。此外，虽然从形式上看，例（16）和（18）有差异，但从经验（概念）意义的表达看，它们是一样的：两个不同的结构是一个经验意义的不同体现形式。至于例（16）和（18）在其他方面的差异，可以从另外两个纯理功能（即人际功能、语篇功能）找到解释。

上面的分析都是语义和意义分析，是相对于语法和形式分析而言的。按照系统功能语法的观点，在分析例（7）和其他例子的语言单位时，可以从意义层（语义层）和形式层（语法层）两个方面进行，但所用的术语是不一样的。试比较（见表14）：

表14. 语义层与形式层比较

意义层/语义层：	情形	过程	参与者	环境成分
形式层/语法层：	小句	动词	名词词组	介词短语、名词词组、小句

按照Fawcett（2008：48）的说法，在意义层（语义层）中，中心成分是过程，在形式层（词汇语法层）中，中心成分是动词（参见黄国文等 2008：121）。如果一个信息单位可以称作情形的话，那它一定含有一个过程；同理，如果一个语言单位可以称作"小句"的话，那它一定含有一个（主要）动词。就形式对意义的体现而言，在一定的使用场合（上下文）中，体现意义的语言形式可以不出现。例如：在例（17）中表示动作执行者的动作者就没有在句子中出现。如果要在例（17）中把动作者体现出来，我们通常就使用介词短语（如 by his father）。

4.2 对"after+限定小句"和"after+ -ing 结构"的功能分析

如前所述，传统语法对类似例（7）中的after having the meal这种结构的解释是基于形式的标准，而不是考虑意义和语义的因素，因此把它看作介词短语。如果从意义入手，看意义是怎样表达的，看意义是怎样被形式体现的，就可以对after having the meal做出另一种解释。从经验（概念）意义上讲，例（7）中的after having the meal和例（9）中的after they had the meal是一样的：它们都为另一情形（即they left immediately）提供一个环境意义，说的都是"吃了饭后"的意思。从形式体现意义的角度看，"吃了饭"这一过程和它的两个参与者既可以由 have 和 they the meal 体现，如例（9）中的表达，也可以由 have 和 the meal体现，如例（7）中的表达。在例（7）中，they不出现并不会导致意义含糊：虽然after后面没有出现they，但have这个物质过程的动作者是清楚的，这个动作者与另外一个过程（leave）的动作者指同一个对象。因此，例（7）的after后面没有出现they并不影响意义的表达。这里的分析表明，从经验意义的表达看，例（7）和例（9）是一样的，而从形式体现意义的角度看，例（7）和例（9）是不一样的。

要进一步问的是：既然例（7）和例（9）在经验意义的表达方面是一样的，那对形式选择的意义是怎样体现出来的？也就是说，形式的不同所带来的差异是什么呢？可以从结构和使用两个方面来考察。从结构看，例（7）中有关部分中有一个参与者角色（即动作者）没有在形式上体现出来，因此对这个动作发起者的确定，只能依赖紧跟着的小句（主句）。试比较：

（7）After having the meal, they left immediately.

（19）After having the meal, we left immediately.

例（7）和例（19）中，对 having 这个动作的发起者的确定和解释只能依赖它们后边的小句：在例（7）中，having 的发起者是 they，在例（19）中，having 的发起者则是 we。而在例（9）和（20）中，不管主句（"… left immediately"）的主语是什么，have 这个动作的发起者都是 they，因为在形式上它被体现了：

（9）After they had the meal, they left immediately.

（20）After they had the meal, they/we/you left immediately.

从这里的比较可以看出，例（7）和例（9）是有区别的：结构的区别带来意义表达的区别。如果从使用的角度考察例（7）和例（9）的不同，可以这样问：在紧跟着的小句都是 they left immediately 这种情况下，after having the meal 和 after they had the meal 有何不同？对于这样的问题，至少可以有三个简单的回答：（1）就正式性而言，after having the meal 要比 after they had the meal 正式。也就是说，相对而言，前者多用于正式场合，后者多用于非正式场合。（2）就使用频率而言，after having the meal 要比 after they had the meal 出现得少，尤其是在口头表达中。（3）从解码（信息处理、言语理解）的角度看，例（7）要比例（9）难度大，因为对于例（7）这种情况，只有读到主句时，才知道从句的动作者是 they。当然，这三个简单的回答不一定能概括所有情况，因为某一结构的使用频率问题，应该与使用场合和语篇类型有关。例如：在科技文献中，after having the meal 比 after they had the meal 用得多，因为相对而言它比较正式，更适合科技文献这种体裁，而在儿童作品中，情况可能不是这样。事实上，要回答这两个结构的使用问题，更好的办法是借助语料库研究，这样就可以确定某一结构的正式性和使用频率。此外，要确定解码的难易度，更好的办法是通过有关的心理实验。这些都不是本文要讨论的，但我们在这里想说的是：不同的形式体现不同的意义。

4.3 非限定小句的功能语言学分析

如前所述，在系统功能语法学者（如Fawcett 2008：48）看来，在意义、语义层中，中心成分是过程，在形式、语法层中，中心成分是动词。因此，如果一个信息单位可以称作情形，那它一定包含着一个过程；同样，如果一个语言单位可以称作是小句，那它一定有一个（主要）动词。根据这一点，系统功能语法学者认为：如果一个信息单位中有一个过程，那它就是情形；如果一个语言单位中包含着一个（主要/实义）动词，那它就是小句。这实际上已经成为系统功能语法中的一个基本原则（参见黄国文等 2008：218-221）。根据这个观点，前面的例（4）（5）（6）中的reading the book和forget the trouble都是小句，这点应该是没有什么争议的。但是，我们感兴趣的是上面的例（7）和例（10）中的"介词 + -ing结构"：

（7）*After having the meal*, they left immediately.

（10）Wash your hands *before having the meal*.

根据"如果一个语言单位中包含着一个（主要）动词，那它就是小句"这样的原则，例（7）和例（10）中"介词 + -ing结构"就是小句，因为having是动词，它体现的是"吃"这一过程。这两个小句中的动词不受诸如人称、数、时态等的限制，因此它们是非限定小句。

根据这里的分析，例（21）（22）（23）的斜体部分都不是一般的语法书所说的介词短语，而是非限定小句：

（21）*On hearing the news*, she became very sad.

（22）*On being informed the flight would be delayed*, they made other arrangements.

（23）*Without replying*, he put his head under the blankets.（Thompson 2004：132）

我们说这些结构是小句而不是介词短语，是因为我们遵循的是以意义为中心的功能句法分析原则（Halliday 1994；Halliday & Matthiessen 1999，2004；Fawcett 2000，2008；黄国文 1999，2007a，2007b）。在确定例（7）（10）（21）（22）和（23）中的斜体部分是非限定小句还是介词短语时，我们遵循的是系统功能语法分析的原则。

4.4 讨论

如果把例（7）和（10）中的 after 和 before 与例（21）和（23）中的 on 和 without 进行比较，就可看出，在词类（性）上，after 和 before 既可以是介词，也可以是连词，而 on 和 without 只是介词，不是连词。这些词类的确定，都是词典和语法书告诉我们的。

传统语法在区分非限定小句和介词短语时，所用的标准主要是看这个引导词词类。归纳起来有三种情况：第一，由于 while 通常被认为是连词，不是介词，所以例（13）（14）和（15）中的斜体部分被认为是小句（完整的或省略的）。第二，after 通常被认为是既能充当连词、又能充当介词的，所以当它引导限定小句时，就被看作连词，整个结构就是小句，当它引导名词词组或 "-ing 结构" 时，则被看作介词，整个结构被称为介词短语。第三，像 on 和 without 这类词，通常只能充当介词，不能充当连词，所以例（21）（22）和（23）中的斜体部分只能是介词短语，而不能是小句，小句是不能由介词来引导的。根据这样的分析和解释，下面例子中的斜体部分属于不同的语法范畴：

（24）*Hearing the news*, she cried sadly.

（25）*On hearing the news*, she cried sadly.

一般的语法书都会明确指出，hearing the news 是现在分词结构（非限定小句），而 on hearing the news 则是介词短语。

对于同一种语言现象的语言学解释，不同的理论就可能会有不同的看法。我们这里讨论的 "after having the meal" 就是一个例子。在系统功能语法中，下面四个例子中的斜体部分都是小句：

（7）*After having the meal*, they left immediately.

（9）*After they had the meal*, they left immediately.

（26）*Having had the meal*, they left immediately.

（27）*Finishing* the meal, they left immediately.

按照传统语法的分析，例（7）中的斜体部分是介词短语，例（9）的是小句（从句），而例（26）和例（27）中的则是现在分词短语。

系统功能语法把例（7）（9）（24）（25）（26）（27）中的斜体部分都看作小句，其中例（9）的斜体部分是限定小句，其他五个例子的斜体部分则是非限定小句。我们说这些例子的斜体部分是小句，指的是它们的句法结构是相对于小句复合体、介词短语、名词词组、形容词词组、副词词组等而言的；如果我们看它们的句法功能，我们则说它们在各自的小句复合体中充当时间状语，这是相对于主语、补语等而言的；如果我们说它们表示环境意义，则是相对于过程、参与者而言的。

本文的讨论涉及介词短语。在系统功能语法（如 Halliday 1994；Halliday & Matthiessen 1999，2004；Eggins 2004；Thompson 1996，2004）中，短语和词组是被严格区分开来的。词组是词的扩展，是膨胀了的词，而短语则是小句的缩减，是缩小了的小句（Halliday 1994：180，215）。词组只有一个中心成分，其他成分与中心成分之间的关系是中心与修饰成分的关系，因此词组可以缩减成为一个词。与此相反，短语中有两个成分，成分之间的关系不是"中心+修饰成分"关系，而是像小句中各成分（如主语、谓语、补语）之间的关系。由于短语像小句而不像词组，所以它不能缩减成为一个词。Halliday（1994：213）

认为，从意义、语义的角度看，介词的功能与小句的过程相似，补足成分则与小句的参与者相似。因此，从意义、语义角度看，介词被看作次过程，从句法、措辞对语义的体现方面看，介词则是次动词，是次谓体，而补足成分则是次补语。试比较（见表15）：

表 15． 小句与介词短语比较

小句：	过程 / 动词 / 谓体	参与者 / 补语
介词短语：	次过程 / 次动词 / 次谓体	次参与者 / 次补语

按照这种观点，上面例（8）（After the meal, they left immediately.）可以这样分析：整个情形/小句由一个物质过程（left），一个参与者（they）和两个环境成分（after the meal, immediately）构成，其中一个环境成分（after the meal）是一个次过程；在这个次过程中，过程由介词after体现，参与者是范围，由the meal体现。和小句一样，介词短语也可以从概念、语篇和人际功能角度进行分析。图39是例（8）的人际功能分析：

After	the meal	they	left	immediately
状语		主语	限定成分	谓体	状语
次谓体	次补语			
剩余成分（1）		语气		剩余成分（2）

图39． 人际功能分析

从图39可以看出，作为过程的小句是有语气结构（语气+剩余成分）的，而由次过程的介词与其参与者（范围）构成的介词短语（after the meal）则没有语气结构，这也反映了系统功能语法对次小句的定义：英语中的次小句指的是那些没有语气（"主语+限定成分"）和没有过程（动词）的小句。从这里的分析可以看出，一方面，介词短语像小句一样，其结构中的各成分（即介词和名词词组）之间的关系像小句中谓语和补语的关系一样，但在另一方面，它不像小句那样有语气结构。

由于系统功能语法研究的重点是"意义是怎样表达的"、所遵循的是以意义为中心的功能句法分析原则，所以句法分析总是以意义、语义为中心的。这种语义驱动的句法分析在很多时候就会与传统语法的分析不一样，甚至是矛盾的，这是正常的情况。我们在这里不妨再举一个简单的例子。

根据传统语法的分析，例（28）的主语是 a cat，因为它与限定动词 is 构成了一致关系（concord），这点可以通过比较例（28）和例（29）中的"... is a cat."和"... are two cats."看得更清楚：

> （28）There is a cat on the mat.
>
> （29）There are two cats on the mat.

很明显，传统语法确定主语的标准是主语与限定动词的一致关系（例如：The cat is ... / The cats are ... ）。在系统功能语法中，确定主语的标准不是一致关系。主语和限定成分构成语气（属于人际功能部分），而辨别英语的主语和限定成分的方法是在陈述句句尾添加附加疑问。附加疑问中的代词是主语，助动词是限定成分（胡壮麟等 2005：122）。按照这种标准，例（28）和例（29）的主语都是 there，而不是 a cat 和 two cats：

> （28a）There is a cat on the mat, isn't there?
>
> （29a）There are two cats on the mat, aren't there?

从这两种不同的标准可以看出，如果分析方法所反映的是不同的假定或理论依据，对同一语言现象的分析和解释就有可能不同。

5. 结语

对某一语言现象进行语法分析，既可以从形式入手，也可以从意义入手。在对"介词 + -ing"结构的处理上，传统语法主要根据形式的标准，把它当作

"介词短语"。本文以系统功能语法的理论作为指导，根据功能句法分析的原则，从意义和意义的体现入手，认为该结构是"非限定小句"，这种观点与传统观点不一样。根据我们的分析，after they had the meal，after having the meal 和 after the meal 分别是限定小句、非限定小句和介词短语。

以意义为导向，以意义为出发点，系统功能语法解释就可能给读者一个新的视角。把系统功能语法作为理论根据、从功能句法的角度去探讨英语结构问题，这在国内外学界都不多见，因此值得我们努力、认真去探索。笔者（黄国文 1999，2007a，2007b）认为，功能句法分析有其自己的特点、原则和方法，这种基于系统功能思想的学术探讨有其深远的学术意义和理论价值。虽然本文只是讨论"介词 + -ing"结构，但所涉及的原则和方法同样适合于对其他句法问题的分析和解释。

参考文献

- 胡壮麟，朱永生，张德禄，李战子.系统功能语言学概论[M].北京：北京大学出版社，2005.
- 黄国文.英语语言问题研究[M].广州：中山大学出版社，1999.
- 黄国文.系统功能句法分析的目的和原则[J].外语学刊，2007a（3）：39-45.
- 黄国文.功能句法分析中的分级成分分析[J].四川外语学院学报，2007b（6）：7-11.
- 黄国文，何伟，廖楚燕，等.系统功能语法入门：加的夫模式[M].北京：北京大学出版社，2008.
- EGGINS S. An introduction to systemic functional linguistics [M]. 2nd ed. London: Continuum, 2004.
- FAWCETT R. A theory of syntax for systemic functional linguistics [M]. Amsterdam: Benjamins, 2000.
- FAWCETT R. Invitation to systemic functional linguistics through the Cardiff grammar [M]. 3rd ed. London: Equinox, 2008.
- HALLIDAY M A K. An introduction to functional grammar [M]. 2nd ed. London: Arnold, 1994.
- HALLIDAY M A K, MATTHIESSEN C M I M. Construing experience through meaning: a language-based approach to cognition [M]. London: Cassell, 1999.
- HALLIDAY M A K, MATTHIESSEN C M I M. An introduction to functional grammar [M]. 3rd ed. London: Arnold, 2004.
- THOMPSON G. Introducing functional grammar [M]. London: Arnold, 1996.
- THOMPSON G. Introducing functional grammar [M]. 2nd ed. London: Arnold, 2004.

郑重声明

高等教育出版社依法对本书享有专有出版权。任何未经许可的复制、销售行为均违反《中华人民共和国著作权法》，其行为人将承担相应的民事责任和行政责任；构成犯罪的，将被依法追究刑事责任。为了维护市场秩序，保护读者的合法权益，避免读者误用盗版书造成不良后果，我社将配合行政执法部门和司法机关对违法犯罪的单位和个人进行严厉打击。社会各界人士如发现上述侵权行为，希望及时举报，本社将奖励举报有功人员。

反盗版举报电话

（010）58581999 58582371 58582488

反盗版举报传真

（010）82086060

反盗版举报邮箱

dd@hep.com.cn

通信地址

北京市西城区德外大街4号

高等教育出版社法律事务与版权管理部

邮政编码

100120

图书在版编目（ＣＩＰ）数据

功能取向：黄国文学术论文自选集／黄国文著． ——
北京：高等教育出版社，2021.10（2022.8重印）
（英华学者文库／罗选民主编）
ISBN 978-7-04-055483-0

Ⅰ．①功… Ⅱ．①黄… Ⅲ．①功能(语言学)–文集
Ⅳ．①H0-53

中国版本图书馆CIP数据核字(2021)第025762号

GONGNENG QUXIANG
—HUANG GUOWEN XUESHU LUNWEN ZIXUANJI

策划编辑	出版发行	高等教育出版社
肖　琼	社　　址	北京市西城区德外大街4号
秦彬彬	邮政编码	100120
	购书热线	010-58581118
责任编辑	咨询电话	400-810-0598
秦彬彬	网　　址	http://www.hep.edu.cn
		http://www.hep.com.cn
封面设计	网上订购	http://www.hepmall.com.cn
王凌波		http://www.hepmall.com
		http://www.hepmall.cn
版式设计		
王凌波	印　　刷	河北信瑞彩印刷有限公司
	开　　本	787mm×1092mm　1/16
责任校对	印　　张	18.5
刁丽丽	字　　数	280千字
	版　　次	2021年10月第1版
责任印制	印　　次	2022年8月第2次印刷
耿　轩	定　　价	98.00元

本书如有缺页、倒页、脱页等质量问题，
请到所购图书销售部门联系调换